하버드의
세계를
움직이는
수업

© 2010 by Richard H.K Vietor & Akiko Nakajo
All rights reserved.
First published in Japan in 2010 under the title "HARVARD NO SEKAI WO UGOKASU JYUGYOU"
by TOKUMA SHOTEN PUBLISHING CO.,LTD.,Tokyo.
Korean translation rights arranged with TOKUMA SHOTEN PUBLISHING CO.,LTD.
through THE SAKAI AGENCY, Tokyo and BC Agency, Seoul.

이 책의 한국어판 저작권은 BC 에이전시를 통한 저작권자와의 독점 계약으로 다산북스에 있습니다.
저작권법에 의해 한국 내에서 보호를 받는 저작물이므로 무단 전재와 복제를 금합니다.

LECTURES TO MOVE
THE WORLD IN HARVARD

하버드의
세계를 움직이는 수업

리처드 H.K 비에토·나카조 아키코 지음 | 황보진서 옮김

서문

세계의 흐름,
어떻게 읽어야 할까

2008년에 발생한 세계금융위기는 '백 년에 한 번 찾아오는 위기'라고들 했다. 이 위기는 금융기관뿐 아니라 일반 개인과 기업, 나아가 국가까지 집어삼켰다. 각 기업은 재건을 위해 전략을 새로 짰고, 정부는 금융 정책으로 기업을 지원했다. 세계화된 세상에서 기업이든 정부든 경쟁해야 한다는 점은 다를 바 없다. 기업이나 국가를 운영할 때 전략이 중요하다는 점 또한 익히 알고 있으리라 생각한다.

정확한 방향성과 내용이 수반된 전략인지 언 발에 오줌 누기처럼 임기응변으로 태어난 전략인지에 따라 결과가 달라지기도 하겠지만, 훌륭한 전략만 있다고 반드시 성공하는 것은 아니다. 전략에 맞는 카드를 가졌는지가 중요하다. 즉 경쟁에 필요한 자원과 인재를 보유했는지, 지금이 싸울 타이밍인지, 경쟁 상대와의 차별성을 강조해서 강점을 살리고 있는지 등 자신이 속한 기업과 나라가 어떤 위치에 있는지 정확히 파악해야만 한다.

최근 들어 기업과 정부가 보여주는 근시안적인 움직임에 대해 많은 사람들이 불편함을 느끼고 있다. 아마도 그것은 이대로라면 위기 극복은커녕 더 깊은 수렁 속으로 빠져들지도 모른다는 올바른 직감일 것이다. 상황을 제대로 해석하지 못하고 아무런 전략 없이 단기적 이익에만 휘둘리거나, 지난 위기를 이미 끝난 일처럼 생각한다면 5년 후 혹은 10년 후의 성장은 꿈도 못 꾼다.

그리하여 이 수업에서는 국가와 세계가 어떻게 디자인되었는지 살피고 그 구조와 전략(게임플랜)에 대해 고찰하고자 한다. 그것이 이 책의 목적이자 내 수업의 목표다.

여기서 내가 진행하는 하버드대학교 경영대학원 수업에 대해 잠깐 소개하자. 나는 하버드 경영대학원에서 세계 각지에서 모인 경영자 혹은 미래의 경영자들을 제자로 삼아 BGIE_{Business, Government and the International Economy}(비즈니스와 정부, 그리고 경제)라는 과목을 30년 가까이 가르쳐왔다. 일반적인 경영대학원에서는 거시경제학 수업을 통해 경제의 큰 틀을 가르치지만 하버드는 다르다. 우리는 경영자가 비즈니스를 할 때 정부와 국제 경제가 떼려야 뗄 수 없는 요소라고 생각해 BGIE라는 과목을 커리큘럼에 넣었다. 필수 과목이므로 하버드 경영대학원을 졸업해 세계를 무대로 활약하는 인물들은 모두 이 수업을 받는다. 졸업생 중에는 경영자뿐 아니라 한 나라의 대통령이나 국무총리가 된 이도 있고, 비영리민간단체_{NPO}를 통해 사회에 혁혁히 공헌하는 인물도 있다.

장차 세계를 움직일 제자들과 보내는 시간은 아주 긴장감 넘친다.

2009년, 영광스럽게도 나는 하버드 경영대학원의 우수교수상The Charlie Williams Awards을 수상했다. 매회 수업이 저절로 춤이라도 춰질듯 흥분된 시간인데다 매번 다양하고 유익한 의견이 분출되었기에, 내게는 새로운 시각을 배양하는 소중한 공부의 기회이기도 하다.

물론 내 수업에서는 하버드의 대명사격인 다양한 '케이스 스터디(사례 연구)'를 활용한다. 하지만 수업은 단순히 각 나라의 상황을 다양한 측면에서 면밀하게 조사·분석하는 수업으로 수집된 데이터를 정리하고 해석할 뿐 아니라 그 나라의 문제점, 현황, 나아가야 할 방향까지 논의하며 브레인스토밍을 한다.

그 나라 출신의 학생이라고 모든 것을 알지는 못한다. 오히려 다른 나라의 학생이 날카로운 의견을 내놓으면서 논의의 흐름이 바뀌기도 한다. 수업에서는, 당신이 만약 이 나라를 이끈다면 무얼 보고 어떻게 판단할지에 대한 의견을 내놓아야 한다. 타국의 상황을 보고 자국의 상황을 돌아보는 계기가 되기도 하고, 새로운 사업을 전개하려는 나라가 케이스 스터디의 대상이 되기도 하므로 각자가 주목하는 학습 포인트는 다를지도 모른다. 그러나 어떤 경우든, 세계 각국이 어떻게 움직이느냐를 생각하는 것이 가장 기본이자, 출발점이다.

국가의 움직임은 저마다 다양하지만, 일정한 규칙이 있다. 마치 밤하늘에 반짝이는 별들처럼 말이다. 조그만 원을 그리며 일 년 동안 도는 별이 있는가 하면 수백 년에 걸쳐 조금씩 천천히 한 바퀴를 도는 별도 있다. 이처럼 국가도 큰 나라든 작은 나라든 별처럼 일정한 '궤도'를 그리며 움직이기 마련이다. 나는 수업에서 세계 각국의 움직임을 몇 개의 궤도로 나누어 가르친다.

첫 번째는 아시아의 고도성장이다. 일본을 비롯한 싱가포르, 중국, 인도의 성장은 눈부시다. 그리고 지금은 수많은 사람이 세계의 중심축이 서쪽에서 동쪽으로 이동하고 있다고 생각한다.

다음은 중남미 국가들인데, 이들 국가는 끊이지 않고 찾아오는 채무 위기에서 빠져나오지 못한 채 마냥 원래 궤도를 맴돈다. 특히 멕시코와 브라질은 '진퇴양난에 빠진 국가'라 할 수 있다. 신흥국이라 부르기에는 이미 성장이 정점을 찍고 서서히 둔화되고 있지만, 그렇다고 부유한 국가도 아니기 때문이다. 신흥국과 선진국 사이 어딘가에 끼어버려서 이도 저도 아닌 위치에 자리 잡은 나라들이다. BRICs에 속한 브라질을 신흥국이나 자원국가로 여기는 사람들도 있을지도 모르겠지만, 나는 그렇게 생각하지 않는다. 그리고 그 '진퇴양난에 빠진 국가'에는 남아프리카공화국(이하 남아공)도 포함된다. 남아공은 훌륭한 금융 시스템을 보유했지만, 세간의 예상보다 성장이 더디다. 또한 남아공의 미래는 '아프리카 전체의 부흥'이라는 궤도에도 큰 영향을 미치므로 주목할 필요가 있다.

다음은 자원국가다. 여러분 모두 금융위기 전까지 무시무시할 정도로 치솟았던 원유 가격을 기억하고 있으리라 생각한다. 당시 막대한 자원을 보유했던 이슬람 국가와 러시아의 경제는 더없이 윤택했다. 그러나 자원에 너무 의존한 나머지 정작 풀어야 할 문제와 과제에는 손도 대지 않았다. 이대로라면 글로벌 경쟁 속에서 승승장구하기 어려우므로 새로운 전략이 필요할 것이다.

세계화되기 전만 해도 그 의미와 가치가 드높았던 유럽 국가들의 통합 문제도 있다. 그런데 최근의 유럽에는 그리스 재정 위기를 비롯해 골머리를 앓는 문제가 산적한 상태이므로 세계와 싸우기 전에 일단 내부 문제를 먼저 해결할 필요가 있다.

다음은 막대한 빚에 시달리는 부유한 국가의 궤도다. 장담하건대 이는 세계에서 가장 중요한 문제다. 문제의 장본인은 미국과 일본이다. 미국과 일본은 왜 이런 꼴이 되었을까, 앞으로도 이 궤도에서 탈출하지 못하고 그대로 매몰되어 버릴까?

"지금 세계에서 가장 걱정되는 나라는 어디입니까?" 누가 이렇게 묻는다면 나는 주저 없이 "미국과 일본"이라고 대답할 것이다. 미국과 일본, 두 대국이 무너지면 세계 경제에 미치는 영향은 계산하지 못할 정도로 막대하다. 두 나라의 문제는 그들만의 문제가 아닌, 세계의 문제다. '이래서 미국이 안 되는 거야.' '이제 일본은 중요한 나라가 아니야.' 등의 대화를 주변에서 흔히 들을 수 있지만, 이 책을 읽는 여러분만큼은 미국과 일본, 특히 일본이라는 나라가 세계에서 얼마나 중요한 위치에 있는지 재인식해주었으면 한다.

그래서 이 책에서 가장 먼저 다룰 나라는 일본이다. 그중에서도 일본의 기적적인 고도성장 시대를 다룬다. '고리타분하게 아직도 일본의 고도성장을 언급해?' 이렇게 생각하는 독자도 많을 것이다. 그러나 예나 지금이나 하버드 경영대학원 수업에서 가장 먼저 다루는 케이스가 '일본의 기적'이라는 사실을 아는지? 거품경제 붕괴 후, 어느 방향으로 가야 할지 고민 중인 일본. 그 답답함을 타파하고 일본이라는 나라를 재건하는 방법을 생각해 보면서 경제를 읽는 또 다른 시각을 터득할 수 있을 것이다.

자 그럼, 세계의 흐름을 어떻게 읽으면 좋을까? 몇 가지 키워드가 세계의 진짜 모습을 밝혀내는 열쇠가 된다. 예를 들면, 저축률이다. 장래에 쓸 돈을 얼마나 모아두었는지는 개인이나 기업뿐 아니라 나라 전체로 봐서도 중요한 문제다. 자금을 비축해두면 그를 밑천으로 장래 수입원이 될 산업에 투자해 종잣돈과 같은 개념으로 사용할 수 있기 때문이다.

일본뿐 아니라 아시아 국가들은 비교적 저축에 치중하는 경향이 있다. 그런데 지금의 일본은 미국보다도 저축률이 낮으니 놀라지 않을 수 없다. 일자리 부족이 그 이유 중 하나이겠지만, 경제 침체는 비단 일본에 국한된 이야기가 아닐 것이다.

저축률은 자연스럽게 높아지지 않는다. 정부의 다양한 시책이 필요하다. 예를 들어 일본은 고도성장기에 저축을 유도하고자 세제 혜택을 도입했었다. 방대한 저축이 있으면 국내 특정 산업에 자금을 집중적으로 투입할 수 있다. 외국자본에서 그러한 자금을 변통하면 달러로 이자를 지급하거나 외국자본의 입김에 휘둘릴 수밖에 없으니 국가 전략이 무너져 버린다. 국가의 성장 전략을 실행하려면 반드시 국내에서 자금을 모아야 한다. 과거의 일본도 국내 자금으로 성장 궤도에 올랐다.

그런 일본으로부터 여러 가지를 본받은 싱가포르는 다소 강제적인 수단을 이용해 국민의 저축을 유도했다. 국민이 받은 급여의 수십 퍼센트를 국가가 개설한 계좌에 자동으로 입금되도록 한 것이다. 입금된 돈은 그 사람의 이름으로 정부가 운영하는 투자기관에 모인다. 개인이 이 '저축'을 사용하려 해도 절차가 여간 까다롭지 않다. 싱가포르는 이런 식으로 성장을 위한 자금을 확보했다.

이렇듯 저축률이라는 키워드만으로도 각 나라의 전략을 알 수 있다. 다양한 나라의 궤도를 살피다 보면 모든 나라의 사례에서 발견되는 공통 키워드가 도출된다. 그 키워드에 주목해 세계를 읽으면 사고의 횡축이 마련되고 세계를 보는 시야가 밝아진다.

이 책은 다양한 궤도를 국가별 사례로 정리하였다. 앞에서부터 차례로 읽어나가도 좋고, 6장에 정리해둔 국가의 분석법과 구조를 먼저 공부하고 나서 국가별 사례를 읽어도 좋다.

세계화는 좋든 나쁘든 우리의 생활을 흔들어 놓는다. 나는 이 책을 통해 각 나라가 어떤 상황에 부닥쳤고 어떤 전략을 펼치는지, 그들이 추구하는 성장궤도의 핵심이 무엇인지, 하버드 경영대학원에서 가르치는 '세계를 바라보는 방법'을 소개하고자 한다. 독자 여러분이 '세계의 경영자들은 이런 방식으로 세계를 배우는구나!'라고 깨닫고 내 나라의 내일과 세계의 내일에 대해 사고하는 시야를 키울 수 있다면, 더할 나위 없이 행복하리라 믿어 의심치 않는다.

리처드 비에토

목차

서문 세계의 흐름, 어떻게 읽어야 할까 ·· 4

오리엔테이션 세계 경제를 읽는 8가지 방법 ································ 18

제1강 아시아의 고도성장

기적의 일본 ·· 29
- 세계가 포기한 일본 · 29
- 일본에 남겨진 카드 · 31
- 일본이 택한 국가 경제 전략 · 32
- 독특한 구조의 제조업 전략 · 35
- 외국자본을 배제한 자금조달 전략 · 37
- 높은 저축률이 종잣돈으로 · 39
- 완벽한 결과 · 40

자원이 부족한 나라가 살아남는 법, 싱가포르 ································ 43
- 리콴유의 필사적 전략 · 45
- 우수한 전략실행 기관 · 50
- 정치가 탄생시킨 '깨끗한' 나라 · 52

- 세계 정상급 무대를 향해 · 54
- 중국의 대두 · 55

두 마리 토끼를 좇는 중국 ······ 60
- 덩샤오핑의 사상 최강의 전략 · 61
- '공산주의'로 경제를 성장시킨다는 의미 · 68
- 해외자산을 사들이는 중국과 일본 · 70
- 금융위기 이후의 중국 · 73
- 미국 국채의 스테이크홀더, 중국 · 75
- 위안화와 기축통화 · 76
- 낙관할 수 없는 중국의 미래 · 77

다양성을 극복하라, 인도 ······ 81
- 끊이지 않는 분쟁 · 82
- 다양성이 지나친 나라 · 84
- 시대에 뒤떨어진 전 · 87
- 워싱턴 컨센서스와 낡은 인도의 종식 · 89
- '연립정권'이 치러야 할 대가 · 92
- 경제 퍼포먼스의 실적 · 96
- 제조업 투자가 필요하다 · 98
- 지금 인도에게 가장 시급한 과제는 · 100

제2강 진퇴양난에 빠진 국가들

정치적 부패가 낳은 경제위기, 멕시코 ······ 107
- 미국과의 전쟁사 · 107
- 개발도상국이 빠지기 쉬운 전략의 함정 · 108
- 채무위기에 휘말리다 · 110

- IMF 구제와 경제자유화 전략 · 113
- 부정부패와의 끝나지 않는 싸움 · 116
- 생존을 위해 경쟁을 부추기다 · 118
- 테킬라 위기 · 123
- 6년간의 잠 · 126
- 더욱 실행력 있는 개혁을 향해 · 128
- 금융위기 이후의 멕시코 · 130

인종 문제를 넘어, 남아프리카공화국 · 132
- 아파르트헤이트에서 진정한 독립에 이르기까지 · 133
- 만델라의 국가 전략 · 135
- 거시경제 개발 전략, GEAR · 137
- BEE와 새로운 격차의 탄생 · 138
- 산적한 과제 · 140
- 미국, 일본과의 관계 · 142
- 국민의 근로의욕 증대가 관건 · 143

제3강 자원에 의존하는 국가들

종교가 경제를 지배하는 나라, 사우디아라비아 · 149
- 종교와 떼려야 뗄 수 없는 역사 · 150
- 국가를 지배하는 절대 권력 · 154
- 계율에 얽매인 여성들 · 158
- 정보산업 국가를 향해 · 160
- 정교분리 없이 국가는 성장할 수 없는가 · 164
- 두바이의 번영과 붕괴 · 166

국가 체질을 바꿔 번영을 꿈꾸다, 러시아 · 170

- 소비에트 연방의 붕괴 · 170
- 옐친 정권과 신흥재벌 올리가르히의 대두 · 173
- 무너지는 경제 · 178
- 푸틴의 국가 전략 "강한 국력이 개인을 자유롭게 한다" · 180
- 국가 자원을 회수하다 · 181
- 러시아의 자원 전략과 과제 · 182
- 미국과의 새로운 관계 구축을 위해 · 184

제4강 유럽연합

양날의 검, 연합 191
- 통합에 이르기까지 · 191
- 유로의 탄생 · 194
- 통합의 이유 · 196
- 복잡한 EU 소식 · 197
- 통합의 긍정적인 평가 · 200
- 화폐 통합의 폐해 · 204
- 앞으로의 과제 · 206
- EU 국가들의 정세 · 210
- EU도 경쟁력 강화 없이는 살아남을 수 없다 · 212

제5강 막대한 채무에 시달리는 선진국

또 다른 기적을 위해, 일본 219
- 기적 이후 · 219
- 변화가 없는 경제 구조 · 220
- 세계의 흐름과 거품경제 · 225

- 경제부양책을 써도 속수무책 • 230
- 개혁을 주저하는 일본 • 234
- 세계 최장수 국가가 내려야 할 결단 • 236
- 고이즈미-다케나카의 개혁 • 239
- 금융위기 이후의 일본 • 244
- 중요한 미일관계, 불안한 중일관계 • 248
- 해외직접투자의 문은 열릴까 • 250
- 그리고 다시 일본 • 253

위험한 나라, 미국 ································ 256
- 세계대전 이후부터 '카터 불경기'까지 • 256
- 레이건노믹스 • 258
- 클린턴의 행운 • 262
- 파괴왕 부시 • 264
- '금융위기'를 수출하는 미국 • 268
- 오바마 정권의 탄생과 혹독한 미국 경제 • 272
- 전진하지 못하는 오바마 정권 • 274
- 앞으로의 미국 경제 • 279

제6강 경제를 움직이는 정부, 그리고 기업

국가 경쟁력을 갖추기 위해 ································ 285
- 전략은 국가 구조와 궁합이 맞아야 한다 • 285
- 국가의 근본적인 역할 • 289
- 정부의 역할은 어디까지인가 • 290
- 정부가 실행하는 경제 전략의 핵심은 • 292
- 경제 성장에 필요한 4가지 요소 • 294
- 인재도 자원이다 • 297

- 자원을 어떻게 활용할 것인가 • 298
- 하버드식 '국가분석' • 300

제7강 우리의 사명

모두가 잘 사는 방법을 생각하라 ········· 305
- 국민이 해야 할 일 • 305
- 기업 경영자의 역할은 무엇인가 • 309
- 미디어의 책임 • 311
- 정치가에게 요구되는 자질 • 312
- 관료의 역할 • 314
- 비즈니스 리더에게 주는 제안 • 315

후기 세계의 참모습을 통해 배우는 세계 경제 ········· 322

참고문헌 ········· 328

오리엔테이션

세계 경제를 읽는 8가지 방법

국가의 움직임은 다양하다. 모든 나라는 각기 다른 지리적, 역사적 차이가 있기 때문이다. 하지만 커다란 시각에서 살펴보면 일정한 규칙에 따라 정해진 '궤도' 위를 움직인다는 것을 알 수 있다. 여기서 궤도란, 발전을 위해 국가가 택한 전략 방향을 일컫는다. 궤도를 바꾸기는 쉽지 않지만, 가끔은 아무런 예고 없이 바뀌기도 한다. 예를 들자면, 2008년에 석유 가격이 1배럴당 147달러로 폭등했다가 33달러로 급락했을 때 러시아와 중동의 발전 궤도는 단번에 바뀌고 말았다. 또 세계금융위기 발생 당시 미국의 발전 궤도는 너무나도 순식간에 바뀌었다. 1989년부터 1991년 사이에 일본의 거품이 터졌을 때도 일본의 궤도는 급격하게 바뀌었고, 지난 삼십 년과는 전혀 다른 길을 걸어야만 했다.

이러한 발전 궤도의 변화는 대개 일종의 부정적인 충격으로부터 발생한다. 물론 긍정적 충격으로 발생될 때도 있다. 1991년, 소련이 붕괴하자 엄청난 충격을 받고 러시아의 궤도가 바뀌었던 것처럼 말이다. 지금 생각해도 러시아에 좋은 영향을 준 붕괴였다. 러시아는 더 민주적이 되었고, 드디어 신흥국가로 발돋움할 수 있었다.

그럼, 내가 생각하는 세계 경제의 아주 중요한 발전 궤도와 과정에 대해 8가지로 설명해 보자. 자국과 자사의 발전을 고민하는 사람이라면 세계 경제 역시 같은 관점으로 읽어내는 것이 중요할 것이다.

첫 번째 궤도는 아시아의 고도성장이다. 한국, 중국, 대만, 홍콩, 싱가포르, 말레이시아, 거기에 인도를 더하면 급속도로 성장 중인 아시아 국가들은 세계 인구의 3분의 2를 차지한다. 실제로 세계 경제의 초점은 서양에서 동양으로 점점 이동하고 있다. 아시아의 고도성장은 제조업 수출이 견인차 구실을 한다. 일반적으로 대부분 국가가 농업에서 제조업으로, 제조업에서 서비스업으로 발전·이행했듯 고도성장을 하는 아시아 국가들 역시 제조업을 바탕으로 성장을 이루고 있다. 다만, 인도는 예외다. 인도는 제조업보다는 서비스업 비중이 높다. 일본은 1950년대와 1960년대에는 아시아 고도성장의 리더였으나 1990년대와 2000년대를 거치면서 성장 궤도에서 벗어나 버렸다. 지금은 서양의 선진국과 비슷한 궤도로 움직이고 있다고 봐야 옳다.

두 번째는 채무위기에서 회복 중인 라틴아메리카(중남미)이다. 대부분 중남미 국가는 1980년대 채무위기에 빠졌다. 1970년대의 석유파동으로 인해 서양 국가들의 성장이 둔화했을 때 중남미 국가들은 여러 나라로부터 거액의 자금을 차입했다. 그렇게 1980년대에 접어들었으나 채무를 상환하지 못하고 위기에 직면하고 말았다. 중남미 국가들은 어쩔 수 없이 자국 경제를 보호하는 정책을 버리고 개방 경제로 이행해야 했다. 시장을 개방했음에도, 중남미 국가들의 채무 문제는 해결되지 않았다. 경쟁이 극심한 세계 경제에서 살아남고자 국제통화기금IMF에 기대야만 했다. 뒤이은 1990년대에도 또 다른 위기와 싸웠고, 아직도 1970년대의 채무 과다 상태에서 완전하게 회복하지 못했다.

이런 중남미 국가들에는 공통점이 하나 있다. 우선 모든 나라에 식민지 시대의 흔적이 존재한다. 스페인과 포르투갈의 법 제도가 잔존하며 경제 발전에 악영향을 미친다. 아울러 대부분 주요 산업에 대한 소유권을 백인이 보유하는 등, 아프리카계 주민과 선주민先住民은 지금도 '노예 시절의 후유증'에 시달린다. 브라질과 멕시코의 경우, 윤택한 자원을 보유한 점도 경제 발전이 지체되는 요인 중 하나인 듯하다. 이렇듯 중남미 국가들은 수차례 파산을 겪었고 대부분 나라가 거액의 부채를 떠안고 시름에 잠겼다.

세 번째 궤도는 아프리카의 르네상스(부흥)다. 수백 년 전, 아프리카는 전혀 성장하지 못했다. 그러다가 1950년대 이후 사하라 이남의 나라들이 식민지 획득과 유지를 지향하는 식민지주의의 속박에서 해방되었다. 특히 남아프리카공화국에 존재하던 아파르트헤이트Apartheid 인종차별정책가 종식되면서 커다란 전환점을 맞았다. 지금은 남아공이 아프리카 전체의 GDP 가운데 22~23%를 차지하고 있으니 아파르트헤이트의 폐지가 얼마나 큰 영향을 미쳤는지 짐작할 수 있을 것이다. 그 밖의 나라도 독재자가 둥지를 튼 나라가 많기는 하지만, 독재자 추방 운동이 빈번히 일어나면서 1980년대 초부터 경제 회복의 길을 더듬기 시작했다. 재정 균형을 관리하고, 통화 가치를 절하하고, IMF로부터 지원을 받았다. 아프리카 남부의 대부분 국가는 현재 연 4~6%의 비율로 성장 중이다. 그렇지만, 해결해야 할 사회문제가 여전히 많이 남아 있다.

네 번째는 이슬람 국가의 대두다. 현재 세계 인구 가운데 16억 명이 이슬람교도다. 그 이슬람의 중심에 선 사우디아라비아, 쿠웨이트, 이란, 이라크, 아랍에미리트연합UAE은 방대한 석유 자원을 소유하고 있다. 풍부한 석유 자원과 이슬람교라는 이 두 가지 요소가 어우러지면서 이슬람 국가에는 발전 전략상 아주 독특한 특징이 만들어졌다. 2000년 무렵까지는 아주 더디게 성장했지만, 그 후 석유 가격이 상승하면서 급속한 경제성장을 이룩했다. 그러나 발전된 경제를 발판 삼아 해결할 수 있는 사회 문제들은 그대로 방치하여 예나 지금이나 정체된 다양한 과제를 떠안고 있다.

다섯 번째 궤도는 소련의 붕괴, 그리고 러시아와 동유럽의 포스트 소비에트의 재건이다. 소련·동유럽의 공산주의와 사회주의 체제는 완전히 붕괴되었고, 새로우면서도 좀 더 민주적인 정부와 좀 더 자본주의적인 경제가 구축되었다. 최근 20년 가까이 그들이 겪은 대전환은 아주 험한 도전이었고 앞으로도 그를 만회하려면 십수 년이 더 걸릴 것이다.

여섯 번째 궤도는 유럽의 경제 통합이다. 실로 세계화의 급선봉이라 부를 만한 현상이다. 유럽 국가들은 나의 예상보다도, 그리고 기타 수많은 사람의 예상보다 훨씬 폭넓은 통합의 길을 선택했다. 우선 상품과 서비스의 움직임을 저해하는 내부 장벽을 전부 철폐했고 최종적으로는 1999년에 통화를 통합하며 통화동맹을 결성했다. 현재 27개 국의 유럽 국가 가운데 16개 국이 통화동맹에 참가한 상태다. 3억 2,500만 명 규모의 대통합이지만, 여전히 문제는 산더미처럼 쌓여 있다. 최근에 거액의 채무에 시달린 그리스 문제가 그러하며, 각기 다른 언어와 문화를 가진 나라들로 구성된 EU가 정체성을 어떻게 형성할 것인지를 두고도 가맹국 사이에 알력이 빚어지고 있다.

어떤 의미에서 가장 중요하다고 할 수 있는 일곱 번째 궤도는, 미국과 일본의 재정 적자와 막대한 채무다. 두 나라는 세계에서 가장 부유한 나라임에도 최근 20년 동안 경제적 숙제를 풀지 못했다. 이는 두 나라의 경제 규모를 따져볼 때 미국과 일본의 자국 문제가 아닌 세계적인 문제다. 미국이나 일본 가운데 하나가 파산하면 세계 경제 전체가 파국을 맞는다. 미국과 일본 모두 과거에 했던 것처럼 우수하고 효과적인 경제 관리 능력을 발휘해야 할 때지만, 지금은 어떤가? 두 나라 모두 저처럼 휘청대니 그러려야 그럴 수 없는 실정이다.

경제적 발전을 먼저 이뤘던 포르투갈, 스페인, 영국의 역사를 예로 들면서 미국과 일본의 성장 궤도와 지속 가능 햇수를 논하는 사람도 있지만, 과연 역사가 반복될지는 의문이다. 미국과 일본의 대두는 반복된다기보다는 각기 독립된 현상으로 발생한다고 보는 것이 좋을 것이다. 1600년대부터 1930년대까지의 일본은 1700년대의 영국과 발전 과정이 닮았고들 하지만 지금의 영국과 일본은 그저 과거를 종결하고 맞이한 별개의 현상을 겪고 있을 뿐이다. 역사가 주기적으로 반복되지 않는다고 보는 것이 타당할 듯싶다.

특히 미국과 일본의 국민은 다른 나라의 국민보다 훨씬 풍족하게 살지만, 경쟁력은 점점 떨어지고 있다. 시급을 예로 들어보자. 시급 수준이 15달러인 일본과 시급 수준이 겨우 1달러인 중국이 어찌 경쟁할 수 있겠나? 중국이 훨씬 유리하다. 세계 경제를 좌지우지하는 미국과 일본의 문제는 세계 전체와 연관된 큰 문제이다.

마지막 여덟 번째 세계적 궤도는 성격이 조금 다른데, 바로 전 지구적인 환경 문제이다. 물론 환경 문제에도 여러 가지가 있다. 수질오염, 대기오염, 유해폐기물, 토양 파괴, 삼림 파괴, 어류의 떼죽음 등 온갖 종류의 오염이 존재한다. 1960년 후반부터 1970년 초까지 공해를 경험한 일본, 미국, 유럽 등 선진국은 그 후 기술 향상을 통해 효율 높은 오수 처리 기술을 실현했고 그 결과, 예전보다 청결해졌다.

그러나 빈곤에 허덕이는 개발도상국들이 문제다. 인구는 50억에 달하는데 그들에게 오늘날 환경 문제는 다른 사람의 문제인 양 다뤄지고 있다. 사람은 1인당 소득이 6000~7000달러가 될 때까지 자기가 더럽힌 장소를 깨끗이 청소하지 않는다는 연구 결과가 있다. 현재 경제 발전의 가속화 페달을 밟고 있는 중국의 1인당 평균소득이 3,500달러에 그친다. 그들 역시 눈앞에 걸린 '성장'이라는 두 글자에 정신이 팔려, '인내만 강요하는 것은 불공평한 처사'라고 주장하며 끊임없이 환경을 파괴한다.

기후 변동 또한 중대한 문제인 동시에 국제적인 문제다. 익히 알겠지만, 원인은 이산화탄소의 배출이다. 미국은 부시 전 대통령이 집권한 8년 동안 기후 문제를 해결하려는 의지를 좀처럼 보이지 않았다.

클린턴 전 대통령 시대에는 미국 정부가 의지를 보였지만, 그때는 국회가 요지부동이었다. 이와 달리 유럽은 이렇다 할 성과를 올리지는 못했지만 다양한 시도를 하고 있다. 일본 역시 비교적 우수한 기술을 보유했고, 다양한 노력을 하고 있다. 다만, 일본은 자국 내 해야 할 문제, 예를 들면 지진 복구와 같은 일이 산처럼 쌓여 있어 이러지도 저러지도 못한다는 사실은 여러분도 잘 알 것이다.

정작 심각한 문제는 중국에서 일어나고 있다. 2007년에 미국을 제치고 세계 최대의 이산화탄소 배출국이 되었기 때문이다. 설령 어떤 협정이 맺어진다 하더라도 중국은 엄청난 기세로 성장하며 끊임없이 이산화탄소를 배출할 것이고, 인도 역시 질세라 중국의 뒤를 바싹 쫓을 것이다. 뒤집어 말하면 미국, 중국, 인도가 합의해 어떠한 해결책을 내놓는다면 세계는 환경 문제에 대처할 수 있다. 하지만, 미국과 중국의 찬성 없이는 환경 문제의 해결을 위한 움직임이 도출되지 않을 것이다. 물론 그보다 먼저 절실하게 필요한 움직임은 세계 각국이 이 사태를 위기로 규정하고 합의하는 것이다.

그러나 미국이 세계적인 환경 문제를 위해 움직이기 전에 국내의 정치적인 합의를 이끌어내지 못한다면 아무런 소용 없다. 석탄이 생산되는 주에서는 환경 문제를 해결하려는 노력들이 해당 주의 석탄 산업에 영향을 끼칠까 촉각을 곤두세운 의원들이 득세하고 있다. 아울러 그들의 지지자들이 중요시하는 전력 사업도 그들에겐 노심초사의 대상이다.

무엇보다 미국 국민은 다소 방만한 소비 습관을 가지고 있다. 게다가 더없이 드넓은 나라이고 공공 교통수단이 갖추어지지 않아, 일하려면 연비가 7.6km/l인 픽업트럭을 몰고 160km를 달려야 한다. 그러다 보니 이산화탄소가 많이 배출될 수밖에 없다.

이쯤에서 환경 파괴를 줄이면서 고효율 에너지를 얻을 수 있는 '원자력'을 떠올릴 사람들이 있을 것이다. 그러나 스리마일섬 사고와 체르노빌 위기, 후쿠시마 원전 사고를 경험하면서 원자력은 사람들로부터 외면 받고 있다. 특히 미국은 1984년 이후로는 원자력 발전소의 건설이 멈춘 상태다. 애당초 원자력 발전소 건설의 선두주자는 프랑스와 일본이니 미국 국내에서 원자력 발전소의 건설에 박차를 가하려면 조정 과정을 거쳐야 할 것이다. 환경 문제는 향후 세계의 중요한 초점이 될 지구 인류의 위기와 관련 깊은 분야인데, 이 책에서는 세계의 근간을 이루는 국가들의 성장 궤도를 새로운 틀 안에서 소개하고자 한다.

일단 '아시아의 고도성장'에서는 일본, 싱가포르, 중국, 인도의 사례를 소개한다. 그리고 '진퇴양난에 빠진 국가'에서는 채무위기에 시달리는 멕시코와 남아공을 각각 다룬다. 두 나라는 각각 남아메리카와 아프리카를 대표하는 나라로서 의미가 있다. 이어서 이슬람 세계의 사우디아라비아와 소련 붕괴 후의 러시아를 '자원국가'라는 카테고리로 묶어 정리하겠다. 나아가 유럽 국가의 통합과 거대한 채무에 시달리는 미국과 일본도 분석하겠다.

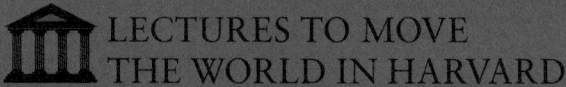
LECTURES TO MOVE
THE WORLD IN HARVARD

일본 Japan
싱가포르 Singapore
중국 China
인도 India

제 **1** 강

아시아의 고도성장

LECTURES TO MOVE THE WORLD IN HARVARD

오늘날 경제를 쥐고 흔드는 문제를 큰 시각으로 살펴보면 세계 경제 중심에 미국이 있다는 것은 모두 알고 있을 것이다. 미국은 여전히 자국의 경제를 회복시키는 방법을 찾지 못하고 스스로 더 깊은 수렁에 빠져들고 있다. 미국이 수렁에 빠질수록 미국을 중심으로 돌아가는 세계 경제 역시 갈 길을 찾지 못한다.

이것을 거꾸로 살펴보면 '지는' 미국 반대편에 '뜨는' 아시아가 있다는 사실을 예측해 볼 수 있다. 최근 세계 경제의 중심이 서쪽에서 동쪽으로 이동됐다고 결론내릴 만큼 아시아는 고도의 성장세를 보이고 있다. 한국, 중국, 대만, 홍콩, 싱가포르, 말레이시아, 거기에 인도를 더하면 급속도로 성장 중인 아시아 국가는 세계 인구의 3분의 2를 차지한다. 그렇기에 오늘날 세계 경제를 논할 때는 반드시 아시아를 짚고 넘어가야 한다. 세계를 움직이는 흐름을 제대로 포착하기 위해서 말이다. 그리고 여태 지진하게 논의해왔던 문제를 푸는 방법을 이 속에서 찾을 수 있을지도 모른다.

기적의 일본

경제를 이해하기 위해 국가 모델을 분석할 때 으레 가장 먼저 회자되는 나라는 일본이다. 미국, 유럽과 대등한 경제 성장을 단시간에 이룬 유일한 아시아 국가임을 생각한다면 어느 누구도 이의를 제기하지 않을 것이다. 이 수업에서는 기적에 가까운 성장을 이룩했던 1954년부터 1971년까지 일본을 언급할 것이다.

눈부신 성장을 했지만 현재로서는 국가 전략을 다시 짜야만 하는 일본이기에 더더욱 과거 정부가 실행했던 전략을 아주 면밀히 들여다 볼 필요가 있다.

세계가 포기한 일본

일본은 제2차 세계대전을 겪으며 수백만 명에 달하는 국민의 목숨을 잃었고, 도시는 폭격당하고 파괴되었다. GDP로 따지면 1930년 수준까지 후퇴해버렸다. 1945년부터 1951년까지는 맥아더_{Douglas MacArthur,}

1880~1964를 비롯한 수천 명의 미국인 관료에게 나라의 지휘권을 빼앗겼다. 그들이 물러나고 나서야 일본이 지휘권의 바통을 넘겨받을 수 있었다. 재건을 위한 본격적인 일본의 움직임이 시작된 것이었다.

미국의 언어학자이자 하버드대 교수인 에드윈 O. 라이샤워Edwin O. Reischauer, 1910~1990는 일본 관련 분야의 권위자이다. 잠시 그의 말을 인용해보자.

"일본이 어떠한 정치적·경제적 제도를 선택하든 중요하지 않다. 가장 큰 문제는 앞으로 제대로 된 생활수준을 유지할 수 있느냐 없느냐다. 일본은 전 국민을 먹여 살리기에 충분한 식량을 생산하지 못한다. 게다가 수천만 명이 입을 옷을 만드는 데 필요한 섬유도 생산하지 못하고 있다. 석유와 철도 역시 턱없이 모자라며 근대적 공업 경제를 유지하기 위한 갖가지 광물과 원료의 양도 부족하다. 일본이 100% 자국에서 생산해서 수출할 수 있는 상품 중 하나인 비단絹의 수요는 나일론을 비롯한 화학섬유의 등장으로 소멸하다시피 했다.

일본이 세계 시장에 공급할 수 있는 것이라고는 자국이 보유한 인력과 석탄·수력에너지뿐이다. 일본은 위에서 언급한 것들과 수입한 원료를 조합해 상품을 만들고 외국에 재수출해야 한다. 거기서 얻은 적은 이윤으로 국민을 먹여 살리는 데 필요한 온갖 수입품의 대금을 지급해야 한다. 그러려면 일본의 수출 규모는 커져야 한다. 하지만, 세계는 둘로 분열했고, 극동 국가들은 일본과는 절대로 무역을 하지 않겠다고 결의했다. 대체 일본은 어디에서 시장을 찾아야 할까?"

라이샤워는 이렇게 결론짓는다.

"일본이 영국과 비슷한 국가 구조와 발전 과정을 밟아왔을지 모르지만, 정확하게 말하면 일본의 상황은 영국보다 더 나쁜 편이다."

쉽게 정리하자면, 라이샤워는 일본의 회생이 불가능에 가깝다고 단언한 것이었다. 얼마나 침울하고 힘 빠지는 이야기인가. 제2차 세계대전 직후 많은 사람들 역시 라이샤워 말처럼 일본의 회생에 대해 비관적이었다. 그러나 그 후 일본이 이룩한 발전은 세계의 경제학자들을 경악하게 했다. 1954년부터 1971년까지 꽤 오랜 시간에 걸쳐 일본의 실물경제는 매해 10.1%씩 성장했다. 실로 믿기지 않는 수치였다. 싱가포르, 중국, 인도도 실현하지 못한, 세계 최고이자 최장의 성장률이었다.

일본은 어떻게 그런 성장을 이룩할 수 있었을까? 정부가 주도한, 확실하고 세심한 전략을 바탕으로 국민, 기업, 정부가 일심동체가 되어 이룩했다. 이 놀라운 전략은 자국의 조직구조와 상황에 맞춰 내놓은 최상의 전략이자, 아시아 최초의 수출 주도 전략이었다.

일본에 남겨진 카드

자, 이제부터 당시 일본의 상황을 돌아보자. 일본은 생산 수준에 비해 인구가 너무 많았기에 실업자가 넘쳐났다. 그리고 패전 후유증과 빈곤에 시달렸다. 그러나 어떤 식으로든 전쟁은 끝났고, 미국이 평화를 '보장'하고 있었기에 나라 안팎의 안전은 그럭저럭 유지되었다. 재벌은 해체되었지만, 얼마 가지 않아 '계열系列'이라는 이름의 또 다른 시스템이 탄생했다.

일본은 비록 자원은 없었지만, 대부분의 인구가 같은 민족으로 구성되었다는 장점이 있었다. 뒤에서 언급할 인도처럼 종교, 인종, 문화, 언어의 이질성에 대항하는 데 수많은 시간과 정치적 에너지를 소비할 필요가 없었고, 일본은 합의에 근거한 의사결정 프로세스를 보유했었기에 다른 나라보다 비교적 수월하게 방향성을 형성할 수 있었다.

또한, 몹시 우수한 초중등 교육 커리큘럼과 어디에 내놓아도 뒤지지 않는 공학 기술이 있었다. 실제로 1971년도 엔지니어 수는 일본이 미국보다 많았다. 국민 1인당에 해당하는 엔지니어 수뿐 아니라 전체 엔지니어 수에서도 미국보다 많았다. 그리고 일본에는 엘리트 관료들이 아주 원활하게 기능하고 있었다. 미국의 방위력 아래에 있었으므로 한정된 자원을 막대한 방위비로 쓸 필요도 없었다. 국민총생산(GNP)의 고작 1%를 방위비에 충당하고 나머지는 모두 인프라, 인재, 비즈니스에 투자했다. 에너지를 값싸게 들여올 수 있는 여건도 갖추어져 있었다. 다만, 외화가 없었기에 달러를 벌어들여야만 했다.

당시 일본이 외화를 벌어들일 만한 외국 시장이 존재했을까? 중국 시장은 공산주의 혁명을 겪은 후 폐쇄되었고, 동남아시아 국가와의 관계는 아직 회복되지 않았으며, 유럽 역시 가난하기는 피차일반이었다. 그런데 유일하게 남은 시장이 있었다. 바로 미국이다.

일본이 택한 국가 경제 전략

일본은 미국을 전략적 시장으로 설정했다. 또한 시장을 개척하고자 한계비용가격을 형성했다. 즉, 시장점유율을 획득하고자 가격을 한계비용¹ 혹은 그 이하로 낮춘 것이다. 일단 미국에서 시장점유율을 획득해야 효율적인 규모의 사업 환경을 구축할 수 있다고 생각했던 것이다.

환율도 한몫했다. 제2차 세계대전 중에는 1달러에 4엔이었던 환율이 1949년에는 1달러 360엔으로 고정되었다. 높은 환율이 유리하게 작용하며 값싼 일본 제품은 저렴한 가격에 미국 시장으로 유입되었다. 해외에서는 싸게 팔았지만, 국내에서는 과점을 유도해 비싼 가격으로 팔았다. 채산을 맞추기 위해서였다. 국내 시장에서는 규모를 다지고 국외에는 한계비용가격으로 수출해 점유율을 늘리는 것이 일본의 시장 전략이었다.

제품 전략도 실로 비범했다. 대부분 개발도상국은 값싸고 부가가치가 낮은 제품으로 출발하지만, 일본은 그 길을 택하지 않았다. 일본은 언젠가는 맞닥뜨릴 동남아시아 빈곤국과의 가격 경쟁에서 이길 수 없다는 사실을 이미 알았다. 원료와 에너지 자원의 수입액이 많으므로 크리스마스 장식이나 직물 따위를 만들어서는 큰 부가가치를 창출할 수 없다, 결국 고도성장도 이룰 수 없다고 판단한 것이었다. 일본은 고부가가치 산업에 생산을 집중하기로 결정했다. 특히, 석유화학, 알루미늄, 공작기계, 자동차, 전자기기, 철강, 조선, 항공기 분야 등 여덟 가지 산업에 집중했다. 일본은 이 산업들을 대상으로 다양한 보호 육성정책을 발표함으로써 산업 진흥을 꾀했다.

그러나 석유화학과 알루미늄은 에너지에 크게 의존하는 산업이었

---

1 재화나 서비스를 한 단위 더 생산하는 데 들어가는 추가 비용.

기에 그다지 순조롭지 못했다. 특히 제1차 석유파동 후에 고전하면서 수출 경쟁력을 갖추지 못했다. 항공기 사업 또한 미국의 방위 정책과 궤가 맞지 않으면서 별다른 진척을 보이지 못했다. 그러나 수출이라는 측면에서 볼 때 철강과 조선 산업이 초기에 성공했고 최종적으로는 전자기기, 자동차, 공작기계 산업이 차례차례 주력 분야로 성장했다.

이처럼 높은 부가가치를 가진 상품을 생산해서 수출하고 판매하는 일본의 전략은 적중했다. 게다가 미국 시장은 소득탄력성이 아주 높았다. 다시 설명하면, 이미 부유한 생활을 누리던 미국인은 소득탄력성[2]이 낮은 직물이나 크리스마스 장식보다 자동차와 전자기기를 구입하고 싶어 했다. 이런 제품들은 자본집약형이므로 막대한 자본이 필요했다. 일본은 자본집약형이고 부가가치가 높은 상품, 즉 미국 시장이 원하는 상품을 수출 전략에서 주력해야 할 상품으로 선택했다.

당시 미국은 자동차와 전자기기 산업을 좌지우지하고 있었다. 일본의 전략을 펼치기도 전에 시장진입의 장벽이 존재했던 것이다. 1950년대 후반에 일본이 자동차 산업의 보호육성정책을 추진했을 때 미국은 이미 세계의 자동차 시장을 지배한 상태였다. 제너럴모터스$_{GM}$, 포드$_{Ford}$, 크라이슬러$_{Chrysler}$가 세계 자동차 시장의 90%를 차지했었으니 말이다. 전자기기와 공작기계도 마찬가지였다. 하지만, 이 전략은 격심한 세계 경쟁에서 살아남고자 일본이 스스로 선택한 장기 정책이었다. 지금까지 설명한 전략을 채택했을 때 이미 일본인들은 스스로 우수한 성능의 자동차를 만들 수 있을 때까지 10년이든 20년이든 꾸

---

[2] 소득이 수요 증가에 미치는 영향, 소득이 1% 증가했을 때 수요는 몇 % 증가하는가를 나타내는 수치.

준히 노력하겠다고 마음을 다잡은 상태였다.

더구나 일본에는 안정된 정치 체제가 존재했기에 장기 전략을 채택하는 데 걸림돌이 없었다. 특히 1957년에 보호육성산업으로 선정된 공작기계 분야는 1977년에 수출국 반열에 오르기까지 무려 20년이나 걸렸다. 그리고 1980년대, 일본산 공작기계는 미국 시장을 지배했다. 그에 이르기까지 많은 시간이 걸렸지만, 일단 일본 제품이 미국을 점령하자 미국의 체면은 땅에 떨어지고 말았다.

자동차 산업도 마찬가지였다. 1967년 무렵까지 일본은 미국에 자동차를 한 대도 수출하지 못했다. 도요타가 처음 수출한 자동차는 시속 85km도 나오지 않는데다 덜컹덜컹 흔들리며 의심스러운 소리를 내기 일쑤였다. 사실 20년 동안 쉬지 않고 근성을 발휘하기란 쉽지 않다. 그럼에도 일본은 계속 노력했고 철강, 조선, 기계처럼 강점이 있는 분야에서는 독자 개발도 추진했다. 물론 당시 일본의 임금이 지금보다 현저히 낮았고 엔화 약세로 이점을 톡톡히 누린 점도 간과해서는 안 되겠지만 말이다.

독특한 구조의 제조업 전략

일본의 고도성장에서 중요한 요소인 제조업 전략은 그야말로 깜짝 놀랄 만한 기적을 일으켰다. 일본이 가장 먼저 착수한 일은 수직으로 통합된 기업 '계열'을 구축하는 것이었다. 왜 수직으로 통합된 기업이 유리하냐면, 스케일(규모)과 스코프(집중 범위)라는 두 가지 측면의 이점을 한꺼번에 획득할 수 있어서다. 그룹 내 계열사들이 서로의 제품을 사고팔면서 원재료를 더욱 안정적으로 공급하고 일정한 수준의 매출을 확보할 수 있었다. 시장을 공략하고 기업의 규모를 키우는 데 이점이 있다는 것이다. 전쟁에 의해 해체되었던 재벌이 단기간의 개혁을 통해 '계열'이라는 이름으로 재탄생한 셈이다.

이쯤에서 계열에 대해 설명하고 넘어가자. 일본인들에게는 익숙한 개념인 '계열'은 기업 대집단을 일컫는 말로 일본이 구축한 '계열'에는 은행이 그 핵심에 놓여 있었다. 전후의 자본 부족 사태를 고려해 자금 지원이 가능한 은행을 중심으로 형성되었기 때문이다. 일본에는 수십 개의 회사로 구성된 계열도 많았고 자동차업계, 철강업계, 석유화학업계를 주축으로 구성된 계열도 있었다. 계열사들은 주식을 골고루 소유하면서 그룹 내 연계를 굳건히 다졌다. 한 달에 한 번꼴로 열리는 이사회에서 사업에 대해 논의했고 계열의 중심에 자리 잡은 은행은 특정 산업을 보호하고 육성했다. 산업계는 대장성[3] 및 통상산업성[4]과 같은 정부기관과도 긴밀히 의사소통하고 있었기에 일본의 국가 전략에 대해서도 충분히 이해하고 있었다.

그런 상황에서 선택한 제조 전략은 규모와 집중이었다. 집중면에서는 도요타TOYOTA와 파나소닉Panasonic처럼 거대한 공장들을 한꺼번에 관리하는 체제를 말한다. 이를 통해 학습곡선learning curve, 즉 경험이 쌓여 숙련되면 비용이 감소한다는 사실을 발견했다. 생산을 확대하면 비용이 절감된다는 규모의 이점도 활용했다. 수십 년에 걸쳐 규모를 확대하면서 비용을 계속 줄여나간 것이다. 이렇게 일본의 규모와 집

---
3 과거 일본의 국가예산의 관리 및 기획, 조세정책, 금융행정을 총괄했던 중앙 행정기관. 현 재무성.
4 과거 일본의 경제·무역·산업 정책 등을 담당했던 정부기구. 현 경제산업성.

중 전략은 적중한다.

물론 무턱대고 규모만 늘리면 결국 한계에 부딪힌다. 따라서 더욱 향상된 신기술이 필요하다. 이때 기술을 개발할지 사들일지 결정해야 한다. 당시 일본의 처지에서 돈을 주고 기술을 사들인다는 것은 생각조차 못할 일이었다. 그래서 일본 기업들은 통상산업성의 협력을 얻어 해외로 나가 최고의 기술을 발굴하고 해당 기술의 라이선스 제공을 요청했다. 미국과 유럽의 기업들은 기꺼이 일본에 라이선스를 제공했다. 당시 일본이 경쟁 상대가 될 만큼 위협적인 나라가 아니었기에 별다른 걱정을 하지 않았던 듯하다. 훗날 도요타가 GM과 경쟁하리라고는 꿈에도 상상하지 못했을 것이다.

통상산업성은 새로운 기술을 채택하라고 기업에 줄기차게 촉구하고 지도했다. 경영자들도 사업을 확대하고자 비용 삭감과 품질 향상에 힘을 기울였다. 나중에 미국인이 일본인으로부터 재고관리에 대해 배웠다는 사실에서 알 수 있듯, 일본이 창출한 제조 관리 체제는 믿기지 않을 정도로 혁신적이었다.

외국자본을 배제한 자금조달 전략

자금조달 전략도 '일본의 기적'을 실현하는 데 지대한 역할을 했다. 국가 발전을 위한 자금조달 방법에는 국내 조달과 국외 조달, 은행 차입과 주식 발행 등 여러 가지가 있다. 일본은 외국인의 주식 보유를 허용하지 않으려 했다. 국내 산업을 보호하고 육성하기 위해서였다. 만약 외국자본이 유입된다면 정책은 물거품이 된다. 미국 철강회사가 일본에 자본을 투입해 일본에 제철소를 지었다고 가정해 보자. 만약, 그들이 일본 내 수요만 겨우 채우는 정도의 철강만 생산한다면 일본에서 해외 시장으로 수출하는 길은 애초에 막히지 않겠는가?

대외채무도 조달 방법에서 제외되었다. 일본에는 자원이 충분하지 않았으므로 수출을 통해 얻는 이익이 원료수입 비용을 웃돌지 않는 한 무역수지와 경상수지가 적자를 기록할 것이 뻔했다. 즉, 여력이 없는 일본이 외국에서 자금을 차입하고 그에 대한 이자까지 외화로 지급하면 위험에 처할 가능성이 있다고 판단한 것이다.

놀랍게도 일본은 국내 주식시장을 통한 자금조달에도 흥미를 보이지 않았다. 일본 정부는 특정 산업에 자금을 집중적으로 투입하는 성장 전략을 우선시했다. 국내 주식시장이 활성화되면 자본이 자연스레 다른 분야로 스며들 가능성이 있다. 결국, 일본은 주로 은행 대출을 통해 자금을 조달했다.

일본 기업은 자기자본비율이 낮고 대형은행의 대출에 의존하는 경향이 있다. 제조 부문은 차입이 많은 반면, 주식자본비율은 몹시 낮다. 그래서 일본 제조회사들은 일정한 금액의 이자와 원금을 계속 상환해야 한다는 부담이 있지만, 주주에 대한 책임은 크지 않다. 이것은 의미가 있는 대목이다. 서구 기업들은 주주의 눈치를 보며 15~18%의 이익을 내고자 전전긍긍했지만, 일본 기업들은 한 자릿수 성장만 기록해도 성공이었기 때문이다. 게다가 이런 상황은 비용 절감으로까지 이어졌다.

일본에는 은행이 많지 않다. 당시에 존재하던 76곳 가운데 12곳이 대형 은행이었고 나머지는 규모가 작은 지방 은행이었다. 대형 은행은 '계열'과 연계해 융자를 제공했다. 참고로 그 당시 미국에는 은행이 2만 5천 곳이나 있었다. 은행의 수가 적은 일본에서는 대장성이 비공식적으로 은행에 지침을 내리거나 일본은행(중앙은행)이 '창구규제'를 실시하는 일이 비일비재했다. 미국에서는 거의 불가능한 방법이었다.

높은 저축률이 종잣돈으로

마지막으로 자금 조달원이 국민의 저축이었다는 사실에 주목해야 한다. 일본인은 저축하고, 저축하고, 또 저축했다. 저축하는 이유는 다양하다. 일본인들은 전후에 빈곤에 허덕였던 기억이 있어서, 아이들의 미래를 위해, 또 노후 대비를 위해 저축한다. 결정적으로 정부가 저축을 장려하기 때문에 저축한다. 일본인은 1980년대까지 오랜 기간에 걸쳐 소액저축 비과세 제도를 도입했다. 은행에 저축한 예금이 350만 엔을 넘지 않으면 이자에 대한 세금을 내지 않아도 됐다. 배당 과세에도 제한이 있었다. 지금은 싱가포르와 중국이 이와 같은 정책을 쓰는데, 당시의 일본도 거국적으로 저축 정책을 펼쳤다.

이렇게 모인 거액의 저축은 계열 내 은행과 일본 우체국으로 유입되었고 그 자금은 다시 산업 및 공공 인프라에 투입되었다. 개인뿐 아니라 일본 정부도 저축했다. 1954년부터 1971년까지 재정이 흑자를 기록했는데, 정부는 흑자가 나기만 하면 공공 인프라에 투자했다. 서구 국가들은 절대 이해 못할 행동이었다.

그러면 당시 전체 기업의 70%를 차지하던 중소기업들은 이러한 전략을 어떻게 받아들였고 어떠한 동기를 가지고 행동했을까? 비록 그들에게는 아무런 의사결정권도 없었지만, 모회사와 장기적 관계를 유지하면서 질 좋은 부품을 낮은 가격으로 제공하고 고도성장의 한쪽 날개가 되어 주었다. 당시 전체 노동자의 75%를 차지했던 비정규직 고용자도 지금의 파견사원과는 달리 장기적 안목을 염두에 둔 고용 형태였다. '풍요로운 일본'을 짐작하게 하는 대목이다.

이처럼 일본은 다양한 경제 성장 전략을 실행하고자 거대한 조직을 국가 속에 '프로그래밍'했다. 지금이야 싱가포르가 '싱가포르 주식회사'로 일컬어지지만, 그보다 훨씬 전에 이미 '일본 주식회사'라는 개념이 생겨났다. 사실 전략 수립 자체는 그리 어렵지 않다. 실행이 어려울 뿐이다. 전략을 정치, 경제, 문화에 녹여내기란 여간 어려운 일이 아니다.

완벽한 결과

1960년, 이케다 하야토(池田 勇人, 1899~1965) 내각[5]은 '소득 배증 계획'을 천명하고 1970년까지 국민소득을 두 배로 늘리겠다는 놀라운 계획을 공포했다. 이를 실현하려면 연평균 7.2%의 성장률을 기록해야 했다. 터무니없는 목표였지만, 일본은 목표치를 크게 웃돌며 연평균 10.6%의 성장을 기록했다.

그런데 국내총생산(GDP)에서 소비가 차지하는 비율은 63%에 50%

---

5 일본의 정치가. 1940~1960년대에 걸쳐, 재무 장관, 통상산업성 장관, 제58~60대 내각 총리를 지냈다. 연합국과의 강화 및 냉전 체제 하의 미일관계의 구축에 이바지했고, 전후 일본 경제의 재편성에 지도적인 역할을 했다.

로 줄어들었다. 일본인은 점점 부유해졌지만, 계속해서 소비를 줄였기 때문이다. 정부지출도 16%에서 7%로 감소했고 투자는 19%에서 37.4%로 증가했다. 연평균 14.5%씩 증가한 셈인데 통상적인 기업들의 투자 비율을 고려할 때 얼마나 막대한 규모의 투자였는지 짐작이 간다. 뒤에서 다시 언급하겠지만 이런 경향은 비단 일본뿐 아니라 모든 아시아 국가에서 두드러진다.

수출은 7.3%에서 14.3%까지 상승했다. 무려 두 배 가까이 오른 것이다. 실업률은 2%대라는 깜짝 놀랄 만한 수치를 기록했다. (물론, 여성 노동력 등이 모두 반영된 수치는 아니다.) 생산성은 매해 8.4%라는 놀라운 비율로 점차 개선되었다. 인플레이션율은 4.1%에서 멈췄다.

이렇듯 일본은 국내외 상황을 정확히 읽고 최적의 경제 전략을 구축했다. 국민이 보유한 기술, 근면하고 성실한 노동력, 저축과 투자를 자극하는 갖가지 제도, 관료가 주축이 되어 마련한 치밀한 계획 프로세스. 일본은 부유한 시장을 타깃으로 삼았고, 미국의 보호를 충분히 활용했으며, 고정 환율이라는 외부 요인도 적절히 이용했다. 그러한 전략을 실행하는 데 필요한 노동조합과의 관계, 정부와 기업의 관계를 구축하고자 효과적인 조직을 만들었다. 전략, 구조, 환경이 삼박자로 들어맞는 완벽한 국가 전략 모델인 셈이다. 또한 일본의 경제 발전 모델의 치밀함을 생각할 때 세계 각국이 어떤 전략을 어떤 구조, 어떤 상황에서 추진하는지, 그리고 그 전략이 어떤 궤도에 오르는지 분석하는 데에 기본으로 삼기에도 충분하다. 따라서 뒤에 이은 각국의 상황과 구조, 전략을 일본의 경제 발전 모델을 기본으로 분석하고자 한다.

한편, 장기간에 걸친 고도성장은 매해 소득의 증가로 이어졌다. 증가한 소득의 배분을 둘러싸고 기업과 단체는 사업 보조금으로 할당할 것을 정치가와 관청에 요구했다. 모든 나라가 그러하듯 일본의 정치가들도 지역 선거구에 밀착해 활동하는 업계나 단체에 유리하도록 관청을 상대로 로비했다. 또 관청은 권한의 확대, 예산 확보, 낙하산 취업 자리의 발굴이라는 측면에서 정치가를 적극적으로 도왔다. 정경유착이 시작된 것이다. 이러한 경향은 기득권을 둘러싼 움직임과 재정의 경직화를 초래했다. 결국, 일본의 정치, 경제, 사회 시스템은 세계화의 진행이라는 환경 변화에 유연하게 대처하지 못했고 어두운 면도 서서히 드러나기 시작한다.

우연인지 필연인지 일본 사회에 그림자가 드리우기 시작할 무렵인 1971년 8월 15일 오후 8시 3분, 미국의 닉슨 대통령은 브레드우즈 체제[6]의 종료를 선언한다. 아울러 닉슨은 일본에 10%의 수입 할당을 부과한다. 이로써 일본의 기적적인 고도성장은 막을 내린다.

---

6 미 달러화를 축으로 한 유연한 고정환율제도.

자원이 부족한 나라가 살아남는 법
싱가포르

독자 여러분도 익히 알듯 싱가포르는 작은 섬나라다. 일본의 경제 발전 모델을 모방하는, 영리한 전략을 채택한 싱가포르는 이제 스승 격인 일본을 앞지르려 한다. 싱가포르는 말레이시아와 인도네시아 사이를 흐르는 말라카해협에 있는 아주 작은 나라다. 영국의 식민지 시대에는 더없이 가난했고 1950년대 초에 영국이 해운기지를 철수했을 때 수많은 싱가포르인은 일자리를 잃었다. 당시 싱가포르에는 약 100만 명이 살았다. 말레이시아인과 인도인도 있었지만, 대부분의 국민은 싱가포르로 이주한 화교였다. GDP도 낮았다. 영국에서 독립한 지 얼마 지나지 않은 1960년, 1인당 GDP는 427달러에 불과했다.

1959년, 싱가포르 최초로 열린 선거에서 리콴유(李光耀, 1923~)가 총리로 선출되었다. 독립 교섭을 주도한 인물 중 한 명인 그는 총리로 취임하여 26년간 재직하였다. 그는 싱가포르를 세계 수준의 금융과 물류의 중심지로 탈바꿈시켰으며 세계 최고의 깨끗한 정부로 발돋움하는 데 기여하였다. 그래서 리콴유는 이제 꽤 나이가 들었음에도 여전히 고문장관이라 불리며 싱가포르 국민의 존경을 받는다.

싱가포르가 1950년대에 할 수 있었던 유일한 비즈니스는 화물 거점 사업이었다. 당시의 아시아가 지금처럼 발전했더라면 싱가포르 항구는 필시 전략적으로 중요한 지역이었을 테지만, 그때는 그러한 지리적 혜택을 누릴 만한 여건이 아니었다. 그래서 리콴유는 정권에 취임한 후 수입대체정책에 힘을 기울였다. 개발도상국의 전형적인 전략인 수입대체정책은 관세를 올려 국내 산업을 보호하고 사업을 국내에 유치하는 정책이다.

하지만, 싱가포르는 수입대체정책에 실패한다. 국토가 너무 좁았기 때문이다. 그러자 리콴유는 염원이었던 말라야연방[7]과의 합병을 시도했고, 실제로 싱가포르가 말라야연방에 들어가면서 말레이시아연방이 탄생했다.

그리하여 싱가포르는 말레이시아의 일부로 편입했지만, 정작 관계는 그리 좋지 않았다. 말레이시아에서는 이슬람교도인 부미푸트라Bumiputra 말레이인이 우위를 점했고 화교는 소수민족에 불과했는데, 싱가포르에서는 화교가 우위를 차지했고 말레이인이 소수민족에 속했다. 두 민족은 각종 정치 문제에서 합의를 이루지 못했고 두 나라 모두에서 화교와 말레이인 사이의 사회적 긴장감이 높아졌고 잦은 분쟁으로 이어졌다.

1965년, 리콴유가 이끄는 싱가포르는 말레이시아연방에서 분리돼

---

7 말레이 반도의 아홉 주와 페낭, 믈라카라는 두 영국 해협식민지로 구성되었던 연방 국가(1948~1963). 1963년 말레이시아로 대체되었다.

다시 독립국이 되었다. 이제 싱가포르는 어떤 식으로 국가 경쟁력을 키워 성장을 이끌지, 또 그를 위해서 구체적으로 무엇을 해야 하는지, 신속한 결단을 내려야만 했다.

리콴유의 필사적 전략

주변으로 시선을 돌린 리콴유는 아시아에서 유일하게 성공한 나라, 일본에서 해답을 찾았다. 우선 그는 일본과 같은 수출 주도형 성장에 노력을 기울였다. 그러나 싱가포르는 일본보다도 자원이 적었기에 수출 주도형 성장 전략을 선택하기까지 상당한 각오가 필요했다. 그래서 싱가포르는 해외직접투자 유치에 총력을 기울였다. 자금도 필요했지만, 우선 고용을 창출해야 했기 때문이다.

더구나 싱가포르에는 전문지식은 물론이거니와 고도성장 전의 일본이 보유했던 공학기술도 없었다. 일본은 제2차 세계대전 전후로 이미 20~30년에 걸쳐 산업화를 경험했지만, 싱가포르는 그런 경험마저도 없었다. 문자 그대로 아무것도 없었다. 일본을 따라 하려 했지만, 출발점은 일본보다 더 열악했기에 싱가포르는 해외직접투자를 통해 기반을 갖추려 했다.

리콴유는 서구인, 특히 미국인이 싱가포르에 투자해 조립공장을 건설하도록 유도하고자 총력을 기울였다. 그렇게만 된다면 미국 기업은 싱가포르의 낮은 인건비를 활용해 공장을 가동할 수 있고 싱가포르에서는 고용이 창출되리라는 생각이었다. 그는 우선 무역과 산업을 관장하는 경제개발청(우리나라로 치면 지식경제부 장관의 보좌기관)을 설치했다. 그는 경제개발청을 설치하자마자 관료 3~4명을 미국의 대도시 뉴욕, 시카고, LA, 휴스턴에 급파했다. 파견된 관료들은 투자를 유치하려고 눈에 띄는 문이란 문은 죄다 두드리고 다녔다.

당시 싱가포르가 어디에 있는 조그만 나라인지 아는 이는 거의 없었지만, 그들은 포기하지 않고 열심히 발품을 팔았다. 현지 기업의 문을 하나하나 두드리며 모국을 알렸다. 결국, 반도체 제조사인 내셔널 세미컨덕터National Semiconductor를 설득해 싱가포르에 시찰단을 초빙했다. 시찰단은 싱가포르로 건너가 싱가포르가 직접 건설한 공장, 매립지에 조성된 주롱기술지구[8], 근면한 노동자, 낮은 임금, 면세 정책을 눈으로 확인했고 망설임 없이 바로 공장을 세웠다. 뒤를 이어 휴렛팩커드HP, 미국의 전자회사인 텍사스 인스트루먼츠Texas Instruments Inc.가 진출하는 등 수천 개의 회사가 싱가포르로 공장을 이전했다. 주로 전자기기 제조사였으나 해운, 선박 비품, 석유화학, 은행, 금융서비스, 미디어, 통신 기업도 있었다. 이와 같이 해외직접투자라는 기본전략을 실행하기 위해 싱가포르는 관료를 파견하여 자국을 알리고 공업단지를 조성하는 등 노력을 아끼지 않았다. 그러나 싱가포르는 여기서 멈추지 않고 다양한 요소를 계속해서 첨가했다.

외국 투자자에게 싱가포르의 또 다른 매력 요소는 통화 반출 제한과 같은 정부 규제가 없다는 점이었다. 싱가포르는 이른 단계부터 자국 통화에 변동환율제를 적용했다. 정부가 환율을 조절하면서 목표치에 가깝게 유도했으니 진정한 의미의 변동환율은 아니었지만, 국력이

---

[8] 싱가포르섬의 서쪽 일대를 차지하는 지역. 1968년 싱가포르 공업화 정책의 일환으로 외국 기업을 유치하기 위해 조성한 공업단지.

강해질수록 통화 가치는 점점 상승했고 나중에는 시장 가치와 별반 차이가 없어졌다. 따라서 기업은 미래의 통화 리스크에 대비해 예방책을 마련할 필요가 없었다. 기업에는 더없이 중요한 요소다.

세 번째 전략적 요소는 자유무역이다. 수입 관세를 부과하지 않은 것이다. 네 번째 요소는 노동 정책이다. 노동조합이 일부 존재했으나 그 힘은 미약했고 그나마도 1980년대에 접어들면서 약해졌다. 사실상 노동조합은 산업계에서 배제된 상태였다. 나중에야 전국노동조합회의가 새로 조직되어, 다양한 하위 노동자 집단이 거기에 소속되었다.

전국노동조합회의는 내각을 구성하는 각료가 운영하는 단체였으므로 정부의 전략 추진을 저해할 만한 요소는 전무하다고 봐도 무방했다. 오히려 도움이 되었다. 언젠가 전국노동조합회의를 운영했던 각료를 인터뷰한 적이 있는데, 그는 규격·생산성·혁신청의 장관이기도 했다. 조합, 기업, 정부가 하나로 뭉쳐 언젠가는 반드시 일본을 추월하겠다는 일념으로 싱가포르의 생산성을 끌어올리고자 노력한 것이다.

저축 장려 정책도 빼놓을 수 없다. 싱가포르는 원체 가난했기에 저축률도 몹시 낮았다. 싱가포르는 '장려'라는 개념을 뛰어넘어 '강제적인' 수금 정책을 펼치고자 의무 저축 기관인 중앙적립기금을 설립했다. 노동자와 고용주가 퇴직 후를 대비해 연금을 납입하는 미국의 사회보장청과 같은 조직이었다. 그러나 미국과 달리 싱가포르의 중앙적립기금은 노동자로부터 확실하게, 대량으로 돈을 끌어 모았다.

통상적으로 노동자로부터 급여의 20~25%, 고용주로부터 20~25%

를 거두어들여 기금에 충당했다. 1985년에는 총 급여의 50%라는 최대치에 도달하기도 했다. 더구나 세전 급여가 기준이었으므로 저축액은 실로 막대했다. 중앙적립기금에 적립된 싱가포르인들의 급여는 국내 인프라에 투입되거나 항만, 석유정제소, 주롱기술지구의 건설에 사용되었다. 거리를 깨끗이 청소하거나 철도를 건설하는 데도 사용되었다. 극히 낮은 비율의 이자가 지급되었지만, 이자 또한 기금의 적립 대상이었다.

사람들은 극히 한정된 범위의 투자를 할 때만 자신의 '목돈'에 손을 댈 수 있었다. 아파트를 구입해 콘도로 개조할 때처럼 주거와 관련되거나 자식의 대학 진학처럼 인재에 대한 투자로 분류될 때는 기금에서 자금을 빌릴 수 있다. 여기서 주목할 점은 저축을 인출하지 않고 빌린다는 사실이다. 싱가포르 국민은 은퇴 후, 의료 서비스를 받을 나이가 되어서야 겨우 자신의 저축을 온전히 되찾을 수 있었다.

결국 저축한 돈을 인출할 수 있는 사유는 분양아파트의 구입, 아이들 교육 자금, 의료비 세 가지뿐이었다. 그러나 자신의 예금에 손을 대는 이들은 거의 없었기에 저축액은 매해 늘어만 갔다.

현재 중앙적립기금은 경제를 부양하고자 기업으로부터 거두는 금액을 13%까지 낮췄다. 그러나 직원들로부터는 여전히 20%를 거두었으므로 총 징수 비율은 33%로 상당히 높았다. 그러니 막대한 자금이 모일 수밖에 없었다. 비교를 위해 잠시 중국의 저축률을 언급하자면, 최근 들어 사회보장 자금을 마련하고자 18%까지 상승하기는 했으나 당시 중국의 저축률은 고작 13.7%에 불과했다. 미국도 14%밖에 안 된다. 싱가포르가 저축률을 33%로 낮췄다 하더라도 과거에 50%라는 경이적인 기록을 한 적도 있었으니, 저축 정책은 싱가포르의 경제 발전에 필수불가결한 제도라 할 수 있다. 저축률이 낮은 호주와 미국이 앞으로 진지하게 고려해야 할 모델이라고 생각한다.

또한 싱가포르의 국가 전략 속에는 급성장과 안정된 문화를 동시에 실현하기 위한 전략이 존재했다. 안정된 문화를 구축하고자 다양한 민족으로 구성된 국민이 같은 학교에 입학해 공부하도록 했다. 그 결과 화교, 이슬람교도, 인도인은 상대방을 더욱더 깊이 이해할 수 있었다. 아울러 인도인도 화교와 함께 정부 관직에 종사할 수 있도록 관례화했다.

싱가포르는 급성장을 이룩하고자 고부가가치 제품으로 이행했다. 일본은 처음부터 고부가가치 산업을 노렸지만, 싱가포르는 저부가가치 산업에서 시작해 서서히 고부가가치 산업으로 이행하는 전략을 택했다. 흑백 브라운관 제조업에서 VCR 제조업으로, VCR 제조업에서 평면 패널 디스플레이 제조업으로 이행했다. 지금은 반도체를 제조한다. 석유화학 산업도 마찬가지였다. 부가가치가 높은 가치사슬을 구축하려고 석유정제 사업에서 석유화학플라스틱 사업으로 차츰 이행했다.

한 가지 더 주목할 점은 싱가포르에는 범죄가 거의 없다는 사실이다. 아주 엄격한 법률이 존재해 마약 사범처럼 중범죄에 연루된 자는 가차 없이 기소되고 사형까지 집행된다. 싱가포르의 엄격한 법 제도는 치안을 유지시키는 큰 효과를 거두었다.

우수한 전략실행 기관

성장 전략의 마지막 두 요소는 재정과 금융 정책이다. 싱가포르는 재정·금융 정책에도 엄격한 규정을 적용해 추진했다. 강력한 권한을 쥔 중앙은행, 통화감독청(Monetary Authority of Singapore, MAS)이 견인차 구실을 하면서 은행 규제, 금융 정책, 재정 정책을 관리한다. MAS는 엄격한 금융 정책을 실행하면서 통화 공급량을 조절해 낮은 인플레이션율을 유지하는 데 성공했다. 이 기간에 MAS의 통화 정책은 그 진가를 인정받았다. 그들이 추구하는 재정 정책의 목표는 예산을 균형 있게 운영하는 것이었기에 쓰기보다는 모으기에 치중했고 실제로 1987년과 1988년에는 연속으로 흑자를 기록했다.

이처럼 치밀한 전략은 싱가포르 정부가 설치한 여러 기관이 수행하면서 놀랄 만한 성과를 올렸다. 앞에서 이미 설명한 경제개발청은 해외직접투자, 중앙적립기금, 통화국을 관할하고 주택개발국은 오로지 고용 창출을 목표로 주택을 건설했다. 당시 싱가포르의 전체 주택 중 89~90%가 정부가 건설한 주택이었다. 지금은 개인 소유의 주택과 아파트가 되어 있다. 또 싱가포르는 국영 투자회사인 테마섹 홀딩스(Temasek Holdings)를 통해 중국과 인도에 거액을 투자한다. 테마섹은 2008년에 250억 달러 규모에서 1,300억 달러 규모로 성장했다. 금융위기 후에는 보유 주식이 대부분 폭락, 특히 타이와 미국에 투자한 자산이 큰 손해를 보기도 했다.

규격·생산성·혁신청(SPRING)은 생산성의 향상을 꾀하는 기관이다. 지금이야 이와 비슷한 기관을 설치한 나라가 많지만, 당시로써는 드문 일이었다. 특히 SPRING은 규모가 크고 조직적이어서 국가의 생산성을 끌어올리는 데 혁혁한 공을 세웠다.

SPRING에서 일하는 약 830명의 직원은 각종 기업연수 프로그램을 실행하거나 생산성 데이터를 꼼꼼히 점검하면서 좀 더 효율적인 방법을 찾으려 노력한다. 심지어 택시회사에 잠입해 분석하는 등 기업이나 공공 부문 사업체의 생산성 향상을 적극적으로 장려한다. 그 덕분에 싱가포르의 노동생산성은 아주 높은 편이다.

SPRING은 산업계의 총요소생산성[9]을 높이려고 노력한다. 그도 그럴 것이 저축률이 높은 싱가포르에는 너무나도 많은 자본이 유입된 상태여서 꽤 오랫동안 총요소생산성은 그리 높은 편이 아니었다. 노동생산성과 자본생산성은 높았지만, 총요소생산성과 자원이용 효율성의 수치는 그러지 못했다. 그 이유 중 하나는 생산성을 측정하는 방법 때문이었다. 예를 들면, 인재를 해외 박사과정에 보내거나 의사와 생체임상의학 연구원의 미래에 투자했다면 그들이 공부나 연구를 마칠 때까지 걸리는 10년 동안은 생산성 수치가 낮을 수밖에 없다. 수치상으로 경제에 아무런 공헌을 하지 못하는 것이다.

또 싱가포르는 제대로 된 준비 없이 TV사업에 뛰어들어 고부가가치의 가치사슬을 단번에 구축하려다 실패해 사업을 접어야 하는 상황에 직면한 적도 있었다. 결국, 총요소생산성의 향상에는 큰 도움을 주지 못했다. 하지만 일본도 자동차 산업을 궤도에 올리기까지 실제로는 수십 년이 걸렸고, 10년 전 일본이 자동차 사업에서 항공기 사업으

---

9 생산성, 생산액, 직원 개개인의 생산성 등 모든 요소가 종합적으로 반영된 생산효율성 수치.

로 무리하게 이행했더라면 생산성을 크게 저해했으리라 생각되기 때문에 싱가포르의 행보는 비난받을 만한 것은 아니다. 게다가 싱가포르는 정부가 이 모든 것을 관리하면서 발전을 이루어왔다. 그러나 위와 같은 문제점 때문에 정부가 모든 일을 너무 급하게 진행하려 한다고 비판하는 이들도 있다.

싱가포르의 총요소생산성이 낮은 첫 번째 이유는 저축으로 인한 과도한 자본유입, 두 번째가 생산성 측정 방법, 세 번째 이유는 생활의 질이다. 깨끗한 물, 싱가포르에서 자라는 나무, 깨끗한 거리, 범죄 없는 사회, 포르노 없는 사회를 실현하는 데 싱가포르가 들인 돈은 생산성 수치에 나타나지 않는다. 그럼에도, 이 보이지 않는 가치들은 싱가포르 국민의 생활을 쾌적하게 한다. 이 역시 빼어난 전략을 지닌 나라, 싱가포르에서 배워 마땅한 가치다.

정치가 탄생시킨 '깨끗한' 나라

싱가포르 정부는 부패를 방지하기 위해 기업을 감사하는 부패방지국을 설치했다. 싱가포르는 부패지수[10] 순위에서 투명성이 높은 국가 중에서도 항상 상위에 자리매김하는데 거기에는 몇 가지 이유가 있다. 무엇보다 국민성 자체가 정직해 부패를 아주 엄격히 추궁한다. 우선 관료, 특히 총리와 각료들에게 기업 중역의 3~4배에 달하는 급여를 지급해 금전적인 이유로 부패를 저지르는 일이 없도록 했다.

연봉이 100만 달러에 달하니까 딱히 뇌물을 받을 필요도 없고 그

---

10 정치가와 공무원의 부패 정도를 국제적으로 비교하기 위한 국가별 부패 인식 지수.

만큼 자신의 일에 집중할 수 있다. 그렇게 높은 연봉을 포기하면서 부정을 저지르다니, 상상조차 못할 일이다. 일본이나 미국도 싱가포르 공무원의 급여 시스템을 모방하면 어떨까 싶지만, 그에 못지않게 부패 방지를 위한 정치 인프라도 중요하다. 싱가포르에 부패가 없는 이유가 미국이나 일본과 선거제도가 달라서일 수도 있다는 뜻이다. 여느 민주주의 국가처럼 선거 운동을 하고 투표도 실시하지만, 차이점이 있다면 싱가포르는 예나 지금이나 완전한 일당 독재 체제이다.

공무원 인사이동 시에도 정부부처 간 수평 이동을 실시해 공무원들이 공통된 인식과 방향성을 갖추도록 한다. 재무부 직원이 교육부로 이동하거나 재무 담당이 원자력 발전 책임자가 되기도 한다. 기계를 조작하는 직원을 인사부로 발령하는 일도 있다. 직원의 전문 분야와 상관없이 수평적으로 직무를 변경하는 회사가 세계 곳곳에 있지만, 아마도 싱가포르는 일본 기업의 인사이동 모델을 자국의 공무원 인사에 적용한 듯하다.

이렇듯 싱가포르는 공무원이든 국민이든 모두 공통 인식을 지녔다. 실제로 대화해 본 싱가포르인들은 모두 국가 전략을 이해했고 자신이 그 전략의 일부임을 인지했다. 물론 싱가포르가 워낙 작은 국가이기 때문에 일본과 미국처럼 큰 나라보다 원하는 체제를 구축하기 쉽다. 그렇다 하더라도 싱가포르가 믿기지 않을 정도로 국가 체제를 원활하게 운영한다는 사실은 부인하지 못할 것이다.

세계 정상급 무대를 향해

이렇듯 싱가포르는 적극적인 수출 주도 전략을 세우고 훌륭한 제도를 구축했다. 일본과 마찬가지로, 아니 어쩌면 그 이상으로 싱가포르는 '의도된' 시스템을 구축했고 대단한 성과를 올렸다. 이 사실에는 분명히 주목해야 한다. 다만, 싱가포르의 시스템이 어느 나라에서든 통용되는 시스템은 아니라는 점은 알아두자.

싱가포르는 자국의 상황에 맞는 전략을 훌륭하게 현실화했다. 싱가포르에는 천연자원도 없었고 어느 나라에서는 남아돈다는 땅덩어리도 비좁기 그지없다. 그러나 동남아시아의 연결점에 딱 위치한 덕분에 해운업, 선박 재정비, 인도네시아의 석유 수송 기지로는 그지없이 알맞았다.

다양한 민족으로 구성된 주민을 통합하는 일도 거뜬히 해냈다. 1964년과 1965년에 발생한 무력 충돌을 극복한 이후로는 줄곧 평화를 유지했다. 현재 싱가포르의 인구는 약 500만 명이다. 실은 섬을 조금 확장해야 했던 시기도 있었다. 많은 이민을 유치할 필요가 있었기 때문이다. 정확히 말하면 이민이 아니라, 아주 엄격한 조건 아래서 싱가포르를 위해 일해 줄 사람들을 원했다. 급속한 성장으로 인력이 부족해졌을 때는 주로 인도네시아에서 인력을 들여와 조립공장에서 일하게 했다. 그러나 경제 성장세가 둔화하자 그들을 바로 국외로 내보냈다. 그만큼 싱가포르는 시민권에 대해 아주 엄격한 나라다.

지금까지 소개한 싱가포르의 전략은 1987년과 1988년, 아시아 금융위기 직후, 2001년 미국의 경제 침체 등 몇 차례 위기를 제외하고는 거의 척척 들어맞았다. 그럼 싱가포르는 이러한 전략을 통해 무엇을 손에 넣었을까? 42년 동안 GDP는 연 9.7% 성장했다. 아주 훌륭한 수치다. 실질 GDP는 1인당 427달러에서 4만 4,000달러로 증가하며 일본보다 부유한 나라가 되었다. 소비는 GDP의 40~44% 수준으로 상당히 낮다.

반면에 저축이 투자로 곧장 이어지기 때문에 투자비율은 GDP의 38~39%에 달한다. 최근 들어 약 23%까지 하락한 이유는 싱가포르가 그만큼 부유한 나라가 되었다는 방증이다. 수출입은 GDP의 40% 가까이에 달하며 경이로운 수치를 기록 중이다. 자신들이 쓸 필수품을 죄다 수입하지만, 또한 대량으로 수입해 부가가치를 창출한 후 미국과 유럽에 다시 수출하는 제품도 있다. 인플레이션율과 실업률도 모두 연간 3~4% 수준으로 낮다. 저축률은 믿기 힘들 정도로 높다. 오랜 시간 동안 방대한 규모의 무역수지 흑자가 이어졌고 1988년 이후 경상수지는 계속 흑자였다. 2008년까지는 재정수지 흑자도 기록했다. 하지만, 승승장구하는 싱가포르도 금융위기의 영향에서는 벗어나지 못했다.

중국의 대두

나는 새도 떨어트릴 기세를 뽐내던 싱가포르 정부도 걱정거리는 있다. 그 중 하나가 바로 중국의 대두다. 2000년 초반에 접어들자 중국은 싱가포르가 전개하는 저부가가치 제조업을 하나둘씩 빼앗아 갔다. 현재 싱가포르의 시급은 10달러지만, 중국은 1달러다. 그러자 리콴유 총리는 자신의 아들이자 재무장관인 리셴룽(李顯龍, 1952~)에게 미래에 대비하는 새로운 국가 전략을 세우라고 지시했다. 리셴룽은 현재의 싱가포르 총리다.

리셴룽은 부친의 지시대로 2003년에 3부로 구성된 신(新) 전략을 발표했다. 먼저 거시경제의 경쟁력을 갖추고자 대폭적인 감세 정책을 시행했다. 개인소득세를 2~3년에 걸쳐 20%까지, 법인세 최고세율은 25%까지 낮추는 등 감세 정책을 통해 경쟁력 강화를 꾀했다. 미국의 최고 세율이 37%라는 것을 생각하면 25%가 얼마나 매력적인 수준인지 짐작할 것이다. 리셴룽은 재정 적자를 내지 않기 위해 부가가치세도 올렸다. 소비에 부과되는 부가가치세만 인상되었으므로 자연스레 저축률은 증가하고 소비는 감소했다.

나머지 두 가지는 미시경제 부문에 존재했다. 첫 번째는 창업, 벤처 캐피털, 기술 혁신의 장려였다. 또 하나는 해외직접투자 사업을 몇 가지 그룹으로 재편성하는 것이었다. 규모의 경제와 다각화된 경제라는 두 마리 토끼를 잡으려 한 것이었다. 이탈리아, 남아프리카를 비롯해 여러 나라에서 위와 비슷한 움직임이 관찰되는데 산업 집적과 관련된 사항은 하버드 경영대학원 교수인 마이클 포터의 연구를 바탕으로 고안되었다. 싱가포르가 선정한 다섯 가지 집중 분야는 ①전자기기 ②석유화학 ③해운·선박 재정비·컨테이너 ④통신 및 정보, 과학기술 ⑤생체임상의학이었다. 특히 생체임상의학은 가장 새롭고도 중요한 분야로 꼽혔다.

싱가포르는 '남아시아의 케임브리지'가 되고자 생체임상의학의 발전을 진지하게 추진했다. 물론 이는 일본, 대만, 인도 등 아시아의 생체임상의학 대국뿐 아니라 서구의 수준까지 따라잡아야 하는 프로젝트이기에 웬만한 각오로는 전략조차 세울 수 없었다. 그러나 싱가포르는 그 전략을 실행하기 시작했다. 약 8년 전 싱가포르 중심부의 병원과 대학을 중심으로 '바이오 폴리스'가 건설되었다. 18동의 건물이 들어선 거대한 구역이다. 정부의 대규모 지원 프로그램인 과학기술연구청 Agency for Science, Technology and Research, A★STAR도 설립했다. 연구 자금을 조달해 외국 연구자 및 의학 전문가를 유치한 다음 한곳에 모아 강력한 매크로 프로그램을 실행하는 것이 설립 목적이었다. 나아가 젊은 학생들을 하버드, MIT, 옥스퍼드, 스탠포드처럼 세계 유수의 대학에 유학을 보내 박사 학위를 취득하게 한 다음, 싱가포르로 귀국해 최소 10년 동안 국가에 공헌하도록 했다.

하지만, 이 계획은 싱가포르보다 훨씬 큰 나라와 경쟁해야만 하는 대대적이면서도 리스크가 큰 사업이다. 싱가포르는 지금까지 해왔던 것처럼 자신들의 제도와 기관을 통해 계획을 실행하려 하지만, 정말 실현 가능할지는 그 누구도 장담하지 못한다. 현재 세계 각국의 제약회사를 유치해서 큰 성공을 거두기는 했지만, 대부분 제약회사가 연구보다는 약을 제조하기 위해서 싱가포르에 진출한다.

그러나 싱가포르 정부가 연구기관 및 인재의 유치로 서서히 사업 방향을 전환하고 있다는 점에 주목할 필요가 있다. 남아시아의 질병 대책에 노력을 기울이고 남아시아에서 경쟁 우위를 점한 의학에 더욱 집중하겠다는 뜻으로 풀이된다. 수십억 인구가 사는 남아시아 지역에는 그 지역 특유의 질병이 존재하기에 유럽인과 미국인의 질병 관리법과는 전혀 다른 접근법이 필요하다. 개인적으로 생각하건대, 그들은 경쟁국을 쫓아가려는 것이 아니라 자신들이 잘할 수 있는 분야를 더욱 키우려 하는 듯하다. 실제로 성과가 드러나고 있지만, 아직은 시간이 조금 더 필요하다.

위와 같은 싱가포르의 신전략은 순조로운 항해를 이어나갈까? 최근 5년 사이에 '국가의 성장'이라는 측면에서는 아주 훌륭한 성과를 얻었다. GDP는 6~7% 증가했고 무역수지 흑자도 굳건하다. 적어도 2008년까지는 그랬다. 2008년 금융위기는 싱가포르에 크나큰 충격을 던졌다. 무역이 GDP의 40%를 차지하는 경제 구조 때문에 2008년도 GNP 성장률이 4.5%로 크게 떨어졌다. 투자는 격감했고 인플레이션율은 0까지 떨어졌다. 수출이 13% 감소했으나 수입은 더 많이 감소했기 때문에 무역수지는 GDP의 5%까지만 하락했다. 경상수지는 GDP의 23%에서 16%로 하락했고 실업률은 다소 상승했다.

싱가포르 정부는 대규모 경기부양책이 발표했다. 그로 인해 재정은 1.5% 흑자에서 4.5% 적자로 전락했다. 하지만, 경기부양책이 효과가 있었던지 2009년 하반기에 접어들자 점점 회복세를 보였다. 싱가포르는 엄청난 속도로 부활하기 시작했다. 대중국 무역, 대일본 무역, 대말레이시아 무역, 대인도네시아 무역에서 연 10~12%의 성장을 기록 중이다.

하지만, 장기적 관점에서 볼 때 싱가포르가 정말로 부유한 선진국이 되었는지는 확실하지 않다. 수치적 조건은 상당 부분 충족했으나 그것만으로는 부족하다. 답이 도출될 때까지는 아직 시간이 필요하다. 현재 회복 중인 싱가포르의 2010년도 성장률은 4.9%다. 앞서 말한 생체임상의학이 궤도에 오른다면 장래는 더욱 밝다. 점차 쇠퇴하는 세계 각국 중에서 여전히 시대에 뒤처지지 않은 전략을 보유한 몇 안 되는 국가 중 하나인 싱가포르, 그들의 움직임에 주목하자.

두 마리 토끼를 좇는
중국

어떤 의미에서 중국은 기적의 나라다. 수백 년 전부터 대국이었지만, 제2차 세계대전 후에는 역경의 연속이었다. 1949년, 마오쩌둥_{毛澤東, 1893~1976}이 중국을 장악한 후 엄격한 공산주의 정권이 들어섰고 경제 체제는 순조롭지 못했다. 또 1958년부터 1960년까지 펼쳐진 대약진운동[11]과 1966년부터 1976년까지 펼쳐진 문화대혁명[12]을 겪으며 사회는 흉흉해졌고 성장은 꿈조차 꾸지 못할 일이 되었다. 비상식적으로 엄격했던 혁명 환경 아래서 수백만 명이 목숨을 잃었다. 그러나 1976년에 마오쩌둥이 사망하자 새로운 중국의 서막이 열렸다. 마오쩌둥의 측근들과 2년에 걸친 권력 투쟁을 벌인 끝에 덩샤오핑_{鄧小平, 1904~1997}이 출중한 실력자로서 두각을 나타낸 것이다. 이때가 1978년이었다. 당시 중국의 상황을 말하자면, 1인당 GDP가 싱가포르보다

---

11 근대적 공산주의 사회를 지향하는 농공업 증산 정책.
12 마오쩌둥이 중국 공산당의 반대파를 숙청하기 위해 학생들을 선봉에 내세워 일으킨 극좌 사회주의 운동.

낮은 약 200달러에 불과했다. 10억 인구의 생활수준이 그러했으니 나라 전체가 얼마나 가난했을지 짐작할 수 있다. 거대한 집산주의集産主義 사회[13]에서 경제의 3/4은 국유사업이거나 향진鄕鎭 사업[14]이었지만, 그마저도 적자에 버둥대며 제대로 기능하지 못했다.

덩샤오핑의 사상 최강의 전략

덩샤오핑은 기존과는 다른 새로운 방식을 생각해내야만 했다. 그는 오직 실리를 추구하기로 유명한 인물이었는데 다음과 같은 명언을 남긴 바 있다.

"흰 고양이건 검은 고양이건 쥐만 잘 잡으면 된다."

"돌을 더듬으면서 강을 건넌다."[15]

그는 중국의 공산주의를 유지하면서도 성장을 이루고 싶었을 것이다. 그렇다면, 그 목표를 달성하기 위한 효과적인 전략은 무엇이었을까? 1997년 덩샤오핑이 사망하기 전까지 19년의 세월을 돌아보면 덩샤오핑이 실시한 사상 최강의 전략이 무엇이었는지 이해할 수 있다. 물론 덩샤오핑이 그 전략을 처음 꺼내 들었을 때는 그 누구도 결과를 짐작하지 못했겠지만 말이다.

첫 번째 전략은 1가구 1자녀 정책이었다. 당시 중국의 인구는 무려 10억 명에 달했다. 그런 식으로 계속 증가하다가는 15억~16억 명으로 늘어날 것이 불 보듯 뻔했다. 그래서 덩샤오핑은 엄격한 1가구 1자

---

13 토지·공장·철도 등 주요 생산수단을 국유화하는 것을 이상으로 하는 주의.
14 읍/면 지역 단위로 시행하는 사업.
15 '돌다리도 두들겨보고 건너라'와 같은 뜻임.

녀 정책을 제안했다. 이 정책은 주로 지방에서 엄격히 적용되었지만, 도시라고 해서 예외는 아니었다. 여성에게는 불임수술과 중절수술까지 강요했다. 중국도 인도와 마찬가지로 남존여비 사상이 강한 나라다. 태아가 여자아이임을 알면 뱃속에서 떼어내는 경향이 있었다. 너도나도 아들이 태어나기를 바랐다. 그 탓에 중국과 인도는 모두 남녀 비율이 불균형하다. 수치상으로는 1~2%에 불과했지만, 그 조그만 격차가 사회에 큰 긴장을 낳았고 많은 남성이 반려자가 되어줄 여성을 찾지 못해 쩔쩔맸다.

  1가구 1자녀 정책은 확실한 효과를 올려 중국의 출생률은 점점 감소했다. 수치만 봐도 2% 수준에서 1% 수준으로 하락했다. 현재 중국의 인구는 약 14억 명이지만, 1가구 1자녀 정책이 없었더라면 지금보다 2억 명 정도 더 많았을지도 모른다. 다만, 최근 들어 1가구 1자녀 정책이 완화되어 첫째가 여자아이일 때는 둘째를 낳아도 된다. 상하이에서는 더욱 완화되어 아이를 두 명까지 낳을 수 있다. 최근 들어 1가구 1자녀 정책이 완화된 이유는 무엇일까? 바로 향후 고령화가 진행되어 연령 구성이 불균형해질지도 모른다는 우려가 제기되었기 때문이다. 중국의 인구 문제는 유럽, 미국, 일본보다 더 심각하다. 인구 증가세를 계속 억누르다 보면 20년 후에는 고령화된 인구가 10억 명에 달할 것이다. 고작 총인구의 12~13%에 불과한 국민이 노인을 부양해야 하는 상황이 발생할지도 모른다. 따라서 아이들의 수를 좀 더 늘릴 필요가 있다.

  두 번째 전략은 농업 생산 책임제다. 덩샤오핑 이전 시대부터 일부성省(미국의 주State와 같은 행정구역 단위)에서 시험적으로 시행되었는데 순조로운 효과를 보이자 덩샤오핑이 확대 시행했다. 대규모 집단농장을 그대로 유지하면서도 농민 개개인에게 일정한 토지 구획에 대한 책임을 부여하는 개념이었다. 집단농장에서 일정한 양의 쌀농사를 지어 낮은 가격으로 팔아야 한다는 규칙을 정해놓고 할당량 이외의 남은 토지에서는 과일, 닭, 돼지 등 무엇이든 원하는 대로 키우도록 허용하는 식이었다. 정부의 간섭이 사라지자 농민들이 성과를 내기 시작했다. 1979년부터 1984년까지 중국의 농업생산액은 몇 배 증가했다. 농업 환경이 개선되자 중국은 10년 동안 농산물 순수출국이 되었다. 1980년대에 다시 순수입국이 되기는 했지만, 이는 인구가 늘어나고 국민이 부유해졌기 때문이다.

그러나 중국은 여전히 토지 소유 개혁이라는 큰 문제에 손을 대지 못한 상태다. 예전이나 지금이나 계속 토지를 정부가 소유하고 있다. 이 때문에 최근 2~3년 동안 여러 가지 문제가 불거졌다. 사실 농민은 정부와 50~100년짜리 장기임대계약을 체결하기 때문에 농민이 토지를 소유하는 것이나 다름없다. 농민이 임차료나 지대를 지급하고, 다른 사람의 토지를 빌려 사용할 수 있는 권리인 차지권借地權도 판매할 수 있다. 그러나 중국 농민들은 더욱 근대적인 농업 기술을 도입한 대규모 농장을 원했다. 중국의 농장은 대개 약 1.7헥타르(약 5,100평) 정도로 규모가 작다. 경쟁 상대인 미국은 404헥타르(약 122만 평)이고 호주는 3,237헥타르(약 980만 평)이다. 중국이 미국이나 호주만큼 농장을 늘리려면 토지 소유 문제가 먼저 해결돼야 한다. 몹시 어려운 일이다. 규모가 크고 효율적인 농장을 실현하려면 아직 많은 시간이 필요하다.

세 번째 전략은 중요 프로젝트에 속하는 향진기업 전략이다. 향진기업은 각 지역 특색에 맞추어 육성하는 소규모 농촌 기업을 일컫는 말이지만, 국영기업과는 다른 의미다. 향진기업은 골치 아픈 사업은 벌이지 않는다. 크리스마스 장식을 만들고, 셔츠에 단추를 달고, 브라운관이나 라디오를 조립하는 등 단순 작업을 한다. 최근 17년 동안 향진기업의 사업은 매해 약 30%씩 성장했다. 전국 약 2,200만 개의 향진기업이 1억 2,900만 명의 사람을 고용하고 있다. 1997년 이후, 많은 향진기업이 사유화되어 지금은 개인과 주주가 회사를 소유한다. 소유주가 누구든 향진기업 전략은 실제로 경제 성장의 추진제 역할을 톡톡히 하고 있다.

네 번째 전략은 너무나도 잘 알려진 경제특구 전략이다. 덩샤오핑은 홍콩과 가까운 광둥성에 세 곳, 타이완과 가까운 푸젠성에 한 곳을 비롯해 여러 지역에 경제특구를 설치했다. 내륙부(중부 지방)에는 과학특구와 공업단지를 설치했다. 나는 언젠가 상하이 동부 지역인 푸둥을 방문한 적이 있는데 1,000개 이상의 공장이 늘어선 대규모 특구를 보고 눈을 의심할 수밖에 없었던 기억이 있다. 중국이 그곳을 더 확장하려 한다는 이야기를 듣고 더 놀랐지만 말이다.

그러한 광경이 중국 곳곳에서 펼쳐지면서 자연스레 해외 투자의 유치로 이어졌다. 특구에 진출한 기업에는 세금이 부과되지 않았기 때문이다. 1979년부터 서서히 발동이 걸린 대중국 해외투자는

4년 동안 19억 달러에 달했다. 나아가 1990년 초에는 연간 40억 달러, 1990년대 말에는 연간 200억~300억 달러의 규모로 증가했다. 2008년에는 800억 달러에 달하는 해외직접투자가 유입되었다. 지금까지 중국에 진출한 다국적기업의 수는 자회사까지 포함해 4만 개에 달한다.

전 세계의 해외직접투자를 하나의 파이라고 가정할 때 그 파이의 수 퍼센트는 중국에 할당되었을 성싶다. 실제로 부유한 나라를 제외하고 개발도상국에 투입된 해외직접투자의 57%는 중국에 유입되었다고 한다. GDP를 6~12% 끌어올릴 정도로 큰 규모다. 이렇듯 중국은 해외직접투자를 통해 자본을 유치했을 뿐 아니라 기술, 공장, 경영 노하우, 시장 참여 기회까지 손에 쥐었다.

잊어서는 안 될 또 하나의 자금 출처는 대만, 싱가포르, 마카오, 홍콩에 거주하는 화교들이다. 실제로 중국에 투입된 600억~700억 달러의 해외직접투자 중 절반 이상은 세계 각국에 거주하는 중국인의 호주머니에서 나왔다.

다섯 번째 전략은 민영화다. 중국의 국영기업에는 문제가 많았다. 특히 시스템은 엉망이었다. 모든 국영기업이 적자에 시달렸고, 은행 융자를 차입했다. 은행은 매해 국영기업에 엄청난 자금을 퍼부었다. 예를 들어 기업이 5,000만 달러의 손실을 냈다고 치자. 등골이 오싹할 정도의 손실이지만, 책임자는 은행으로 달려가 이렇게 말하면 그만이었다. "5,000만 달러가 필요합니다." 그러면 은행은 별다른 심사도 없이 잠자코 5,000만 달러를 빌려준다. 이때 빌려준 자금은 중앙정부의 재정수지에 반영되지 않았다. 기업은 부패했고 비효율적이었으며, 설비는 죄다 낡았었다.

그곳에서 일하는 사람들은 대체 무슨 생각을 하고 있었을까? 여러분은 '철밥통'이라는 말을 들어보았을 것이다. 당시 중국인들은 모두 국영기업에서 일하면서 생활을 보장받았으므로 이른바 밥 굶을 걱정은 없었다. '신의 직장'이었던 셈이다. 아득바득하지 않고 조용히 국영기업에 취직해 평생 일하면서 가게에서 식료품을 사고 자식들을 학교에 보내고 정부가 운영하는 진료소에서 병을 치료한다. 은퇴하면 적지만 연금도 받는다. 그렇게 아무 문제 없는 삶을 산다. 그것이 중국 국민의 사고방식이었다.

급기야 중국 정부는 국영기업을 이대로 두다가는 큰 문제가 생기리라고 우려하기 시작했고, 앞서 언급했던 농업 시스템을 본떠 관리 책임제를 도입했다. 그러나 진짜 문제는 국영기업이 만든 물건을 수용할 만한 시장이 국내에 없다는 점이었다. 경영자가 마음대로 직원을 해고할 수 없다는 점도 골치 아픈 문제였다. 국영기업은 죄다 인원 과잉 상태였는데도 말이다.

'자, 지금부터는 회사를 제대로 경영해서 반드시 이익을 남기십시오.'라는 명령을 받았다고 가정하자. 만약 당신이라면, 가장 먼저 하고 싶은 일이 무엇일까? 아무 할 일 없이 빈둥대는 직원을 해고해야 하지 않을까? 짐작하겠지만, 중국에서는 해고 자체가 어려운 과제였다. 1997년에 장쩌민_江澤民, 1926~_이 나타나 겨우 민영화가 시작되었지만, 현실은 삐걱대기 일쑤였다.

여섯 번째 전략은 가격 통제의 해제였다. 지금까지 수많은 물품의 가격이 자유화되었다. 그러나 쌀, 연료, 부동산 가격은 여전히 가격 통제 대상이다.

이렇듯 중국은 여섯 가지 전략을 통해 공산주의를 유지하되 경제 성장 목표에 도달하고자 했다. 그러나 이런 문제의식이 근본적인 해결책으로 이어지진 않았다. 그런 가운데 1994년, 중국은 자국 경제 발전의 전환점이 될 만큼 중요한 두 가지 개혁을 단행했다.

첫 번째는 세제 개혁이었다. 개혁 이전, 경제특구가 있는 광둥성과 상하이는 재산세 수입을 중앙정부에 분배하지 않았다. 그러자 중앙정부에는 자금이 전혀 유입되지 않았고 지방만 풍요로웠다. 이에 정부는 부가가치세, 소득세, 법인세가 중앙정부에 귀속되는 새로운 시스템을 구축했다. 1994년부터 베이징에 막대한 양의 자금이 유입되었다.

한 가지 더 중요한 변화는 통화 개혁이었다. 중국에는 자국민을 위한 위안화와 스왑시장에서 외국인이 입찰하는 외화태환권Foreign Exchange Certificate, FEC, 두 가지 통화가 존재했다. 1993년에 위안화 환율은 1달러당 5.7위안이었지만, FEC는 10위안이었으니 두 통화 사이에 괴리가 있었다. 바로 그 괴리가 온갖 종류의 문제와 부패를 유발하고 있었다.

중국 정부는 1994년 1월 1일에 통화를 통합하고 위안화를 단일 통화로 정했다. 1달러당 환율은 5.7위안에서 8.9위안으로 절하되었다. 같은 해에 1달러당 8.3위안으로 고정된 환율은 2005년 5월 5일까지 같은 수준을 유지했다. 그 후 중국 정부는 위안화가 저평가되었음을 인정하고 2005년 5월부터 2008년 10월까지 환율을 시장에 맡겼다. 이 기간에 위안화의 가치는 18% 상승했다. 그러자 다시 2008년 10월부터 12개월 동안 환율을 고정했고, 다시 2010년에 위안화 절상을 용인하는 움직임을 보였다. 하지만, 위안화는 여전히 과소평가되어 있다. 중국의 생산성은 끊임없이 증가하고 경제도 성장 중인데 미국 경제는 성장이 멈추었기 때문이다. 내 견해를 밝히자면, 위안화는 아직 30~40% 정도 과소평가된 상태다.

중국의 최후의 전략은 바로 WTO세계무역기구 가입이다. 중국은 1987년부터 WTO 가입 교섭을 해왔다. 천안문사건[16]으로 교섭이 정체되었다가 1990년대에 교섭이 다시 진행되었고, 1990년대 말에야 미국을 비롯한 기타 무역 상대국과 합의에 이르렀다. 그리고 2001년, 중국은 WTO에 가입했다. 이때부터 중국의 진면목이 본격적으로 드러나, 세계 곳곳에 진출했다. 생각해 보라. 오늘날 세계 어디를 가든 중국 제품을 볼 수 있다.

'공산주의'로 경제를 성장시킨다는 의미

경이로운 개발 전략을 실행한 결과, 최근 20년 동안 중국의 실물경제는 연 성장률 9.4%라는 놀라운 기세로 성장했다. 물론 일본이 고도성장기에 이뤄낸 성과에는 미치지 못하지만, 중국이 훨씬 큰 나라여서 운영이 어렵다는 사실을 감안하면 대단한 성장률이다. 2008년에 중국의 투자 수준은 GDP의 42%에 달했고 저축 수준은 무려 52%에

---

16 1989년 천안문 광장에서 민주화 요구를 하던 학생과 시민들을 중국 정부가 무력으로 진압, 유혈 사태를 일으킨 정치적 사건.

달했다. 참고로 중국은 연금제도와 의료보험이 없다. 따라서 여든 살까지 살려면 저축해야만 한다. 또 아이의 미래를 위해 저축해야 한다. 중국인 역시 아시아인이므로 다른 서구 국가와는 달리 앞일을 진지하게 생각한다. 그래서 저축률이 높다.

반면에 중국의 소비 수준은 부유해졌음에도 GDP의 36%에 지나지 않는다. 정부의 세출 수준도 꽤 낮아서 GDP의 9~11%에 그친다. 원래 중앙정부의 규모가 크지는 않았지만, 최근 2~3년 동안 거액의 세입이 발생하면서 중앙 정부의 규모도, 세출도 점점 커지는 추세다.

경이로운 성장세는 수출과 수입에서 가장 두드러진다. 수출의 GDP 공헌도는 3%에서 35%로 뛰어올랐고 수입은 GDP의 3%에서 28%로 증가했다. 이 수치를 일본, 미국과 비교해 보자. 현재 일본의 수출은 GDP의 약 11%를 차지하고 미국은 약 11~12%를 차지한다. 앞서 말했듯 중국은 무려 35%다. 실은 중국이 일본이나 미국보다 훨씬 세계화된 것은 아닐까? 어쩌면 중국은 유럽 국가들과 점점 더 닮아가는지도 모르겠다.

중국은 대대적인 수출 주도 전략을 실행했고 대부분 경제 활동이 세계 시장과 연계되어 있다. 따라서 일본과 마찬가지로 세계적인 불황의 여파로 경제가 침체된 상태다. 익히 알겠지만, 2008년에는 중국도 꽤 큰 타격을 받았다.

1979년부터 2009년까지 중국의 누적 해외직접투자는 9,000억 달러로 경제 규모의 약 1/4에 달했다. 2008년까지 방대한 무역수지 흑자와 경상수지 흑자가 이어졌다. 경상수지 흑자는 4,400억 달러로 일본의 2,710억 달러와 비교해 봐도 훨씬 많았다. 동시에 중국 정부는 자국의 경제 구조를 다각화했고 그로 인해 중국의 경제는 과거와는 확연히 다르게 바뀌었다. 장쩌민이 추구한 '사회주의 시장경제'가 실현된 것이다. 언젠가 내 수업을 들었던 한 중국 학생은 사회주의 시장경제를 '자본주의 경제'라 칭하며 "정부를 제외하면 중국 어디에도 사회주의 요소가 남아 있지 않다."라고 말했다. 그의 말처럼 중국은 완전한 자본주의 경제라 해도 무방할 만큼 변화되었다. 따라서 향후 15년 안에 다양한 측면에서 변한 면모를 보여주리라 생각한다.

해외 자산을 사들이는 중국과 일본

중국의 기업 구성도 탈바꿈했다. 외국 민간기업이 대거 중국으로 유입됐고 대부분 공동체(향진기업)가 민영화되어 이제는 소수만 남았다. 그러나 국영기업은 여전히 GDP의 50%를 차지한다. 거의 모든 대형 국영기업이 국영자산관리회사에 통합되어 대기업의 주식을 보유하고 있다. 예를 들어 항공, 전기·가스·수도, 방위산업, 인프라산업, 석유회사, 화학회사, 철강회사 그리고 대형 댐 3개는 전부 지주회사인 국유자산관리회사가 소유한다. 앞으로도 중국 정부가 앞에서 언급한 사업의 민영화를 추진할 것 같지는 않다. 영구히 국영기업으로 운영하지 않을까 싶다.

그것보다 중국의 행보에서 주목해야 할 것은 최근 중국 기업이 해외로 진출해 세계 곳곳의 자산 매입을 시도하고 있다는 것이다. 특히 석유, 철강, 구리, 알루미늄, 석탄과 같은 자원 자산을 캐나다, 카자흐스탄, 호주, 아프리카에서 몽땅 사들이고 있다. 자원이 없는 나라가 그런 움직임을 보인다면 이해가 갈 일이지만, 중국은 그렇지도 않으니 인수 제안을 받은 나라들이 자국의 자원을 중국에 적극적으로 팔고 싶어 하는지는 잘 모르겠다. 실제로 호주는 세계 3위의 광산회사인 리오 틴토Rio Tinto의 주식을 중국에 넘기고 싶어 하지 않는다. 미국도 석유회사 유니언Union Oil처럼 중요한 자산을 중국에 팔아넘기고 싶을 리 만무하다. 그럼에도, 중국은 풍부한 자금을 바탕으로 세계의 자산을 계속 사들일 것으로 보인다. 수입원이 빈약하고 경쟁력이 부족한 나라들은 어쩔 수 없이 중국에 자산을 팔아야 하는 운명에 처할지도 모른다.

자, 여기까지 읽은 독자 여러분의 머릿속에는 다음과 같은 의문이 떠올랐을 것이다. 일본 기업이 미국의 자산을 인수하기 시작했을 때와 같은 시도를 중국이 하고 있는 것이 아닐까?

당시 일본 기업이 미국의 자산을 계속 사들이자 미국의 걱정은 이만저만이 아니었다. 실제로 일본은 1977년과 1978년에 미국의 영화 배급 및 제작사인 파라마운트픽처스Paramount Pictures, 미국 뉴욕 중심에 있는 록펠러센터Rockefeller Center, 캘리포니아에 있는 페블비치 골프장Pebble Beach Golf Link를 비롯한 세계 곳곳의 자산을 마구 사들였다.

미국인들은 외국인이 자신들의 자산을 끊임없이 사들이자 신경이 곤두섰다. 그것도 상대가 제2차 세계대전의 패전국인 일본이다 보니, 모르긴 몰라도 미국 국내에는 후유증이 존재했으리라 생각한다. 해군으로 제2차 세계대전에 참전했던 나의 오랜 지인이 일본 자동차라면 거들떠도 보지 않으려 하는 것과 같은 맥락이다. 그런데 중국은 일본의 경우와 성격이 전혀 다르다. 일본과 미국은 한때 서로 총구를 겨누기는 했으나 지금은 엄연한 동맹국이다. 따라서 일본이 미국의 자산을 아무리 사들여도 안보 측면에서 걱정할 일은 없었다. 게다가 일본은 미국과 같은 형태의 군대를 보유하지 않았고 오히려 미국에게서 군사력을 제공받고 있었으니 그럴 만도 하다.

하지만, 중국은 사정이 전혀 다르다. 또 다른 지인과 나누었던 대화를 소개하자. 지독히 보수적인 그는 내게 이렇게 말했다. "중국에는 아직 노예가 있죠?" 웬 노예? 그는 중국 회사가 모두 노예를 사용한다고 생각하고 있었다. 내가 "아니요, 노예가 아니에요. 고용해서 급여를 준답니다."라고 답하는데도 그는 "노예나 마찬가지죠."라며 자신의 생각을 굽히지 않았다.

안타깝게도 미국에는 '공산주의 국가=노예 국가'라는 식으로 착각하는 이들이 아주 많다. 정리하자면, 일본인에게 자산을 넘길 때 미국인들은 자국보다 더 성공한 일본을 보며 배가 아팠을 뿐이다. 그러나 그 대상이 중국일 때는 단순히 잘나가는 중국인이 부러워서가 아니라, 그들이 '무서운' 공산주의자이기 때문에 불안해한다. 미국인이 보기에는 너무나도 큰 차이다. 실제로 중국은 경이적인 기세로 전략 병기를 만들고 있다. 그래서 미국 국방부는 중국을 위협적인 국가 중 하나로 인식하고 두려워한다. 지금이 아니라 장래에 일어날지도 모르는 사태를 불안하게 여기는 것이다.

금융위기 이후의 중국

중국은 일본과 마찬가지로 막대한 수출에 의존한다는 문제점을 안고 있다. 그런 점에서 세계금융위기는 중국에 큰 타격을 안겼다. 연 15~17% 성장하던 공업 생산액이 눈 깜짝할 새에 침체하면서 거의 0%까지 하락했다. 앞서 언급했던 수천 개의 공장이 일제히 폐쇄되었고 직원들은 해고당했다. 인플레이션율은 석유 가격과 상품 가격이 인상되면서 7~8%까지 급상승했다.

이에 중국은 5,860억 달러에 달하는 대규모 경기부양책을 발표했다. GDP에 견주어 생각하면 얼마나 큰 규모의 부양책이었는지 알 수 있다. 미국은 중국의 4배에 해당하는 GDP를 기록하면서도 정작 경제 대책에 투입한 비용은 7,870억 달러에 불과하다. 그렇게 따져볼 때 중국이 투입한 5,860억 달러는 엄청난 규모였다. 이것은 주로 중국 전역에 필요한 인프라에 신속히 투입되었고 그만큼 성과를 올렸다. 경제성장률은 10.0~10.5%에서 약 7%로 떨어졌으나 2009년 말에 8.2%까지 회복했다. 2010년에는 약 10%의 성장을 기록했다.

중국의 또 다른 시도 중 하나는 소비 수요를 국외에서 국내로 돌리는 일이었다. 여태까지 미국인을 위한 상품을 만들어 왔다면, 이제는 중국인을 위한 상품을 만들어 중국인의 지갑을 여는 것이 목표였다. 중국 국민의 근로성과를 국민 스스로 누리도록 하기 위해서였다. 2007년에 GDP 대비 약 9%였던 무역 흑자는 2009년에 약 5%까지 하락했다. 하지만, 흑자폭은 여전히 컸다. 특히 중국은 미국을 대상으로 2,560억 달러의 흑자를 기록했다. 그로 인해 중국에서는 많은 고용이 창출되었지만, 미국에서는 거액의 부채가 발생했다.

미국의 제품과 서비스를 중국에 더 많이 팔고 싶은 미국 정치가들은 이런 상황에 강한 불만을 품고 있다. 그들의 불만을 중국인에게 전했더니 다음과 같은 답이 돌아왔다. "슈퍼컴퓨터와 F-22를 팔고 싶다면 언제든 환영이다." 그러나 미국이 팔고자 하는 물건은 슈퍼컴퓨터도 아니고 F-22도 아니다. 미국은 안보를 이유로 오히려 그런 물건은 팔지 않으려 한다. 미국이 중국에 팔고 싶은 것은 보잉사의 비행기나 할리우드 영화다.

그리고 중국에서 판치는 불법 복제 소프트웨어도 문제다. 수많은 중국인이 미국산 소프트웨어를 아무런 비용도 지불하지 않고 사용한다. 이 문제만큼은 1~2년 내에 반드시 개선되어야 한다.

WTO가 위에서 언급한 문제를 고칠 수 있을까? 아쉽게도 WTO는 만능이 아니다. 물론 조금이야 도와줄 수 있겠지만 말이다. 게다가 WTO는 미국의 대중국 무역보다 중국의 대미국 무역에 조력한다. 미국은 중국이 투명한 지적재산권 규정과 농업 관세 규정을 시행해주기를 바란다. 사실 중국도 문제를 인식하고 개선 의지를 보이지만, 법률이 통과된다 해도 국토 면적이 너무 넓어서 강제로 시행할 수 없다는 점이 문제다. 정부가 아무리 윈도우7을 불법 복제해서는 안 된다고 당부해도 광저우에 가면 정가의 1/50밖에 안 되는 단돈 10달러에 불법복제 소프트웨어를 구할 수 있다. 얼마 전에 상하이에 갔더니 롤렉스시계가 15달러, 구찌지갑이 단돈 30달러에 팔리고 있었다.

미국 국채의 스테이크홀더, 중국

중국은 매해 3,000억~4,000억 달러에 달하는 미국의 자산을 사들인다. 그중에 금융 자산은 주식보다는 채권이 주를 이룬다. 아이러니한 이야기지만, 미국인은 중국으로부터 유입된 자금을 사용해 중국에서 만들어진 물건을 마구 사들인다. 중국인이 준 돈으로 소비하는 셈이다. 중국은 현재 2조 3,000억 달러 상당의 외국자본을 보유했는데 그중에 70%가 미국 자산이다.

사실 중국은 미국의 자산을 사들이는 데 이미 신물이 났다. 그도 그럴 것이 중국의 저축은 몽땅 미국 달러와 단기 국채에 집중된 상태다. 그렇다고 중국이 미국의 자산을 매입하는 것을 그만두는 것도 두 나라에게 모두 이롭지 않다. 우선 중국이나 일본이 미국의 자산을 그만 사들이면 달러는 붕괴되고 만다. 미국인이 자신들의 자산을 스스로 구입해야 마땅하지만, 미국은 저축에 좀처럼 관심이 없다. 외국인이 미국의 자산을 구매하지 않으면 이율이 천정부지로 치솟고, 미국은 물론이고 세계 전체가 큰 불황에 빠질 것이다.

중국의 입장만 봐도 마찬가지다. 미국이 중국에서 유입된 자금을 사용해 중국산 수입품을 구입하고 소비하지 않으면 중국 사람들은 일자리를 잃는다. 그런 사정은 일본도 마찬가지다. 물론 미국인들은 이러한 거시적 관점에서 소비하는 것이 아니라 그저 돈을 쓰고 싶을 뿐일 것이다. 자신들이 지갑을 꺼냄으로써 '세계 평화'가 지켜지고 중국의 높은 고용률이 유지될 줄은 꿈에서조차 모를 테다. 그리고 미국에 대한 의존도는 중국이 일본보다 크다. 위안화의 통화가치가 과소평가

되는 이유 중 하나다. 중국이 미국에 의존도가 클수록 위안화가 달러의 의존도가 크다는 말이기도 하니까.

위안화와 기축통화

1717년부터 1930년까지 영국의 파운드가 그러했듯 달러는 1930년대부터 2010년까지 80년 가까이 기축통화로 통용되었다. 그런데 2009년, 중국 정부의 관료가 '달러는 향후 기축통화로 사용되어서는 안 될 것 같다.'라는 취지의 발언을 했다. 나아가 위안화가 그 역할을 대신하리라는 뉘앙스도 내비쳤다.

2005년, 말레이시아는 달러페그제[17]에서 통화바스켓제도[18]로 이행했다. 중국의 환율 개혁과 보조를 맞춘 조처였다. 여타 동남아시아 국가들도 위안화에 환율을 맞출 것으로 보인다. 하지만, 중국이 자본시장을 개방하지 않으면 위안화는 절대로 거래 가능한 통화가 될 수 없다. 중국이 자본을 규제하는 한, 위안화는 기축통화가 되지 못한다는 뜻이다. 한편, 중동의 산유국들도 말레이시아처럼 시장에 복수 가격이 존재할 경우 시장 지표가 되는 가격을 만들 수 있도록 통화바스켓제도의 도입을 고려하고 있다.

자연스레 아시아 공통화폐의 도입이 고려되는 시점이지만, 일본의 입장은 미묘하다. 엔화는 1991년 이전까지 중요한 위치를 점한 통화였고 지금도 여전히 중요한 역할을 차지하고 있다. 그러나 사정을 자

---

17 자국 화폐를 고정된 달러 가치에 묶어두고 정해진 환율로 교환을 약속하는 환율제도.
18 교역량이 많은 몇몇 국가 통화의 시세와 국내 물가상승률 등 실세를 종합적으로 감안해 산출하는 환율 결정 방식.

세히 들여다보면 꼭 그렇지만도 않다. 달러의 가치가 낮아지면서 상대적으로 엔화의 가치가 상승했을 따름이다. 사실 현재의 엔화와 과거의 엔화만을 놓고 비교하면 엔화는 30년 전보다 훨씬 가치가 낮아진 상태다. 그러나 앞으로 5년 아니 10년 이내에 엔화가 예전의 강세를 회복하는 일은 없을 것이라 생각한다.

위안화의 기축통화나 엔화 가치의 변화와 관련된 이야기는 논외로 두더라도 달러가 힘을 잃으면서 세계 경제의 중심이 서양에서 동양으로 움직이고 있는 것은 분명하다. 이런 상황에서 아시아 공통화폐가 발족된다면 일본뿐 아니라 아시아 전체에 의미 있는 일이 될 수도 있을 것이다. 하지만 유로의 선례가 있어 간단히 실현되지는 않을 것으로 생각된다.

낙관할 수 없는 중국의 미래

중국은 앞으로도 2~3년은 급속히 성장하리라 본다. 하지만, 중국에는 해결해야 할 문제가 여전히 산처럼 쌓였다. "중국의 미래를 낙관하십니까?"라는 질문을 종종 받는데 대부분 사람들의 의견과는 달리 나는 그다지 낙관하지 않는다. 그 이유 중 하나가 실업 문제다. 중국은 기업이 민영화되면서 수많은 잉여 인원이 해고되었다. 실업자는 얼추 7,800만~8,000만 명에 달한다. 이 책을 집필 중인 지금도 중국의 경제는 연 10%의 속도로 성장 중이고 많은 사람이 일자리를 얻고 있다. 그러나 다른 한편에서는 수천 개의 공장이 폐쇄되면서 많은 사람들이 일자리를 잃기도 한다. 2008년도 7,000만 명에 달하는 인원이 해고된 바 있다. 실업 보험에 기댈 수 있다지만, 손에 쥘 수 있는 돈은 몇 푼 안 된다. 실업자들의 불만은 증폭되었고 중국 전역에서 시위가 발생했다. 매해 2만~3만 건의 시위가 발생하는 것으로 추정된다. 고용과 관련된 시위도 있고, 도로가 건설되면서 토지를 몰수당해 재산을 몽땅 잃은 이들도 시위를 벌인다. 이렇듯 국민은 다양한 이유로 중국 정부에 대한 '환멸'을 드러내고 있다.

중앙집권화된 공산당 정부를 상대로 국민이 시위를 벌이다니 쉽게 상상이 되지 않을 것이다. 공산주의를 두려워하는 미국인이라면 더더욱. 그러나 시위 정도가 날로 심각해져, 지금까지 시위 소식을 전하지 않았던 국영 신화통신조차 관련 보도를 내보내기 시작했다. 후진타오 胡錦濤, 1942~(국가주석)와 원자바오 溫家寶, 1942~(중국 국무원 총리)가 주시해야 할 만큼 중국의 실업은 중요한 문제로 부상하고 있다. 따라서 중국의 선결 과제는 고용 창출이다. 이 문제를 해결하려면 중국은 앞으로 연 8~10%의 성장을 지속해야 한다. 국내 위주의 전략으로 전환해서 외국인을 위한 제품이 아니라 자국민을 위한 제품을 제공해야만 겨우 달성할 수 있는 과제다. 산업 구조를 바꾸어 소비 수준을 GDP의 45%까지 끌어올리고 저축률을 낮춘다면 실현 불가능하지만도 않다. 하지만, 만에 하나 실패해서 연 4% 성장에 그친다면 국내에서 터져 나오는 불만을 억누르지 못해 엄청난 혼란이 닥칠지도 모른다.

중국은 아프리카, 중동, 중남미를 꼼꼼히 연구 중이다. 건설과 투자 대신에 자원을 얻을 수 있는 나라들에 초점을 맞춰 전략을 짜고 있다. 중국이라는 나라가 얼마나 현명한지 알 수 있는 대목이다. 반면에 유럽과의 관계는 그다지 좋지 않다. 중국산 제품이 유입되면 유럽은 그 어느 지역보다 심한 고용 문제가 대두될 수 있는 지역이기 때문이다.

중국은 제도적 문제도 많다. 대형 국영기업은 여전히 적자를 내고 있다. 인권 문제도 해결해야 한다. 티베트나 신장위구르자치구와의 정치적 대립도 풀어야 할 숙제다. 중국 내 이슬람교도와의 갈등도 있다. 또한 상황이 다소 개선되기는 했으나 대만 문제도 완전히 해결되었다고 볼 수 없다.

그중에서도 반드시 해결해야 할 과제는 환경오염이다. 대기오염과 공해의 악영향, 다시 말해 시장에서 이루어진 행위가 제삼자에게 특정 이익이나 손해를 끼치는 환경의 외부성$_{Externality}$이야말로 가장 큰 문제다. 특히 이산화탄소는 골칫덩어리다. 중국의 대기와 수질 오염은 아주 심각한 수준이다. 게다가 에너지의 절반 이상을 수입에 의존하는 중국은 최근에 들어서 천연가스의 수입이 증가하고 있고 매년 20억 톤 이상의 석탄을 소비한다. 인구가 많은 중국에서 다른 나라보다 많은 양의 석탄을 사용하는 것은 잘 알겠지만, 문제는 석탄이 청정에너지가 아니라는 사실이다. 그렇다고 유황에 함유된 특정 물질을 제거해 주는 배기가스 정화 장치를 부착할 자금이 할당된 것도 아니다. 설사 부착한다 하더라도 이산화탄소는 석탄을 태울 때 발생하므로 완벽히 제거하지는 못한다.

중국이 식량과 석유의 구입 자금을 조달하고 경제 성장을 이끌려면 당분간은 큰 폭의 무역수지 흑자를 이어나갈 필요가 있다. 그러나 가까운 미래에 자신들의 나라를 깨끗하게 유지하기 위한 사업에도 투자해야 할 것이다. 꼭 그럴 것이라고 믿는다.

　마지막 문제는 정권의 태도다. 우선 중국 정부는 정치력을 베이징 외부로 분산해야만 한다. 열린 사회주의 시장경제를 유지하면서 중앙집권화된 공산당 정부를 유지하기란 좀처럼 쉽지 않다. 권력을 좀 더 분산했으면 좋겠다고 생각하는 이들이 많을 것으로 여겨지는데, 정작 후진타오는 별로 관심이 없는 듯하다. 그는 몹시 온화한 말투를 구사하는 인물이지만, 속을 들여다보면 더없이 강경한 공산주의자이다. 다만, 2~3년 후에 오십 대의 젊은 지도자가 뒤를 잇는다면 권력 분산이 실현될지도 모른다. 만약 그렇게 된다면 경제가 지금보다 더 개방될 것이다.

다양성을 극복하라
인도

인도는 중국과 함께 100년 후에 '신흥국'에서 '세계 중심 국가'로 성장할 가능성이 큰 나라다. 인도의 인구는 10억 명이 넘지만, 중국과는 달리 '분열된 역사'를 살아왔다.

예부터 중국은 통일 국가의 역사를 걸어왔다. 하지만 인도는 수십 명에 달하는 라자(왕)가 통치하는 국가 및 제국이 각기 따로 존재했다. 게다가 북쪽에서는 무굴인(몽골인을 뜻함)을 비롯한 기타 민족의 침략도 있었다. 영국의 식민지가 되기 전에도 실질적으로는 영국 동인도회사에 지배를 당했다.

어지러운 인도의 진정한 출발점은 1947년의 독립이다. 지금까지 인도가 걸어온 발전 과정에서 핵심적인 역할을 한 인물을 꼽는다면 독립의 아버지라 불리는 마하트마 간디_{Mahatma Gandh, 1869~1948}와 자와할랄 네루_{Jawaharlal Nehru, 1888~1964}, 두 사람이다. 그러나 간디는 파키스탄과 인도가 같은 나라라고 주장한다는 이유로 1948년에 암살되고 만다. 따라서 여명기의 인도를 실제로 지도했던 인물은 네루였고 그의 뒤를 이어 1966년 인디라 간디Indira Gandhi, 1917~1984가 나라를 맡았다. '간디'라는 이름 때문에 마하트마 간디와 혈육 관계가 있다고 착각할지도 모르겠지만, 인디라 간디는 네루의 친딸이다. 그녀의 뒤를 이은 인물이 아들인 라지부 간디Rajiv Gandhi, 1944~1991였다. 그는 어머니 인디라 간디가 저격당한 1984년부터 총리로 재직했다. 현재 인도의 국무총리를 역임 중인 만모한 싱Manmohan Singh, 1932-은 옥스퍼드에서 경제학 박사 학위를 취득한 인물로, 인도가 자유경제 노선으로 전환한 1991년에 재무부 장관으로 임명되었다.

끊이지 않는 분쟁

인도는 독립 후에도 문제가 끊이지 않았다. 영국이 독립을 인정했을 때, 아니 인도가 스스로 독립을 성취했을 때 가장 먼저 해결해야 했었던 일이 하나 있다. 바로 파키스탄과의 관계다. 파키스탄은 인도에서 분리 독립했지만, 피비린내 나는 전쟁을 겪으면서 수천 명이 목숨을 잃었다. 이슬람교도는 인도에서 파키스탄으로, 힌두교도는 파키스탄에서 인도 북부로 이동했다. 1971년에는 인도가 동파키스탄을 적극적으로 지원해 방글라데시라는 국호로 독립할 수 있도록 돕는 등, 현재에 이르는 60년 동안 인도와 파키스탄의 분쟁은 극한 상황을 향해 치달아 왔다.

종교 분쟁뿐 아니라 국경 분쟁도 심각하다. 우선 인도와 파키스탄의 국경 문제가 그러하다. 네 개로 분할된 카슈미르[19]는 여전히 골치 아픈 지역으로 양국 국경에는 여전히 군대가 진을 친다. 2006년 발생한 뭄바이 열차 폭파 사건[20]에서 보았듯 실제로 유혈 사태가 몇 건 발생했다. 몇 년 전에는 하마터면 전쟁이 일어날 뻔했다. 두 나라 모두 핵무기를 보유했으므로 두 나라의 관계는 몹시 예민한 국제 문제다. 인도와 중국도 국경 문제로 다투는 지역이 있는데 우리가 언뜻 생각하는 것보다 훨씬 섬세한 문제인 듯하다. 하버드 경영대학원의 최고경영자과정에서 학생들에게 국경 분쟁 지역을 점선으로 표시한 지도를 보여준 적이 있다. 그날의 주제는 인도와 파키스탄의 국경 분쟁이었는데 문득 중국인 학생 한 명이 격앙된 어투로 말했다.

"그 지도는 정확하지 않습니다!"

내가 가져온 지도에는 단지 '중국이 영유권을 주장하는 카슈미르의 일부 지역'이라고 적혀 있었다. '중국이 지배하고 인도가 영유권을 주장하는 지역'이라고도 적혀 있지 않았고, '중국이 영유권을 주장하고 인도가 지배하는 인도 동부 방글라데시 부근의 작은 지역'이라는 문구도 없었다.

그 중국인 학생은 대형 국영기업의 간부였다. 그는 유엔 홈페이지에서 인쇄했다는 조그만 지도를 들고 일어나더니, 내가 가지고온 지도는 잘못됐다고 반박했다. 이 수업은 정치 수업이 아닌 경제 수업이니 이 이야기는 그만하자며 일단락됐지만, 국경 문제는 인도인과 파키스탄인뿐 아니라 중국인에게도 민감한 문제다. 아마도 그는 내 수

---

19 히말라야 산맥 서쪽 끝 부분에 해당하는 지역.
20 파키스탄에 기반을 둔 무장 단체에 의해 2006년에 일어난 열차 폭탄테러 사건.

업에서 정치 문제를 다룰 것이라고는 예상하지 못했던 것 같다. 하지만, 정치 이야기를 빼놓고 경제에 대해 논하는 것은 의미가 없다. 어쨌든 중국인 학생은 자신의 주장을 속 시원하게 밝혔다는 점에 만족한 듯 보였고 위안화의 가치가 2010년에 더 오를지도 모른다는 내 의견에도 동조했다.

다양성이 지나친 나라

인도가 세계 각국과 견주어 다른 점을 꼽으라면 단연 '다양성'이다. 언어, 종교, 지역, 민족, 문화 그리고 카스트 제도. 이 모든 요소가 문제를 더욱 꼬이게 한다. 예를 들어, 인도에는 공용어인 힌두어와 영어를 제외하고도 무려 21개의 지정어가 있다. 방언까지 포함하면 수백 개의 언어가 존재하는 셈이다.

종교도 다양하다. 국민의 83%가 힌두교도이고 10% 이상이 이슬람교도이다. 인도와 파키스탄 국경에 걸쳐 있는 펀자브 지방에는 시크교도가 있고 다른 곳에 가면 조로아스터교도와 기독교도도 있다. 힌두교도와 이슬람교도의 사이가 좋지 않은 시기도 있었다. 항상 그렇지는 않지만, 문제를 일으키는 장본인은 대개 두 종교의 일부 과격 단체다. 1,000년 전 내지 500년 전에는 한 종교의 사원이 다른 종교의 사원 위에 건설되면서 충돌이 일어나기도 했다. 거기에 인도와 파키스탄까지 국경을 둘러싸고 정치적 충돌을 일삼으니 머리가 더욱 아플 수밖에 없다.

인도가 워낙 큰 나라이다 보니 민족, 문화, 정체성의 차이도 현격하다. 타밀의 사례를 들어 민족 문제에 대해 설명해 보자.

타밀족은 스리랑카 북부에 거주하는 드라비다계 종족으로 스리랑카 인구의 약 20%을 차지하고 있는 민족이다. 인도는 타밀족과의 충돌로 나라 안팎으로 분쟁의 소용돌이에 휘말렸다. 국내에서는 남부 타밀나두주(州)에서 분쟁이 발발했고 나라 밖 스리랑카에서는 타밀 타이거라 불리는 과격 혁명파가 활동했다. 타밀 타이거는 인도와 스리랑카에서 독립하겠다고 주장했다. '평화를 실현하기 위해' 라지브 간디는 2만 명의 인도인 병사를 파병해 타밀 타이거를 소탕했다.

인도는 이와 유사한 문제가 여기저기 산적한 상태다. 인도의 동쪽 끝에 위치한 나그푸르와 나갈랜드에서는 여전히 혁명운동이 일어난다. 이 밖에도 독립 국가가 되려는 주(州), 방글라데시와 합병하려는 주 등 특정한 이유로 격한 분노를 터트리는 주가 즐비하다. 이에 정부가 문제를 일으키는 지역에는 해외직접투자가 유치되지 않도록 방해하는 등 전반적인 정책에도 어두운 그림자가 드리웠다.

카스트 제도의 문제도 간과할 수 없다. 힌두교는 수천 년 전, 인도에 카스트 제도를 구축했다. 최고 계급은 성직자인 브라만이고 다음이 무사 계급인 크샤트리아다. 실업가 계급 혹은 상인을 지칭하는 바이샤가 뒤를 따른다. 제일 낮은 계급이 수드라인데 일반 백성과 천민이 모두 여기에 포함된다. 아마도 여러분은 카스트에 네 개 계급이 있다고 생각하겠지만, 실제로 카스트는 수백 개의 계급으로 세분되어 있다. 한때 최하층으로 취급받았던 불가촉천민 하리잔은 아주 천하다고 여겨지는 일에 종사해야 했던 시절도 있다.

카스트 제도는 오늘날도 여전히 깊숙이 뿌리박혀 있다. 도시에 살면서 교육을 받은 사람들은 그다지 신경 쓰지 않는 분위기지만, 농촌에서는 여전히 차별이 심하다. 인도에는 공무원 채용, 교육에 관련해서는 차별하면 안 된다는 규정이 존재한다. 예를 들어 대학은 학생의 27%를 수드라에서 뽑아야 하며 정부, 특히 주 정부는 하층 카스트 중에서 직원을 채용해야 한다.

나는 수업에서 카스트 제도를 언급할 때마다 학생들에게 카스트 제도에 대해 어떻게 생각하느냐고 물어본다. 개중에는 "요즘 같은 시대에 카스트 제도 따위 전혀 중요하지 않습니다."라고 말하는 학생도 있지만 "카스트 제도는 아주 중요합니다."라고 말하는 학생도 있다. 어찌 대답했든, 내가 가르친 인도 학생들은 모두 자신이 어느 카스트에 속하는지 알고 있었고 같은 카스트끼리 결혼하는 경향이 있었다.

카스트 제도는 정당 구성에도 큰 영향을 미친다. 일본과 달리 인도에는 정당이 많다. 이탈리아처럼 세분되었다. 대부분 정당은 종교 정당이나 카스트 정당이다. 그러다 보니 정부가 연합정권을 창출하려 해도, 종교와 카스트가 달라서 통합하기가 쉽지 않다. 더구나 1억 5,000만 명에 달하는 이슬람교도에게는 애초에 카스트와 같은 계급 조직이 존재하지 않는다.

이렇듯 인도인들은 종교도 언어도 문화도 카스트도 제각각이다. 그런데 대영제국의 식민지가 되면서 복잡한 국가를 통합하는 데 필요한 긍정적 유산이 창출되었다. 예를 들면 법규가 그러하다. 재판소와 변호사 제도가 기능하게 된 것이다. 뛰어난 철도망도 영국이 남긴 유산이다. 한때 철도망이 황폐해진 적도 있었지만, 현재는 모두 재건되었다. 영어를 사용할 수 있다는 점도 인도의 경쟁력 향상으로 이어졌다. 전체 인구의 일부에 지나지 않지만, 일반 사무직에 종사하는 사람들은 모두 영어를 구사한다.

시대에 뒤떨어진 전략

이렇듯 제각기 다르고 다양성 있는 인도는 성장을 위해 어떠한 항해 지도를 그렸을까?

인도의 성장 전략은 3기로 구성된다. 1기는 1947년부터 1991년까지 수행한 수입대체정책이다. 이 기간에 네루는 강력한 국가통제주의와 사회주의 개발 계획을 전략으로 내세웠다. 나아가 그가 대학에서 공부하던 1930년대에 소위 잘 나갔던 소련을 본받아 5개년 계획을 수립했다.

하지만, 인도는 너무나 많은 것을 통제했다. 생산 설비에 투자할 때도, 수입할 때도 정부의 인가를 받아야 했다. 거기다 200~300%라는 세계에서 가장 높은 관세를 부과했다. 해외직접투자도 철저히 제한했다. 네루는 지금까지 해외직접투자로 지어졌던 공장까지 모조리 퇴출시켰다. 인도 정부는 가격마저 통제했다. 네루와 인디라 간디 정권은 공장의 생산능력 가운데 50%를 관리했으며 모든 금융 시스템을 100% 국유화했다. 쉽게 말하면, 정부가 은행 및 투자은행을 장악한 셈이다.

결국, 인도 정부는 모든 부문에서 적자를 떠안았다. 무역수지도 예외는 아니었다. 그럼에도, 인도는 필요한 자원을 차례차례 획득하면서 연 2~3%의 성장을 이룩했다. 다른 나라들은 이런 인도를 보고 '힌두 성장률'이라며 비아냥거렸다. 2.5%라는 인구성장률보다 낮은 경제성장률을 기록했기 때문이다. 수치적으로는 어쨌거나 성장은 했지만 실제로 인도 국민은 믿기지 않을 정도로 가난했다.

인도의 수입대체정책은 세계화 전에는 효과를 올릴 수 있었다. 그러나 세계화가 시작되자 수입대체정책은 점점 시대에 뒤처지기 시작했다. 1970년대에 석유 가격이 급등하자 인도는 석유 구입 대금을 지급할 수가 없었다. 수입품을 국산품으로 대체해 국내 시장을 보호하는 수입대체정책에만 치중했지 수출품을 만들어 외화를 번다는 생각은 하지 않았기 때문이다. 어쩔 수 없이 인도는 외국에서 돈을 빌렸다. 석유 및 기타 수입품의 대금을 지급하고자 채권을 발행하고 외화를 차입한 것이다.

빚을 갚으려고 다시 빚을 진 셈이니 인도의 채무는 매년 눈덩이처럼 불어났다. 이자 지급액도 매년 늘어갔다. 1980년대에는 있던 외화마저도 바닥났고 1991년에 발생한 두 가지 대사건과 함께 인도의 낡은 전략은 종지부를 찍는다. 첫 번째 사건은 다름 아닌 걸프전쟁[21]이다. 가뜩이나 힘든 판에 전쟁으로 석유 가격이 급등하자 석유는 그림의 떡이 되고 말았다. 엎친 데 덮친 격으로 1991년 말, 소련까지 붕괴를 맞이하고 만다.

---

[21] 사담 후세인이 이끌던 이라크가 쿠웨이트를 침공한 것이 계기가 되어, 1990년 8월 2일부터 1991년 2월 28일까지 전개되었던 전쟁. 미국, 영국, 프랑스 등 34개 다국적군이 쿠웨이트를 지원하며 이라크를 상대했다.

소련과 동유럽은 인도의 경제 모델이었을 뿐 아니라 최대 무역 상대국이기도 했다. 조금이나마 수출도 했고 소련으로부터 무기와 에너지도 조금씩 들여왔다. 하지만, 소련이 붕괴하자 인도의 낡은 전략도 함께 막을 내린다.

일련의 과정을 겪으면서 인도는 채무위기에 빠졌고 라지브 간디는 암살당했다. 다급해진 인도는 영국으로부터 단기자금을 차입했고, 이자를 지급할 자금을 차입하려고 IMF에도 의존해야 했다. IMF는 인도에 강력한 개혁을 요구했다. 낡은 인도가 막을 내리는 순간이었다.

워싱턴 컨센서스와 낡은 인도의 종식

라지브 간디가 암살된 후에 열린 선거에서 네루와 간디가 속했던 인도의 보수정당인 국민회의파Indian National Congress가 다시 승리했다. 그리고 1991년, 고령의 나라시마 라오Narasimha Rao, 1921~2004 총리가 선출되었다. 그는 꽤 나이가 들었음에도 5년 동안 총리를 지내며 대단한 수완을 발휘했다. 그의 업적 중 하나는, 총명한 인도인 경제전문가이자 관료였던 만모한 싱을 재무장관으로 발탁한 일이다. 만모한 싱과 함께 하버드에서 MBA를 취득한 치담바람Palaniappan Cidambaram, 1945~이라는 인물도 재무장관으로 임명되었다. 싱과 치담바람은 워싱턴 컨센서스 체제 아래서 인도 경제의 개방을 주도했다. 워싱턴 컨센서스Washington Consensus[22]란 1990년대 IMF, 세계은행, 미국 재무부 등이 개발도상국과

---

22 워싱턴 컨센서스는 개발도상국의 구조조정을 전제로 미국식 시장경제 체제를 확산하려 한 전략이라고도 한다. 세계 경제 시스템을 미국이 진출하기 쉽게 구조조정하여 미국의 이익을 증진시키려 했다는 비판도 있다.

채무 위기에 빠진 국가들을 위해 '합의한' 정책을 뜻한다. 이 정책은 10개 항목으로 구성되었다.

1. 재무 규율: 정부는 재정 적자와 정부 적자를 줄인다.
2. 통화의 건전성: 화폐 공급량의 증가 속도를 억제하고, 금리를 인상해 인플레이션을 막고, 과대평가된 자국 통화의 평가 절하를 용인한다.
3. 규제 철폐: 엄격히 통제받는 사업의 규제를 철폐한다.
4. 민영화 촉진: 일부 국영기업을 민영화한다.
5. 무역 자유화: 관세 장벽을 낮추고 더 개방적인 자세로 세계 경쟁을 시작하며 궁극적으로는 WTO에 가입한다.
6. 금융 자유화
7. 해외직접투자 허용: 문호를 개방해 외국인의 국내 투자를 허용한다.
8. 재산권 보장
9. 세제개혁
10. 인프라 투자: 경제 성장을 위한 도로, 항만, 철도, 학교, 교육사업 투자.

참고로 여덟 번째, 재산권 보장은 이미 인도에 영국의 사법제도가 뿌리내리고 있었으므로 그다지 문제되지 않았다. 반면 아홉 번째, 세제 개혁은 대부분 개발도상국이 그러하듯 인도에도 방대한 규모의 비공식 경제가 존재해 세제 기반이 턱없이 빈약해 빠른 개혁이 필요했다. 실제로 인도 인구의 90%를 차지하는 빈민은 세금을 전혀 내지 않는다. 거기다 수많은 부패 기업이 탈세를 일삼는다. 통상적으로 채무

위기에 빠진 국가는 이 정책을 2~3년 동안 엄격히 시행해야 하는 의무를 지닌다.

사실 인도는 그다지 심각한 재정 위기에 빠지지는 않았기 때문에 그들의 요구사항을 조금씩 추진할 수 있었다. 다만 한 가지, 복잡한 정치적·문화적 환경이 걸림돌이었으나 만모한 싱은 아랑곳하지 않고 IMF의 요구를 실천했다. 특히 IMF가 인도에 강력히 요구한 사항 중 하나가 세제 개혁이었는데, 효율적인 조세 구조와 증세 제도를 마련해 정부의 재정 적자를 줄이라고 요구한 것이었다. 인도 정부는 특히 이 부분에 고심하여 끊임없이 논의했다. 단기간에 재정지출과 재정 적자를 줄이려면 조세 제도를 어떻게 개혁해야 할지에 대해서 말이다.

아울러 인도 정부는 금리를 인상해 인플레이션을 억제하고 통화 가치의 대폭적 하락을 허용했다. 이 과정에서 1990년에 1달러당 18루피였던 루피 환율은 2001년에 1달러당 48루피까지 올랐다. 루피에 가치가 없었으니 어쩔 수 없는 일이었다. 수입허가제 등 갖가지 규제가 폐지되면서 인도의 개혁은 착착 진행되었다. 민영화는 언론인 출신인 아룬 쇼리Arun Shourie, 1941~ 민영화 담당 장관의 지휘 아래 추진되었다. 자산 가치가 180억에서 200억 달러에 달하는 기업 수십 개가 민영화되었다. 하지만, 재정난에 빠진 회사를 입찰에 부칠 만한 정치력이 부재했던 탓에 민영화는 좌초되고 만다.

1995년에 인도는 무역 장벽을 완화하고 WTO에 가입했다. 더딘 행보였지만 해외직접투자의 문호도 열렸다. 우선 제조업에 대한 해외직접투자를 허용하고 은행의 주식 보유를 25%까지 승인했다. 여전히 완전 개방되지는 않았으나 현재까지 꽤 많은 부분에서 해외직접투자가 유치되고 있다.

교육 및 인프라의 개선에도 자금을 투입했다. 인도는 우수한 고등 교육 제도를 자랑하는데 종합대학이 12~16개, 단과대학이 1만~1만 2,000개 있다. 뛰어난 수준을 자랑하는 공과대학과 수준 높은 경영대학원도 있다. 매년 700만~800만 명이 대학을 졸업했고 그들의 두뇌가 IT 분야를 개척했다. 이와 같은 교육 전략이 성공하여 인도는 우수한 IT국가로 발돋움할 수 있었다. 반면에 고속도로, 철도망, 항만 재건 등의 인프라 사업은 한 해 예산이 제한된 탓에 순조롭게 진행되지 못했다.

'연립정권'이 치러야 할 대가

만모한 싱과 국민회의파가 주도한 개혁은 정권이 인도인민당Bharatiya Janata Party, BJP[23]으로 바뀌고 나서도 계속되었다. 여기서 연립정치에 대해 잠시 말하고 넘어가자. 정당이 30~40개씩 난립하는 인도는 정치에 있어 정당의 연합에 의존할 수밖에 없었다. 이 기간에 출현한 2대 연합은 힌두민족주의 정당인 BJP와 그 동맹 정당, 그리고 국민회의파와 그 동맹 정당이었다. 힌두민족주의를 중시하는 BJP는 최근 2~3년 동안 미국의 민주당과 성향이 비슷해졌다. 반면에 국민회의파는 기업 친화적이라는 면에서 미국의 공화당과 성향이 비슷하다.

---

23 하나의 국가·민중·문화를 신봉하는 힌두 내셔널리즘을 표방하는 인도의 다수당.

연립정권은 '주의$_{主義}$'뿐 아니라 계급 제도까지 초월했음을 국민에게 보여주어야만 했다. 한 예로 국민회의파는 1996년까지 정권을 잡으면서 어떤 계층의 인물이든 총리가 될 수 있다는 점을 보여주려고 다양한 계급을 대표하는 당과 연립을 맺었다. 하지만, 그러한 연립정권도 1~2년이 지나면 무너지는 사례가 허다했다.

1998년에 BJP 정권이 들어서자 경제가 순조롭게 발전하면서 매해 5~6%의 성장을 거듭했다. 아마도 BJP 연합은 5~6%의 성장을 이루었으니 다음 선거에서도 당연히 이길 것으로 확신했을 것이다. 하지만 그 확신은 크나큰 착각이었다. 집권기 동안 BJP는 '약진하는 인도'라는 슬로건을 내걸고 경제 성장을 지휘했으나 실상을 들여다보면, 대도시의 대기업과 정식 교육을 받은 사람들만이 성장과 경제 발전을 누렸을 뿐 지방은 예나 지금이나 별다른 발전이 없었다. 그러자 지방에서는 국민회의파를 지지하는 이들이 늘어났고 2004년 5월, BJP 연합은 국민회의파에 여당의 자리를 넘겨줘야 했다.

이때도 국민회의파를 중심으로 다시 연립정권이 형성되었다. 국민회의파는 인도 의회에서 145개의 의석을 차지했지만, 전체 의석 수의 과반을 넘는 충분한 의석 수는 아니었다. 의회를 지배하기에는 역부족인 의석 수였다. 그래서 연립을 형성할 수밖에 없었다. 국민회의파가 선택한 동반자는 공산주의 정당 3곳이었다. 그들이 보유한 53개 의석과 자신들의 145개 의석을 합치면 의회를 지배할 수 있었기 때문이다.

가장 유력한 총리 후보였던 소냐 간디$_{Sonia\ Maino,\ 1946\sim}$(故 라지브 간디의 아내)는 두뇌가 명석했다. 그녀는 국정을 운영할 총리로 만모한 싱을 지명했다. 소냐 간디 자신이 이탈리아에서 태어났다는 것이 다른 연합 정당들에 의해 비판의 표적이 될 수 있으리라 생각했던 것이다. 그것은 현명한 결정이었다. 그러나 그녀가, 혹은 국민회의파가 이루려던 국가 발전을 방해하는 걸림돌은 따로 있었다. 그것도 연립정권 내부에. 연립에 참여한 공산당이 바로 그 걸림돌이었다. 공산주의자들은 민영화로 직원이 해고되는 상황이 못마땅했기 때문에 민영화를 원하지 않았다. 그것은 최소한 4~5년 동안은 민영화를 추진할 수 없음을 뜻했고, 실제로도 민영화 개혁이 중단되었다. 그만큼 공산당과 맺은 연립의 대가는 컸고, 구조 개혁은 그렇게 정체 상태에 빠지고 만다. 공산주의자들은 성장에 필요한 안건을 죄다 거부했고 여차하면 연합에서 탈퇴하겠다며 으름장을 놓았다.

인도는 중앙집권화 기반이 취약한 나라이므로 재정 적자에 대해 언급할 때 연방정부와 주 정부를 따로 다룰 필요가 있다. 두 정부의 적자를 합하면 GDP 대비 10% 수준이 된다. 일본이 절체절명의 위기 속에서도 8% 정도였으니 인도의 재정 적자 규모가 어느 정도인지 짐작할 수 있을 것이다. 인도의 문제점 중 하나는 GDP 대비 외국 채무의 수치가 90%에 육박한다는 사실이다. 더구나 꽤 많은 액수의 채권이 외국인에게 팔려나갔다. 그것은 루피뿐 아니라 달러로 채무를 상환해야 한다는 것을 의미한다. 싱 총리가 채무를 줄이기는 했으나 2008년에 찾아온 금융위기로 경제 대책을 세우느라 또다시 채무가 증가하고 말았다.

국민회의파와 인도공산당의 연립 정권은 2008년에 미국과 맺은 원자력 협력을 계기로 붕괴됐다. 인도가 원자력에 관심을 나타내기 시작한 것이다. 미국은 핵확산방지조약에 가입하지 않은 인도에 과연 원자력을 제공해야 하는지 고민했으나 조지 W. 부시 대통령은 인도와 안정된 관계를 구축하길 원했고 싱 총리도 원자력 기술을 원했다.

인도는 왜 그렇게 원자력에 집착할까? 인도에는 석탄 빼고는 나라에 도움이 될 만한 자원이 충분하지 않다. 석탄은 심각한 오염을 유발한다. 그래서 원자력 발전소를 건설해야 했다. 국민회의파는 원자력 유치에 적극적이었지만 인도공산당은 원자력 유치에 반대했다. 또, 미국 내부에도 인도는 핵무기를 가졌으므로 협정을 맺어서는 안 된다고 주장하는 사람들이 많았다.

인도 국내에서는 원자력 안건을 둘러싸고 국회의원들의 부패 사건이 잦았다. 당시 신문에는 거액의 돈이 뿌려졌고 찬성표를 대가로 200만 달러를 받은 사람이 있다는 기사가 실리기도 했다. 200만 달러면 인도의 국회의원들에게 엄청난 금액이다. 공산주의 정당이 연립에서 이탈하자 국민회의파는 최후의 수단으로 소수 정당 두 곳과 손을 잡고 가까스로 표결을 통과시켰다. 고작 7표 차이였다. 참고로 이 안건은 2008년 여름에 의결議決되었고 국민회의파는 2009년에 총선에서 대승을 거둔다.

부패 사건에 대해 조금 더 이야기해 보자. 싱가포르에는 부패가 없다고 말한 바 있다. 최근 들어 조금 증가하긴 했지만 일본도 부패는 거의 없다. 반면에 인도의 정치 부패는 아주 심각한 수준이다. 인도

아시아의 고도성장 **95**

와 중국의 부패지수는 항상 70~75% 정도였는데 2009년에는 인도가 85%까지 껑충 뛰었다. 바로 '원자력 의결'이 원인이었다. 반면에 중국은 변함없이 70% 정도다.

단, 부패지수는 조심스럽게 받아들일 필요가 있다. 통계에 새로운 국가가 반영되면 기존에 있던 나라의 부패지수가 좋아지거나 나빠진다. 하지만 이것은 나라가 늘어났을 뿐 달라진 것은 없다. 예를 들어, 당신 앞에 누군가가 끼어들면 당신이 한 단계 밀려난 것처럼 보이지만, 객관적 평가는 이전과 다름이 없다는 뜻이다. 하지만, 1992년의 인도는 사정이 조금 달랐다. 국회의원의 1/3이 중죄를 저질렀고 개중에는 살인자도 몇 명 있었다. 그런 인물이 국회의원으로 선출되는 형편이었다. 좋은 것이 좋다는 식으로 덮어줄 만한 부패나 뇌물 사건 수준이 아니었다. 흉악범이나 마찬가지다. 참 안타까운 사실이지만, 아직도 세계에는 인도 말고도 부패가 만연한 나라가 다수 존재한다.

경제 퍼포먼스의 실적

그럼에도 인도는 성장 궤도에 올랐다. 현재의 경제적 성과에 대해 언급해 보자. 3% 정도였던 실질 GDP 성장률은 착실히 상승하여 1980년대에 5%, 1990년대에 6% 그리고 2000년대에 7~9%를 기록하며 금융위기가 닥치기 전까지의 중국과 거의 비슷한 속도로 성장했다. 오히려 인도의 폐쇄적인 금융 제도 덕분에 어설픈 금융 상품 운용으로 비롯된 미국발 금융위기에도 손해를 크게 보지 않았다. 성장률도 약 5% 정도만 하락하는 데 그쳤고 이후 회복도 빨랐다. 2010년에는 8.4%라는 높은 경제 성장을 달성했다. 2011년에는 7%대를 달성하지 않을까 전망한다.

소비가 감소하고 투자가 증가한 점도 큰 실적이라 해야겠다. 인도는 오랜 세월 동안 GDP대비 20% 정도밖에 투자하지 않았는데 개발도상국치고는 모자란 수준이었다. 그런데 최근 7~8년 동안 인도의 투자 수준이 37%까지 올랐다. 게다가 20% 정도였던 저축률도 최근 2~3년 동안 증가했다. 주목할 만한 변화다.

경상수지도 인도 특유의 동향을 보여주었다. 인도는 오랫동안 적자를 기록해 왔으나 최근 몇 해 동안 많이 감소했다. 경이롭게 성장한 IT서비스와 아웃소싱 사업의 덕이 컸다. 제조업이 적자를 내면 서비스업이 수입을 올려 메꾸는 식이다.

이 밖에 국외 노동자가 국내로 송금하는 거액의 자금이 이익으로 이어졌다. 2008년도 인도의 무역수지 적자는 900억 달러였으나 이전수지[24]는 410억 달러 흑자를 기록했다. 미국이나 쿠웨이트, 사우디아라비아에서 일하는 인도인들은 고국에 있는 모친에게 봉급을 송금했다. 그 결과, 무역수지 적자는 900억 달러에 달했지만 경상수지 적자는 고작 170억 달러에 그쳤다. 국외에 진출한 인도인의 공헌도가 어느 정도인지 짐작이 가는 수치다.

그러나 거액의 대외채무는 여전히 존재하고 지금도 외국에서 차입한 자금을 계속 상환 중이다. 최근 4년 동안 거액의 자본이 인도에 유입된 덕분에 1991년에 0이었던 외환보유액이 2008년에는 2,700억 달

---

24 무역수지, 무역외수지와 경상수지를 구성하는 요소. 내국인과 외국인 사이에 무상으로 주고받는 거래를 나타낸다.

러까지 늘어났다. 다만, 경상수지 적자를 줄이고자 외환보유액의 일부를 사용해야 했기에 최근 들어 다소 감소하는 경향이다.

그 밖에 인도의 '건강 상태'는 어떨까? 재정 적자는 여전히 큰 문제다. 빈민 구제와 공공시설 건설에 너무도 많은 금액을 지출했기 때문에 재정 적자는 매해 늘어나는 실정이다. 인플레이션율은 금융위기를 겪으면서 8~10%에서 4~5%로 떨어졌다. 금융위기 후에 미국 달러의 가치가 하락하자 인도 루피의 가치는 브라질 헤알, 러시아 루블과 함께 상대적으로 상승했다. 실업률은 여전히 7~9%대로 높다. 더 심각한 문제는 정부 자료에 나타나지 않는 비공식 경제 활동이 너무 많아서 실업자 규모가 어느 정도인지도 정확히 파악할 수 없다는 점이다.

제조업 투자가 필요하다

해외직접투자라는 측면에서도 최근의 인도는 높이 평가할 만하다. 2001년에 30억 달러 정도가 투자되었고, 2008년에는 투자액이 160억 달러에 달했다. 2009년에는 싱가포르, 유럽, 일본, 미국에서도 자금이 유입되었으니 대략 200억~300억 달러는 됨 직하다. 아직 제약이 있지만, 제조 공장을 외국인에게 매각하는 안건도 서서히 용인하는 분위기다.

그러나 아무리 외국인 투자가 순조롭게 진행되어도 국내 사정이 지금처럼 불안해서는 진정한 성장을 이루지 못한다. 따라서 안정과 평화는 앞으로 인도가 주목해야 할 과제다. 실제로 2004년에 해외직접투자가 궤도에 올랐지만, 2006년에 뭄바이 열차 폭파 사건과 함께 그 기세가 다소 꺾이기도 했다. 그럼에도, 2010년에는 해외직접투자가 전에 없이 증가했다. 서비스업에는 이미 거액의 자금이 투입되었고 최근 들어서는 제조업에 대한 투자도 증가했다.

현재는 아웃소싱과 정보기술이 주요 투자 분야다. 제너럴일렉트릭GE은 인도에서 신용카드 관련 업무를 대량으로 처리하고 있고, 수많은 컴퓨터 기업은 방갈로르, 하이데라바드를 비롯한 인도 현지 곳곳에 고객 콜센터를 설치했다. 예전에 방갈로르에 있는 델Dell의 고객서비스센터를 직접 방문한 적이 있는데 층마다 미국, 유럽, 일본 담당 지역이 나누어진 광경이 이채로웠다. 또 2, 3년 전에 인도를 방문했을 때만 해도 대학을 졸업한 컴퓨터 프로그래머 1명의 연간수입이 3,000~4,000달러였는데 지금은 7,000~1만 달러로 껑충 뛰었다. 그래도 일본, 미국, 독일의 인건비보다는 훨씬 낮아서 경쟁력을 유지할 수 있다.

그럼, 인도는 앞으로도 계속 서비스업에 주력해 나갈까? 국가의 성장 단계를 들여다보면 대체로 제조업이 선행하고 서비스업이 그 뒤를 잇는 패턴이 흔하지만, 인도는 전혀 다르다. 여타 신흥국의 서비스업은 적자를 기록하지만, 유독 인도만 흑자를 기록한다. 2008년에는 흑자가 약 250억 달러에 달했다. 하지만, 인도는 10억 명의 인구가 사는 대국이기에 효율적인 농업, 석유화학, 에너지, 전기기기, 철강과 같은 제조업이 절실하다. IT 서비스를 아무리 팔아도 10억 인구가 모두 자동차를 살 정도의 돈은 벌지 못하기 때문이다. 결국, 스스로 자동차를 만들 필요가 있다. 인도인도 자신들의 이런 상황을 아는지, 최근 들어 제조업도 조금씩 궤도에 오르기 시작했다.

자동차를 제조하는 타타~Tata~, 세계 5위의 풍력발전기업 수즐론~Suzlon~, 미국 수출용 트랙터와 사륜구동 자동차를 제조하는 마힌드라앤마힌드라~Mahindra&Mahindra, M&M~가 인도를 대표하는 제조 기업이다. 이들을 주축으로 제조업으로 점점 이행 중이지만, 아직은 갈 길이 멀다. 중국의 제조업에도 한참 뒤처진 상태고 일본과의 격차는 측정하기 힘들 정도로 크다. 과연 인도는 그들을 따라잡을 수 있을까? 내 생각에는 앞으로 20년은 흘러야 어느 정도 가능성이 보일 듯하다.

다시 말하지만, 인도의 가장 큰 걸림돌은 넘치는 다양성이다. 그 다양성으로 인해 교육과 소득의 격차가 크고 남녀 성차별도 극심하다. 여성의 교육 수준이 아주 낮은 주가 있으면 아주 높은 주도 있고, 몹시 부유한 주가 있으면 눈을 의심할 정도로 가난한 주도 있다. 예를 들면 인도 동부의 비하르주와 북부의 웃타르프라데슈주는 모두 1억 5,000만 명이 거주할 정도로 넓은 지역이지만(한국, 일본보다 크다), 믿기 힘들 정도로 가난하다. 반면에 중서부의 마하라슈트라, 북서부의 구자랏, 북부의 델리는 더없이 풍요로운 지역이다. 이 격차를 극복하려면 어떤 식으로든 막대한 조정 비용이 투입돼야 할 것이다.

지금 인도에게 가장 시급한 과제는

마지막으로 인도의 전략을 평가하고 남은 과제를 정리하겠다. 인도는 1991년의 워싱턴 컨센서스 덕분에 '낡은 인도'에서 벗어날 수 있었지만, 그 출발이 다른 나라에 비해 너무 늦었기에 많은 성장을 이룬 지금도 쫓아가기에 바쁘다. 몇 발자국 먼저 출발한 중국이 눈부신 성장을 이룬 점과 대조되는 대목이다.

수입대체정책이 주효하지 않은 점도 문제다. 정책 또는 정책 실행도 원활하지 않았던데다 사회주의적 국가통제주의를 추구했기에 애초에 세계화와 궁합이 잘 맞지 않았다. 또한 인도는 다양한 정당으로 구성된 연립정치 구조이기 때문에 바윗덩어리처럼 결속이 단단한 정부를 꾸리기 어렵고 그것은 국가 발전이라는 방향으로 나아가는 데 걸림돌이 되었다. 그들은 다양한 종교적, 문화적 알력을 끌어안고 있으며 그 알력을 반드시 해소해야 한다. 반면, 높은 교육 수준과 방대한 지적 재산은 그들의 소중한 자산이다.

생각하건대, 가장 시급한 과제는 파키스탄과의 평화다. 평화가 실현되면 외국에서 투자가 들어올 것이다. 앞으로 20~30년 동안 8~9%는 성장할 것이라 생각한다. 그러나 만약 평화가 계속 위협받는다면 성장은 지체될 것이다. 실제로 테러의 위협 때문에 인도 진출을 주저하는 미국과 유럽의 기업이 꽤 많다.

에너지 전략 수립도 간과해서는 안 된다. 인도에는 중국과 마찬가지로 석탄이 매장되어 있었지만, 석유와 천연가스는 없다. 인도의 에너지 수입 의존도는 중국보다도 높다. 다만, 인도 경제가 아직은 IT 서비스를 중심으로 돌아가고 제조업은 중국만큼 발달하지 않았으므로 에너지 소비량은 아직 중국보다 적은 편이다. 그러나 현재진행형인 자동차 산업을 위해 고속도로를 건설하면 지금보다 많은 양의 석유와 천연가스를 수입하거나 원자력으로 이행할 필요가 있다.

인도 정치판에서는 여당과 야당이 수시로 바뀌며 정권이 교체되는 사례가 흔하다. 그러나 지난 2009년 선거에서는 기존 여당인 국민회의파가 압승하면서 정권을 유지했다. 의석도 145석에서 205석으로 증가했다.

인도의 연립정권은 1970년 이후 줄곧 위태위태한 세월을 보내왔다. 의회를 지배하려면 3~5개의 정당이 필요했고 국민회의파나 BJP 모두 소수 정당과 동맹을 맺으며 정권 장악에 힘썼다. 앞에서 말한 대로 2009년 선거를 통해 국민의회파가 실질적으로 정권을 장악하는, 거대 여당 정부가 수립되었다. 만모한 싱이 2009년 5월에 재차 총리로 지명되었다. 인도인들은 국민회의파가 앞으로 몇 년 동안 정권을 유지하면서 구조 개혁과 관련된 법안을 처리해 주기를 바라고 있다.

구조 개혁이 순조롭게 진행되면 재정 적자 축소, 인플레이션 억제, 해외직접투자 유치를 달성할 수 있을 것이다. 아울러 파키스탄과 화해하고 양국의 과격파가 화염병을 던지는 행태를 중단하면 항구적인 평화가 실현되고 인도의 미래는 한층 더 빛을 발할 것으로 믿어 의심치 않는다.

LECTURES TO MOVE
THE WORLD IN HARVARD

멕시코 Mexico
남아프리카공화국 Republic of South Africa

제 2 강
진퇴양난에 빠진 국가들

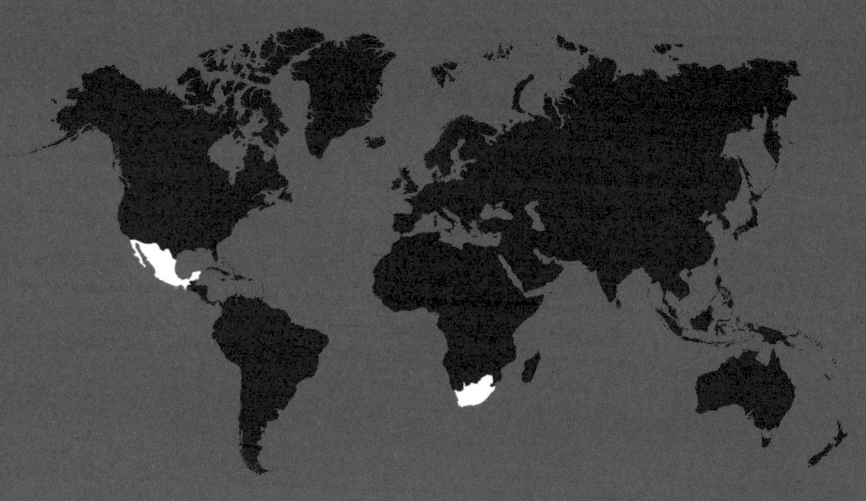

LECTURES TO MOVE THE WORLD IN HARVARD

아시아 국가들이 고도성장을 이어가는 반면에 '사이에 끼어서 이러지도 저러지도 못하는 상황' 즉, 진퇴양난에 빠진 신흥국 그룹도 있다. 3장에서는 그런 나라들에 대해 얘기하겠다.

진퇴양난에 빠졌다는 표현은 원래 하버드 경영대학원의 동료인 마이클 포터의 입에서 나왔다. 그는 자신의 첫 저서에서 기업에는 세 가지 포괄적 전략이 있다고 주장했다. '저비용'으로 비용 측면에서 우위를 점하고, '집중'으로 자사의 특정 사업 분야 · 특정 구매층 · 특정 지역 시장을 집중적으로 공략하며, '차별화'로 품질과 내구성이 높은 자체 브랜드를 개발하는 전략이다. 그가 말하길, 이 세 가지 전략 가운데 하나만 빠져도 기업은 진퇴양난에 빠지고 만다. 위와 같은 사고는 비단 기업뿐 아니라 세계화된 경제 속에서 경쟁하는 국가들에게도 적용된다.

진퇴양난에 빠진 국가들은 선진국보다 성장률은 높은 편이지만, 중국이나 인도의 성장세는 따라가지 못한다. 또 중국이나 인도보다 소득은 높은데 선진국처럼 고부가가치 상품으로 경쟁하지는 못한다. 개발도상국에서 선진국으로 가는 길목에서 발목이 붙잡힌 형국이다. 로우엔드$_{low-end}$, 즉 저부가가치 상품과 서비스 분야에서는 최근 15년 동안 중국과 인도가 두드러진 성과를 보여 왔다. 반면에 하이엔드$_{high-end}$, 즉 고부가가치 상품 시장에서는 일본, 싱가포르, 미국이 군림 중이다. 비용과 임금 수준은 일본, 미국, 유럽, 싱가포르보다 낮은 편이지만, 중국이나 인도보다는 훨씬 높다. 그렇다고 기술이 특출하게 뛰어나지도 않다. 이처럼 차츰 새롭게 성장하고는 있으나 여러 여건으로 인해 진퇴양난의 리스크에 골머리를 앓는 국가들이 있다. 그 나라들의 1인당 GDP는 평균 8,000~9,000달러 정도다. 이 범주에 해당하는 7~8개 나라 중 하나가 멕시코로 1인당 GDP는 약 1만 달러다. 칠레는 중남미 국가 가운데서도 가장 순조롭게 성장하는 나라이지만, 역시나 1인당 GDP가 약 1만 달러 수준이다. 아르헨티나와 브라질의 1인당 GDP는 8,000달러이고 남아공과 콜롬비아는 5,000~6,000달러다.

이들 국가는 저비용 상품 시장에서 중국과 경쟁하며 고전하고 저비용 서비스 시장에서는 인도와 경쟁하며 고전한다. 그런 상황이라면 고부가가치 상품 시장에 진출해야 성장을 지속할 수 있지만, 정작 그쪽 시장에서는 명함도 못 내밀 정도로 경쟁력이 부족하다. 그러기에 더더욱 생존을 위한 국가 경제 전략을 짤 필요가 있다. 많지도 적지도 않은 소득 수준을 유지하면서 성장하지 못한 채 어찌할 바를 모르는 상태에서 벗어나 1인당 GDP를 2만~2만 5,000 달러 수준으로 끌어올리려면 자국의 경제 체제를 어떻게 개혁해야 할지 곰곰이 생각해 봐야 한다.

정치적 부패가 낳은 경제 위기
멕시코

미국과의 전쟁사

　멕시코는 순탄치 않은 고난의 역사를 걸어왔다. 먼저 영토 문제다. 미국과 맞닿은 약 2,574~2,735km의 국경이 문제의 단초가 되었다. 1840년대 멕시코는 텍사스 독립을 둘러싸고 전쟁을 벌인 끝에 미국에 패했고 그 결과, 광대한 토지와 거기에 매장된 자원을 잃었다. 멕시코가 잃은 영토는 텍사스뿐이 아니다. 현재 미국 서부의 캘리포니아, 뉴멕시코, 애리조나, 오클라호마의 일부, 콜로라도 등이다. 이들 지역은 미국 영토의 많은 부분을 차지한다. 스페인과 멕시코의 영토였던 지역이 지금은 미국의 주가 된 셈이다.

　미국과 멕시코는 석유 산업을 두고도 전쟁을 벌였다. 1800년대부터 1900년대 초까지 미국의 석유회사가 멕시코 일부 지역을 지배하면서 석유 개발에 착수했다. 그리고 멕시코 혁명이 일어날 때까지 멕시코에서 석유 자산을 착취했다. 1938년, 멕시코는 석유회사 페멕스

PEMEX를 국유화하고 "석유는 국가 자산이므로 두 번 다시 미국이나 유럽 기업에 넘기지 않겠다." 선언했다. 멕시코시티의 광대한 국립공원인 차풀테펙공원에 가면 미국과 벌인 전쟁에서 목숨을 잃은 멕시코 청년들을 기리는 기념비가 세워져 있다. 그 반대편에는 국영 석유회사 페멕스의 기념관이 있는데 그곳을 돌아보면 멕시코가 걸어온 고난의 역사를 직접 확인할 수 있다.

인구 1억 700만 명의 멕시코는 미국보다는 작은 나라지만, 미국에게는 캐나다와 함께 중요한 이웃국가 중 하나다. 아마 아시아인들은 잘 모르겠지만, 미국은 최근 백 년 동안 그 어느 나라보다도 멕시코와의 관계에 신경을 써왔다. 그만큼 중요한 나라이기 때문이다.

개발도상국이 빠지기 쉬운 전략의 함정

제2차 세계대전 이후 멕시코는 대부분 개발도상국과 마찬가지로 수입대체정책을 채택하고, 높은 관세를 부과하고, 해외직접투자를 유치하려 했다. 멕시코는 1960년대까지는 석유, 천연가스, 광물, 은, 농산업용 토지 등 양질의 천연자원을 바탕으로 자원 주도적 전략을 채택해 연 3~4%라는 순조로운 성장세를 기록했다. 그 덕분에, 재정 적자를 내기는 했으나 그리 크지 않았고 인플레이션 조짐이 엿보였으나 심각한 수준은 아니었다. 문제는 1960년대 이후였다. 새로 들어선 정권이 온갖 문제에 부닥치며 서서히 경제 성장이 둔화하기 시작했다.

새 정권의 문제를 언급하기 전에 멕시코의 정치구조에 대해 잠깐 설명하도록 하겠다. 1917년, 멕시코에서 헌법이 제정되고 다수정당제 민주주의를 기반으로 정부가 수립되었다. 실제로 주요 정당 세 곳이 있었지만, 1930년대 이후에는 제도혁명당_PRI_이 일당 독재를 하다시피 했다. 제1당인 PRI는 미국의 민주당과 비슷한 성향의 정당이었다. 그 밖에 산업계 친화적인 국민행동당_PAN_이라는 정당과 좌익 성향이 짙은 사회주의 정당 민주혁명당_PRD_이 있다. PRI는 국가의 정치 프로세스와 주요 지사직은 물론 과반수 의석까지 장악했다. 아니나 다를까, PRI는 부패 정당이 되었다. 대통령 6년 임기에 따라 대통령 선거도 6년마다 열리지만, 마치 당연한 일처럼 PRI 출신 후보가 당선되고는 했다.

1964년에 취임한 구스타보 디아스 오르다스_Gustavo Diaz Ordaz, 1911~1979_는 신통치 않은 통치자였다. 1968년에는 경찰이 학생 몇 명을 살해하면서 심각한 문제에 휘말렸다. 경찰이 멕시코 중심가에서 싸움을 벌이던 학생들에게 개입하다가 그 중 몇 명을 살해한 사건이었다. 이 사건으로 인해 대학에서는 수개월에 걸쳐 항의운동이 일어났고 경찰과 학생 사이에 충돌이 발생했다. 결국, 수백 명이 목숨을 잃었다. 단순 소요사태로 비칠지도 모르겠지만, 이 사건이 낡은 멕시코의 종언을 알리는 신호탄이었다.[1]

1970년, 루이스 에체베리아 알바레스_Luis Echeverria Alvarez, 1922~_가 대통령에 당선되었으나 그 역시 유능한 통치자는 아니었다. 한 술 더 떠 부패하기까지 했다. 그는 점점 불어나는 멕시코의 재정 적자를 방치했다. 멕시코의 환율은 1달러당 12페소로 미국 달러에 고정된 상태였

---

[1] 멕시코 1968년 민주화시위. 올림픽을 며칠 앞두고 민주화를 요구하는 학생 및 시민 시위가 일어났다. 정부는 무력으로 잔인하게 진압했고, 그 과정에서 많은 사상자가 났다. 이후에도 국가 범죄 수준의 국민 탄압이 지속됐다.

다. 더구나 당시 멕시코는 유전을 발견하기 전이어서 석유를 전량 수입에 의존했다. 석유뿐이 아니었다. 멕시코가 수출하는 제품은 눈 씻고 찾으려야 찾을 수 없었다. 이 기간에 멕시코 경제는 점점 취약해졌고 1973~1975년에는 미국 은행들로부터 자금을 차입했다. 루이스 에체베리아가 퇴임한 시점에 멕시코의 대외채무는 약 180억 달러에 달했다.

채무 위기에 휘말리다

1976년, 또다시 PRI에서 호세 로페스 포르티요Jose Lopez Portillo, 1920~2004가 대통령에 당선되었다. 다만 한 가지, 이전 시대와 크게 달라진 점이 있었다. 석유 자원이 발굴되며 상황이 호전됐다는 점이다. 풍부한 유맥을 발견한 페멕스는 높은 가격에 석유를 수출하기 시작했다. 당시 석유 가격은 1배럴당 12~15달러로 상승 중이었다. 이에 멕시코 정부는 경제 발전을 위해 새로운 수를 썼다. 600억 배럴에 상당하는 석유와 천연가스를 밑천으로 자금을 조달해 농업 등 기타 산업 육성에 투입하는 전략이었다. 주로 미국과 유럽 은행에서 자금을 차입했다. 오일머니의 환류였던 셈이다.

제1차 석유파동[2] 후에 미국, 일본, 유럽에서 산유국으로 거액의 자금이 흘러들어왔다. 산유국은 당장 자금을 소진하지 않고 뱅크오브아메리카Bank of America, 체이스맨해튼은행Chase Manhattan Bank, 시티뱅크City Bank

---

[2] 1973년 10월에 발발한 제4차 중동전쟁이 석유전쟁으로 비화한 사건. 결과적으로 석유값이 1년 만에 4배 가량 올라 석유수입국들에게 큰 타격을 입혔다. 경제 성장률이 크게 떨어졌고, 인플레이션은 가속화되었다.

등 미국의 대형 은행에 넣어두었다. 은행들은 그 자금을 경제 성장이 둔화한 중남미 국가에 빌려주었다. 석유파동으로 경기가 후퇴한 중남미 국가들이 자금을 원했기 때문이다. 은행은 LIBOR(런던은행간금리)+0.75~1.00%의 저금리로 융자에 협력했다.

멕시코는 300억~500억 달러를 차입했는데 석유 개발, 농업 자금 공급, 국내 안보 유지를 위한 보조금에 모두 들어갔다. 그도 그럴 것이 멕시코는 지금도 국민의 약 60%가 빈곤층일 정도로 가난한 나라여서 식량, 에너지, 휘발유, 물의 공급에 거액의 보조금이 필요했다. 그래서 멕시코 정부는 빌리고, 빌리고, 또 빌렸다. 석유 개발의 결과, 1976년에는 순석유수출국이 되었고, 1980년과 1981년에는 하루 150만 배럴을 수출해 막대한 수입을 올렸지만 멕시코 정부는 GDP의 3~8%에 해당하는 재정 적자를 떠안고 자금을 빌려야만 했다. 1980년대 초, 채무 규모는 500억~800억 달러에 달했다. 성장이라는 관점에서 보면 연 7~8%의 급성장을 이뤘으나 인플레이션율은 줄곧 20~30%를 유지했다. 결국, 포르티요는 1달러당 12페소에서 22페소로 환율 절하(페소 가치 하락)를 단행했다.

1981년 무렵부터 멕시코 국민은 페소 가치가 더 떨어질까 걱정하기 시작했다. 멕시코 국민들은 로페스 포르티요가 재정을 낭비한다는 것, 멕시코의 외환보유액이 눈덩이처럼 불어난 채무는커녕 그 이자를 갚기에도 벅찬 수준이라는 사실을 알았기 때문이다. 1981년 당시의 이자는 사상 최고 수준인 15~18%였다. 외국 채권자에게 이자를 지급해야 한다는 압박은 멕시코 국민에게 무거운 현실로 다가왔다.

1982년에는 채무 이자가 무려 145억 달러에 달했다. 멕시코가 도저히 지급할 수 없는 액수였다. 멕시코는 이자를 갚으려고 다시 돈을 빌려야 했다. 오직 기댈 곳은 석유 수출과 끊임없이 치솟는 국제유가였다. 실제로 1978년과 1979년에 발생한 2차 석유파동으로 국제유가는 1배럴당 30달러까지 올랐다.

환율을 지탱하는 외환보유액이 부족해지자 멕시코인들은 페소의 통화 가치를 의심하기 시작했고 가진 돈을 서서히 국외로 반출했다. 자금을 국경 넘어 댈러스, 콜로라도 스프링스, 마이애미, 플로리다로 유출하여 미국 국채와 자산을 사들이는 데 사용하였다. 자국민들이 자금을 국외에 반출할수록 멕시코의 환율은 내려갔다. 멕시코 정부는 자금을 국내에 묶어두고자 환율 절상(페소 가치 상승)을 단행했으나 별다른 효과 없이 악순환만 초래했다.

미국의 경기 후퇴도 멕시코에 드리운 그림자를 더 짙게 했다. 1980년대 후반에 미국은 불황에 빠졌고 경기가 후퇴한 1981년과 1982년 초에는 실직한 미국인 관광객들이 더는 멕시코를 찾지 않았다. 이로써 중요한 수입원인 관광업이 큰 타격을 받게 된다. 그리고 미국이 구입하는 석유의 양이 줄기 시작하면서 석유 거래 가격까지 서서히 하락하고 만다. 불황으로 석유 가격이 하락하고, 관광 수입이 줄고, 이자 지급액이 부쩍 늘어나면서 멕시코의 외환보유액은 드디어 바닥을 드러내고 만다.

1982년 8월, 호세 로페스 포르티요는 은행을 국유화하고 페소를 절하한다고 발표했다. 1달러당 22페소였던 페소의 통화 가치는 85페소까지 단숨에 절하되었다. 하지만 그것은 시작에 불과했다. 그 후 10년 동안 3천 페소, 7천 페소까지 페소 가치가 하락하더니 급기야 1달러당 1만 2천 페소까지 환율이 상승하면서 멕시코 국민을 공황에 빠트렸다.

채무위기에 빠진 멕시코는 미국에 부탁해 IMF에 구제 신청을 했다. IMF는 급한 불을 끄고자 멕시코에 자금을 빌려주기로 했다. 1982년 당선된 대통령인 미겔 데 라 마드리드 우르타도 Miguel de la Madrid Hurtado, 1934~가 IMF의 융자 조건 문서에 서명했다. 데 라 마드리드는 하버드 케네디 스쿨(행정대학원)을 졸업하고 포르티요 밑에서 예산국 국장을 역임한 인물이었다. 대통령에 취임한 지 고작 이틀 지난 1982년 12월 1일, 그는 IMF가 제시한 융자 조건 문서에 서명하고 가시밭길로 발을 내딛는다. IMF의 문서에는 앞으로 3년 동안 지켜야 할 가혹한 요구 사항이 빼곡히 적혀 있었다.

참고로 1982년 후반부터 1983년까지는 다른 중남미 국가들도 멕시코와 비슷한 처지였다. 베네수엘라, 칠레, 브라질도 너나 할 것 없이 채무 위기에 빠진 상태였다. 이들 국가는 외화가 부족했던 1970년대에 성장을 위해 외국에서 자금을 차입했지만, 멕시코와 마찬가지로 이자 지급에만 쫓기다 끝내 파산 위기에 내몰렸다.

IMF 구제와 경제자유화 전략

데 라 마드리드 시대는 아주 괴로운 나날의 연속이었다. 그는 IMF가 조건으로 내건 엄청난 요구를 실행에 옮겨야 했다. 이는 인도의 워싱턴 컨센서스보다 훨씬 어려운 일이었다. 일단 재정을 긴축하기 위해 불어난 보조금을 삭감하고 세수입을 늘리고자 노력했다. 사실 불황 때 실행하기에는 쉽지 않은 과제다. 화폐 공급의 증가율을 억제하고, 금리를 올리고, 자국통화의 가치 하락을 용인해야 한다.

아니나 다를까 페소 환율은 1달러당 250페소, 300페소, 500페소로 점점 올랐고 페소 가치는 계속 하락했다. 기업의 민영화도 추진했으나 한동안 국유화 상태를 유지했던 멕시코였기에 그리 순탄하지 않았다. 엎친 데 겹친 격으로 데 라 마드리드 정권의 국가 통제력은 불안하기 짝이 없었다. PRI 출신 대통령이었음에도 득표율이 그다지 높지 않았기 때문이다. 게다가 가혹한 조건을 멕시코 국민에게 강요했으니 국민에게 인기도 바닥이었다.

데 라 마드리드 정권은 전략의 일환으로 해외직접투자의 문호를 조금 개방했지만, 1973년에 가결된 법률의 장벽에 부딪혀 미국 기업은 원칙적으로 멕시코에 투자할 수 없었다. 그래서 미국 접경지대에 건설된 조립 공장들은 마킬라도라maquiladora에 대한 투자를 늘리기 시작했다. 마킬라도라는 무관세로 원료를 수입해 조립한 후 국외로 수출하는 우대조치가 적용되는 수출지구, 보세가공保税加工 지역이다. 마킬라도라는 1988년 당선된 카를로스 살리나스 대통령Carlos Salinas de Gortari 과 1994년부터 2000년까지 집권한 에르네스토 세디요 대통령Ernesto Zedillo Ponce de Leon, 1951~ 정권을 거치며 발전했고 고용 상태도 점차 개선되었다. 1985년에는 낡은 전략의 유산이었던 높은 관세를 낮췄고 이듬해인 1986년에는 WTO의 전신인 GATT(관세 및 무역에 관한 일반협정)

에 가입했다.

 이 시기에 정부는 또 가혹한 조처를 실행했다. 실질임금이 낮아지도록 임금을 지수에 연동한 것이다. 임금은 실제 인플레이션율에 연동되지 않고 정부가 추산한 인플레이션율에 연동되었다. 정부는 항상 인플레이션율을 실제 수치보다 낮게 추산했기에 실질임금은 무려 40% 하락했다. 채무 위기에 빠진 국가들이 흔히 시행하는 방법이다. 국민의 살림살이는 더 힘들어졌다. 그러나 정부 예산을 삭감하고 인플레이션율을 억제하려면 멕시코 정부도 그럴 수밖에 없었다.

 그뿐 아니라 멕시코에서는 예측 불가능한 문제가 속속 불거졌다. 1985년에 대지진이 발명해 수천 명의 국민이 사망했고. 1986년 1분기에는 석유수출국기구OPEC 카르텔조차 손쓰지 못할 정도로 국제유가가 폭락했다. 1배럴당 31달러에서 8~9달러까지 하락했다. 그러면서 멕시코는 세수입 부족 사태에 빠지며 또다시 채무위기 시절로 돌아가버렸다. 멕시코는 IMF 관리 체제에서 벗어나기는커녕 IMF로부터 자금을 더 차입해야 했고 가시밭길의 끝은 더 멀어졌다.

 데 라 마드리드 업적 중 하나가 팍토PACTO라 불리는 노동자, 기업, 정부의 삼자 협의체였다. 데 라 마드리드 대통령은 노동자 단체와 기업을 일일이 돌아다니며 삼자가 합의해 이 사태를 수습하지 않으면 나라가 망한다고 강력히 주장했다. 이에 기업은 물가 억제에 동의했고, 노동자는 임금 억제에 찬성했으며, 정부는 지출을 줄이기로 약속했다. PACTO 노사정 협의를 계기로 멕시코 경제는 서서히 회복하기 시작한다. 후임 대통령들도 매해 PACTO를 실시했고 좋은 성과를 올렸다.

　1982년부터 1988년까지 멕시코 경제는 성장을 멈추었고 그 이후에도 2~3% 성장하는 데 그쳤다. 0%보다는 낫지만, 아시아 국가들의 급속한 성장에 비하면 초라한 수치다.

부정부패와의 끝나지 않는 싸움

　1988년에 카를로스 살리나스 데 고르타리Carlos Salinas de Gortari, 1948~가 새 대통령으로 선출되었다. PRI 당원으로 예산국 국장을 지낸 그는 하버드대학교에서 정치경제학 박사 학위를 취득한 인물이었다. 경제가 서서히 회복 기조에 들어설 즈음에 정권을 이양 받은 살리나스는 목표를 데 라 마드리드 정책을 강화하는 것으로 잡았다. 그뿐 아니라 부패 척결에도 힘썼다.

　대부분 중남미 국가가 그러하듯 멕시코에도 부패가 만연했다. 국영 석유회사 간부, 관료, 경찰 모두 부패를 저질렀다. 노동조합 간부도 예외는 아니었다. 이에 대해 살리나스는 본보기 징계를 단행했다. 1988년 12월과 이듬해 1월, 취임 직후 몇 주일 동안 그는 눈과 귀를 의심할 정도로 부패한 거물급 노동조합 간부를 자택에서 체포했다. 그것도 '가족의 날' 바로 전날, 가족들이 보는 앞에서 체포해 형무소에 수감시켰다. 살리나스 자신에게 선거운동 자금을 제공했던 은행가를 비롯하여 마약 거래상 두 명도 체포했다. 이와 같은 변화의 조짐에 멕시코 국민은 희망에 부풀어 올랐다.

　'이것 봐, 드디어 멕시코에도 공정한 대통령이 탄생했어!'

그러나 살리나스 대통령의 친형이 부패 사건으로 체포되자 그 희망은 곧 실망으로 탈바꿈한다. 후에 살인죄와 수백만 달러 상당의 절도죄까지 저질렀음이 드러나면서 대통령의 형은 종신형을 선고받는다. 살리나스는 자서전을 통해 자신은 전혀 관여하지 않았다고 주장하지만, 그가 관여했다고 믿는 이들은 꽤 많다.

이 시기에 민영화에도 박차를 가했다. 석유회사를 제외한 멕시코의 모든 기업이 민영화되면서 민간 부문이 경제를 주도하기 시작했다. 해외직접투자의 장벽이었던 법률을 철폐하고 세계 각국을 상대로 멕시코에 투자하라고 호소했다. 다만, 신규 투자만 허용했고 석유·전기·가스·수도는 투자 불가능 분야로 지정했다. 은행은 인수할 수 있었기에 국내 은행 몇 곳이 스페인과 미국 은행에 속속 인수되었다.

살리나스는 미국이 '아버지 부시' 정권이었던 시절에 다시 채무 교섭을 벌였다. 그 결과, 당시 미국의 재정장관이었던 니콜라스 브래디Nicholas Brady, 1930~가 제안한 브래디 플랜Brady Plan이 탄생했다. 브래디 플랜은 1980년대 중남미 국가들이 채무불이행 사태를 해결하기 위한 채무구제방안이다. 미국은 이들 국가가 매해 상환해야 하는 액수도 줄였고 은행에 채무 일부를 탕감하도록 강요하기도 했다. 그리고 상환 기한도 30년 연장했다. 브래디 플랜으로 중남미 국가뿐 아니라 아프리카 국가, 필리핀, 불가리아까지 혜택을 받았다. 중남미 국가 중 채무 재교섭을 한 나라는 멕시코, 칠레, 아르헨티나 3개국이었으며 재교섭을 통해 멕시코의 채무는 1,020억 달러에서 790억 달러로 감소한다.

생존을 위해 경쟁을 부추기다

　일련의 조처가 순조롭게 진행되면서 멕시코 경제는 다시 성장 기반을 다졌다. 하지만, 아직 충분하지 않았다. 살리나스는 회심의 카드를 꺼내든다. 바로 북미자유무역협정_{NAFTA}의 체결이었다.

　살리나스는 영국, 프랑스, 일본과 접촉하면서 멕시코에 투자를 유치하려고 애썼다. 그러나 일본은 멕시코 제품의 품질이 그다지 좋지 않은데다 도로 사정이 나빠 수송 과정에서 전자제품이 부서지지 않을까 우려했고 결국, 멕시코에 투자하지 않기로 했다. 살리나스는 독일로 날아가 같은 제안을 했지만 마침 베를린 장벽이 무너진 시기여서 때가 맞지 않았다. 동서독 통합 준비에 여념이 없어 자금 여유가 없었던 것이다. 살리나스 대통령은 낙담한 채로 멕시코에 돌아와 크리스마스 연휴를 보냈다. 그는 크리스마스 연휴가 끝나자마자 급히 고문단을 호출해 미국과 자유무역협정을 체결할 생각이라고 통보했다. 통보를 마친 그는 앉은 자리에서 수화기를 들고 부시 전 대통령에게 자유무역협정을 체결하고 싶다고 말했다. 부시도 아마 '오케이'라고 짧게 답했을 것이다.

　미국은 이미 1989년에 캐나다와 자유무역협정을 체결한 상태였고 여기에 멕시코가 가담하면 더욱 폭넓은 협정을 체결할 수 있었다. 실제로 미국 의회에 안건을 올리는 일은 이후 대통령이 되는 빌 클린턴_{Bill Clinton}의 임무였는데, 당시만 해도 빌 클린턴을 비롯한 미국의 대부분 국회의원은 자유무역이 실현되면 수많은 일자리와 투자 기회가 멕시코로 넘어가 미국 고용에 악영향을 미칠지도 모른다며 우려했다.

클린턴 역시 대통령 선거에 입후보했을 때는 NAFTA에 대해 애매모호한 태도를 보였다. 그러나 유세전 도중에 NAFTA 찬성으로 방향을 정했다. 대립 후보 중 한 명인 제3당의 로스 페로$^{Henry\ Ross\ Perot,\ 1930-}$는 일자리와 투자 기회가 상실된다는 이유로 NAFTA에 강력히 반대했다. NAFTA가 체결되면 고용과 투자가 미국에서 멕시코로 썰물처럼 빠져나갈 것이라면서 말이다.

미국 대부분 노동조합이 NAFTA에 불안을 느꼈으나 결국은 클린턴을 지지했다. 그 이후에도 여러 차례 우여곡절을 겪다가 1994년 1월 1일, 드디어 NAFTA가 발효된다. 이날 멕시코에서는 성대한 축하 기념식이 개최되었다. NAFTA처럼 광범위한 무역 협정의 체결은 향후 아시아 쪽에도 중요한 전략 중 하나가 될 것이다.

간단하게 NAFTA의 내용을 짚고 넘어가자. NAFTA는 15년 동안 모든 관세를 0%까지 낮춘다는 내용을 기본으로 1,500페이지에 걸쳐 작성되었다. 사실 미국은 NAFTA체결 전부터 관세를 낮은 수준으로 유지하고 있었지만, 멕시코에서 수입되는 대부분의 품목에 대해서는 제한 사항을 적용하고 있었다. 예를 들어, 미국 내에서 소위 '정치적 품목'으로 일컬어지는 오렌지주스와 설탕은 멕시코 제품과 가격 경쟁력 측면에서 경쟁 상대가 되지 못했다. 멕시코 역시 옥수수, 콩, 소 등 수많은 농업 품목을 대해서는 관세를 높게 책정해 보호했다. 미국과 경쟁하면 살아남지 못할 것이 뻔했기 때문이다.

'다양한' 분야의 관세를 '당장' 낮추는 것이 NAFTA의 기본 원칙이었지만, 정치적 상황으로 실행이 곤란한 품목은 15년 동안 서서히 낮추기로 합의했다. 양국 기업에 적응 기간을 주기 위해서였다. 그 기간에 캘리포니아의 오렌지 재배업자, 포도 재배업자, 사탕무밭 재배업자는 효율을 높여 경쟁력을 키우든지 폐업을 하든지 결정해야 했다. 마찬가지로 멕시코 농가도 근대화를 추진하고 트랙터를 도입하든지 해서 어떻게든 효율을 높여야 했다.

이러한 조처는 거의 모든 상품에 적용되었으나 미묘하게 정치적 긴장을 불러일으킬 수 있는 두세 가지 품목은 제외되었다. 그 중 하나가 테네시의 버번위스키와 멕시코의 테킬라였다. 그러나 그보다 훨씬 더 다루기 어려웠던 두 분야가 있었으니, 바로 섬유와 자동차 산업이었다. 미국은 '원산지 규정'을 도입하길 원했다. 즉, 자동차를 이루는 부품 중 일정 비율 이상이 북미산일 때만 자동차 관세를 0%로 설정하고 싶어 했다. 섬유도 마찬가지였다. 일정 비율의 원재료가 북미산일 때만 의류를 수입하겠다고 주장했다.

미국은 왜 '북미산'을 그토록 강조했을까? 사실 미국이 주장한 '원산지 규정'의 목적은, 일본을 비롯한 아시아 국가에서 생산된 섬유 제품이 멕시코를 거쳐 미국으로 유입되는 현상을 방지하기 위해서였다. 미국은 100% 원산지 규정을 요구했고 멕시코는 0%를 원했다. 결국, 양국은 62%의 원산지 규정을 도입하기로 합의했다. 자동차 관세를 0%로 설정하려면 전체 부품 가운데 62%가 북미에서 제조되어야 한다는 뜻이었고, 그것으로 미국은 멕시코를 거쳐 자국으로 들어오는 일본 제품을 막는 데 성공한 셈이었다. 이처럼 미국은 NAFTA를 통해 섬유산업을 보호하고자 했다. 하지만, 2001년에 중국이 WTO에 가입하자 모든 것이 물거품이 된다. 그렇게 미국의 섬유산업은 종말을 고한다.

멕시코는 NAFTA로 순조로운 성장을 이루었고 마킬라도라에도 막대한 외국 자본이 투입되었다. 마킬라도라에 입주하면 제품을 미국에 수출하기도 쉬운데다 멕시코 북부의 미국 국경 근처에서 생산하므로 멕시코 및 기타 중남미 국가에도 제품을 수출할 수 있기 때문이었다. 미국 기업뿐 아니라 일본 기업도 국경 지대에 공장을 건설했다. 임금이 훨씬 낮았기 때문이었다. 특히 전자기기 사업은 통째로 멕시코로 옮겨왔다. 물론 지금까지 설명한 내용은 모두 중국이 대두하기 10년 전에 벌어진 일이다.

아무튼 미국과 멕시코의 무역량은 대폭 증가했다. 거래는 활발해졌고 미국은 경쟁력 있는 제품을 판매하고 멕시코는 값싼 노동력을 활용한 제품을 판매하면서 상호간의 이익을 올렸다. 단, 일부 우려처럼 미국의 일자리가 상실되긴 했다. 미국은 멕시코만큼 값싼 가구와 자동차를 만들지 못했기 때문이었다. 대부분 자동차 공장이 멕시코로 자리를 옮겼다. 그 대신 미국은 CT스캐너처럼 멕시코가 도저히 따라올 수 없는 분야의 제품을 제조했다.

NAFTA 체결 후, 멕시코는 미국과의 양국 무역에서 흑자를 낼만큼 성장했다. 나는 1994년에 살리나스 전 대통령과 NAFTA를 주제로 대화를 나눈 적이 있다. 그는 그 자리에서 "언제까지고 빚에 의존해 살 수 없다."라고 말했다. NAFTA를 두고 백 년에 한 번 찾아올까 말까 한 멋진 기회라고도 말했다. 나도 그 말에 어느 정도 공감한다. 여태 멕시코는 정치적으로 가능한 개혁을 모두 시도했다. 하지만, 정치력 부재로 큰 진전을 이루지 못했다. 그런 멕시코에게 NAFTA는 마지막 돌파구였다. 멕시코는 NAFTA에 참가하여 미국, 캐나다와 경쟁함으로써 산업 구조를 뜯어 고칠 필요가 있었다.

개혁할 것인가, 역사와 함께 사라질 것인가. 살리나스는 양자택일의 상황을 받아들이고 과감히 실행에 옮겼다. WTO에 가입한 중국과 비슷한 행보다. 중국도 정치적 수단으로는 경제 개혁할 수 없음을 깨닫고 WTO에 가입해 중국 기업을 개혁으로 내몬 이력이 있지 않던가. 그래야만 서구 기업들과 경쟁해서 이길 수 있기 때문이다. 외압과 외국의 경쟁력을 이용해 국내 기업에 적응을 강요하는 것이다. 멕시코인들에게는 안타까운 일이지만, 멕시코가 정체에서 탈출해 성공하려면 달리 방법이 없었다. 추측하건데 살리나스 대통령의 심정이 어미 사자가 아기 사자를 벼랑으로 내모는 것 같지 않았을까 싶다.

미국의 일부 정치가와 노동조합은 멕시코와의 자유무역협정을 두고 아직도 일자리가 얼마나 사라졌는지 보라며 떠들어대지만, 하나만 알고 둘은 모르는 소리다. 멕시코에 수출할 상품을 취급하는 미국 기업들이 얼마나 많은지, 그 기업들이 얼마나 많은 고용을 창출하는지 알아야 한다. 디트로이트 출신 정치가의 말을 빌자면, 노동조합은 멕시코로 고용이 옮겨가는 현상을 엄청나게 증오했으며 지금은 그 분노의 대상이 중국인으로 바뀌었다고 한다. 모르긴 몰라도 멕시코로 옮겨간 일자리보다 훨씬 많은 일자리가 중국으로 옮겨갔다고 보는 것이 맞을 것이다. 사실 고용 문제는 미국이 고민해야 마땅한 중대한 무역 문제임은 틀림없다.

테킬라 위기

NAFTA가 발효되자 멕시코는 경제 과제를 떠안게 된다. 표심을 잡기 위해서였는지는 잘 모르겠지만, 살리나스는 1991년 중간선거가 한창 진행 중일 때 통화 가치의 하락을 막고자 페소화를 달러에 고정한다. 페소화 가치가 서서히 과대평가되자 멕시코인들은 너도나도 페소를 사용해 미국의 전자기기를 구입하기 시작했다. 그러자 무역수지와 경상수지의 적자폭도 다시 증가한다.

1994년 초에 사람들은 페소를 팔고 달러를 사들이기 시작했다. 같은 해에 실시된 대통령 선거의 PRI당의 후보자인 콜로시오_{Luis Colosio, 1950~1994}가 암살되자 통화 시장에서 페소를 대량으로 매도하는 움직임이 일었다. 게다가 같은 해 8월에 PRI 대표까지 암살당하자 멕시코 여기저기서 불온한 분위기 감지되었다. 이처럼 상황이 점점 불안해지자 페소를 팔려는 움직임은 더 가속화되었고 페소 가치는 끊임없이 하락했다. 그러자 살리나스 대통령이 애써 축적해둔 외화가 다시 바닥을 드러내기 시작했다. 상황은 악화 일로였지만, 정부는 아무런 손을 쓸 수 없었다.

그해 12월, 우여곡절 끝에 에르네스토 세디요_{Ernesto Zedillo Ponce de Leon, 1951~}가 대통령에 취임했다. 예일대학교를 졸업한 그는 아주 명석한 두뇌를 지닌 남자였다. 사람들은 그가 페소 약세를 막고 긴축 재정을 실시할 것이라 믿어 의심하지 않았다. 그러나 예상은 빗나가고 만다. 세디요는 물론이고 하버드대학교에서 박사 학위를 취득한 아스페_{Pedro Aspe} 재무장관도 아무런 방책을 내놓지 않았다. 연 3~4%의 성장률과 7%까지 하락한 인플레이션율이 그들의 눈에는 만족스럽게 비쳤던 것일까?

멕시코가 보유한 외화준비는 계속 유출되었다. 미디어 종사자들은 하루 눈뜨기가 무섭게 오늘은 대체 무슨 일이 일어날지 긴장한 채로 주시했다. 그리고 12월 셋째 주, 드디어 외환 시장은 공황 상태에 빠지고 만다. 페소가 계속 매도된 끝에 멕시코의 외환보유액이 바닥을 드러낸 것이다. 그렇다. 멕시코는 '테킬라 위기'라 칭해지는 두 번째 채무위기에 빠지고 만다.

결국, 멕시코는 통화 시스템을 다시 변동 환율로 환원했고 페소 환율은 순식간에 1달러당 3,000페소에서 7,000페소로 상승한다. 멕시코는 부채에 대한 이자를 지급할 여력이 없어, 멕시코 정부는 워싱턴으로 날아가 클린턴 대통령과 로렌스 써머즈_{Lawrence Summers, 1954~} 재무장관에게 매달릴 수밖에 없었다. 긴급 원조를 요청한 것이다. 클린턴과 써머즈는 520억 달러 규모의 긴급 원조 방안을 발표했다. 미국 의회는 지지하지 않았으나 클린턴과 써머즈는 아랑곳하지 않고 IMF, 국제결제은행 그리고 여러 군데의 미국 국내 기금을 이용해 지원 자금을 마련했다.

멕시코는 미국에서 약 300억 달러, 기타 기관에서 약 200억 달러를 조달했다. 심각한 불황에 빠졌고 성장률은 마이너스 9%까지 떨어졌지만, 마이너스 성장은 6개월밖에 지속하지 않았다. 미국의 긴급 원조 덕분에 채무 상환과 통화 안정에 성공했기 때문이다. 그 이후로도 멕시코는 1995년부터 2001년까지 연 4~5%라는 순조로운 성장을 이루었고 2001년에는 채무를 모두 상환했다.

주목할 점은 멕시코의 채무 위기에 대처하는 미국의 적극적 태도였다. 멕시코에 무슨 일이 있으면 미국이 앞장서서 해결해 주겠다는 강한 의지를 표명한 것이기 때문이다. 물론, 미국의 지원 없이는 멕시코가 채무불이행에 빠지리라는 사실을 클린턴과 써머즈가 익히 알기 때문이기도 했다. 채무불이행 사태가 빚어지면 멕시코에서 자칫 좌익혁명이 일어날지도 모를 일이다. 그것이야말로 미국이 가장 원하지 않는 상황이다. 미국은 캐나다와 마찬가지로 멕시코가 안정적이고 보수적인 미국의 우방국으로 남아주기를 원했다. 당시, 멕시코가 실제로 필요한 금액은 160억~170억 달러 정도였으나, 미국과 IMF는 500억 달러 정도를 조달했다. 미국이 약 3배 이상의 자금을 조달한 이유는 멕시코의 자신감 회복을 위해서였다. 한 국가의 채무불이행은 세계 경제와 질서, 나아가 세계 정세政勢까지 크나큰 영향을 미치므로 선진국이라고 해서 강 건너 불 보듯 할 수는 없는 노릇이다.

이쯤에서 외환 사정에 대해 잠시 언급하자. 1993년에 멕시코는 디노미네이션Denomination[3]을 단행해 화폐 단위를 변경한다. 재정 위기 이전의 환율인 1달러당 약 3,200페소는 디노미네이션을 거치면서 3.2페소로 조정되었다. 그 후 2년 동안 7~8페소까지 페소 가치가 낮아졌고 (환율 상승) 아시아 재정 위기 때는 11페소까지 하락했다. 2000년대에

---

3 화폐 가치에 대한 변동 없이 화폐의 액면 단위만 낮추는 것을 가리킨다.

들어서 IT 혁명으로 미국의 생산성이 급속도로 향상되자 페소 가치는 또다시 급락했다. 2009년에는 1달러당 15.5페소를 기록했다. 페소화의 지속적인 가치 하락은 일반 국민에게도 영향을 미쳤다. 휴가차 멕시코에 갔다가 택시를 타면 열이면 열 페소가 아닌 달러로 요금을 받으려 했다. 페소화에 대한 불신은 시장과 기업뿐 아니라 일상생활에서도 팽배했다. 사실 통화 가치가 격심하게 오르내리는 현상은 브라질과 인도를 비롯한 모든 개발도상국이 겪는 주된 문제 중 하나다.

6년간의 잠

이 시기에 에르네스토 세디요가 정치 개혁에 착수했다. 정치 제도를 개방하고 선거 제도를 공정하게 개혁했다. 자신이 속한 PRI도 예외는 아니었다. 선거 결과를 좌지우지할 수 있는 권한도 빼앗았다. 경제 개혁뿐 아니라 정치 개혁까지 시행하자 멕시코인들은 그를 높게 평가했다.

그의 정치 개혁 덕분에 멕시코에서는 이변이 발생한다. 2000년 선거에서 71년 만에 야당의 비센테 폭스 케사다 Vicente Fox Quesada, 1942~가 대통령에 선출된 것이다. 멕시코 서부 지역에서 태어난 폭스는 멕시코와 중남미 지역의 코카콜라 사장이었다. 그가 고향에서 주지사로 취임했을 때 그는 멕시코의 대통령이 되겠다고 선언했고 폭스의 말대로 4년 후에 기업 친화적인 PAN당의 대통령 후보로 공천을 받는다. 멕시코의 큰 변화였다.

이 시기의 멕시코는 거시경제와 관련된 문제를 대부분 해결한 상태였고, GDP에서 차지하는 채무의 비율도 줄었으며, 인플레이션율은 전보다 훨씬 낮아진 상태였다. 재정수지는 거의 매년 균형을 이루었다. 중앙은행에는 미국에서 교육을 받은 우수한 거시경제학자들이 일했다. 어떤 이는 멕시코를 '미국의 51번째 주'라고 말하는데, 적어도 경제적 측면에서는 그 말이 무색하지 않을 정도로 밀착도가 높다. 멕시코 경제의 80%가 미국과의 무역을 통해 이루어지니 미국이 감기에 걸리면 멕시코가 폐렴에 걸린다는 말도 어느 정도 이해가 될 것이다.

폭스가 대통령이 되었을 때 거시경제는 아주 견실한 상태였지만, 미시적인 정치와 경제는 많은 문제가 있었다. 석유 산업은 부패했고 페멕스는 무려 20년 동안 아무런 투자를 하지 않았다. 석유 생산으로 벌어들인 모든 수입을 정치 예산에 편성했으므로 정유소와 새로운 유전에 투자할 여력이 없었고 그리하여 석유산출량은 점점 줄어들었다. 환경 문제도 심각했다. 소득 격차도 심각해 인구의 50%가 빈곤층일 정도였다. 노동법은 제대로 기능하지 않았고 교육 제도도 미처 정비되지 않은 상태였다.

폭스는 교육, 노동, 석유, 환경을 모조리 개혁하겠다고 호언장담했지만, 이번에도 자금 부족이 걸림돌이었다. 부가가치세를 올려 해결하려 했지만, 결코 쉬운 일은 아니었다. 애초에 폭스는 34%의 지지를 얻으며 아주 근소한 득표 차이로 대통령에 당선되었는데, 그가 속한 PAN은 기업 친화적인 성향을 지녀서 노동자 친화적인 PRI와 사회주의 정당인 PRD는 PAN의 정책에 전혀 동조하지 않았다. 궁극적으로는 멕시코를 위한 정책이었지만, 야당의 협조가 없었던 탓에 다양한 개혁은 지지부진했다.

그 결과, 폭스는 임기 6년 동안 허송세월을 보내다시피 한다. 짐작했겠지만, 폭스가 임기를 보낸 2000~2005년은 중국과 인도가 급성장을 이루면서 세계무대에서 힘을 발휘하기 시작한 시기다. 마음만 먹었다면 그만한 기회도 없었을 텐데 멕시코는 그 6년 동안 아무런 일을 벌이지 않았다. 멕시코는 6년 동안 긴 잠에 빠진 것과 다름 없었다. 매해 3~4%씩 성장했지만, 정작 중요한 개혁은 전혀 이루어지지 않았고 페멕스의 체질은 쇠약해질 대로 쇠약해져버렸다. 멕시코는 자기도 모르는 새 깊은 잠에 빠졌고 제대로 움직이지 않았다. 이대로라면 세계무대 뒤편으로 사라지는 것은 시간 문제였다.

더욱 실행력 있는 개혁을 향해

2006년, 펠리페 칼데론Felipe Calderon, 1962~이 대통령에 선출되었다. 하버드 경영대학원 출신인 그 역시 기업 친화 정당인 PAN의 후보로 출마했다. 멕시코시티 시장출신인 그는 사회주의 정당의 후보를 가까스로 이겼다. 이 근소한 차이 때문에 사회주의 정당은 마치 멕시코 대통령이라도 된 듯, 매달 섀도우 캐비닛Shadow cabinet, 그림자 내각 각료회의를 열었다.

그럼에도, 전임 대통령 폭스보다 훌륭한 실행력을 갖춘 칼데론은 세계를 놀라게 한다. 연금제도를 개혁하고 정치 자금 일부를 국민연금에 충당했다. 정부의 비용을 늘어나기는 했지만, 그것은 장래를 대비한 바람직한 비용이었다. 아울러 선거 운동 기간을 단축하는 등 선거 제도를 개혁했다. 폭스가 손조차 대지 못했던 재정 개혁도 과감히 단행했다. 소득세를 올려 세입을 GDP 대비 2% 늘렸다. 또한 페멕스에 자사의 자금을 투자할 수 있는 권리를 부여하고자 몇 가지 법률을 통과시켰다. 그러나 페멕스가 해저 유전 개발 프로젝트를 통해 유럽 석유회사와 협력하는 안건에 대해서는 의회의 동의를 얻지 못했다.

칼데론의 최대 업적은 마약과의 전쟁이다. 그는 멕시코의 마약 문제를 해결하고자 수백 명을 사살했고 수천 명을 체포했다. 마약은 멕시코의 문제인 동시에 미국의 문제이기도 했다. 주로 미국인들이 마약을 구매하고 복용했기 때문이다. 멕시코 북부에 밀집한 마약 범죄 조직은 콜롬비아, 페루, 에콰도르에서 마약을 멕시코로 들여온 다음 미국에 팔았다. 칼데론은 임기 전반에 해당하는 3년 동안 막대한 자원을 투입해 마약 문제의 해결에 총력을 기울였다. 당연히 부작용도 있었다. 그도 그럴 것이, 마약 문제에 몰두하느라 여타 중요하고 유익한 안건은 방치했기 때문이다.

2009년, 힐러리 클린턴 국무장관Hillary Clinton, 1947~은 미국과 멕시코의 국경지대를 찾아 마약이 미국의 문제이며 칼데론이 추진하는 마약과의 전쟁을 공식적으로 지원하겠다고 천명했다. 실제로 오바마 정권은 마약과의 전쟁에 5억 달러를 지원하고 헬리콥터 부대까지 제공했다. 힐러리 국무총리가 한 가지 더 약속했지만, 아직 실행되지는 않았다. 바로 미국에서 멕시코로 출하되는 총기의 유통 속도를 늦추는 일이다. 멕시코의 마약왕들이 미국에서 무기를 구입해 밀수출하기 때문인데 이 문제도 조만간 해결되리라 믿는다.

금융위기 이후의 멕시코

2008년 초까지 멕시코의 성장은 순조로웠다. 그러나 곧 금융위기가 발생하자 미국 수출량이 감소했고 멕시코 경제는 침체했다. 성장이 멈추고 실업률이 급상승했다. 페소 가치는 하락했다. 2010년에는 극심한 불황에서 벗어나 2% 성장할 것으로 예상했다. 그러나 거의 비슷한 수준으로 인구가 증가하기 때문에 멕시코가 예상한 성장률 2%는 그리 큰 성장이 아니었다. 적어도 4~5%의 경제 성장은 달성해야 했다. 다행히 멕시코는 2010년 5.4% 경제성장률을 이뤘다.

그러나 새로운 전략을 빨리 세워야 한다. 멕시코는 미국에 완벽히 의존하기 때문에 미국이 잘못되면 그야말로 진퇴양난에 빠진다. 관광산업을 더욱 차별화하는 등 강점이 있는 3~4개 분야에 집중할 수 있도록 제도를 개혁해야 한다. 또한 페멕스의 개혁에도 착수해야 한다. 페멕스는 생산성이 낮음에도 지난 6~8년 동안 수많은 직원을 고용하기만 하고 시장에서 경쟁할 줄은 몰랐다. 독점권을 보유했기 때문이었다. 또 순이익이 모두 정부 예산에 흡수된다는 점도 문제다.

페멕스가 이익잉여금을 남겨 천연가스의 신규 생산에 필요한 해저 탐사에 투자하도록 새로운 법률을 제정해야 한다. 자국에 대량으로 매장된 천연가스가 있는데도 거들떠보지도 않고 전량을 미국에서 들여오다니 이 얼마나 바보 같은 일인가. 북부 도시에 수송 파이프라인을 연결하면 타국에서 수입할 필요가 전혀 없다. 멕시코 해저유

전에서 산출되는 세계 최대의 해저유전, 칸타렐 유전은 생산량이 월 10만 배럴로 감소했다. 당장 상황을 수습하지 않으면 향후 3~4년 이내에 순석유수입국이 될 수도 있다.

칼데론의 임기는 2012년까지다. 임기 막바지에 이르면 레임덕이 찾아올 것으로 예상되므로 그전에 해두어야 할 일이 산더미다. 우수한 대통령인 만큼 해낼 수 있는 일도 많았지만, 2009년 금융위기로 여력을 잃었다. 남은 임기 동안 제도를 개혁해야 한다. 부패를 줄이고 교육 제도와 인프라를 개선해야 한다. 해야 할 일이 잔뜩 있다. 문제는 중남미 지역의 전망이다. 연 3~5%의 성장률은 달성할 것으로 보이지만, 6~8%의 속도로 성장하는 동남아시아는 따라잡지 못할 듯하다. 아프리카에 비하면 순조로운 편이지만, 동유럽과 비교해도 뒤처지는 분위기다. 동남아시아에 밀리면 세계무대에서 설 자리가 점점 없어질 것이다. 지금이야말로 이 모든 사항을 고려하며 진퇴양난의 처지에서 탈출하기 위한 전략을 진지하게 고민할 때다.

인종 문제를 넘어
남아프리카공화국

남아프리카공화국을 자원국가로 분류하는 사람들이 많다. 하지만 나는 그렇게 생각하지 않는다. 근대적 산업도 존재하므로 흔히 생각하는 것처럼 1차 산업국도 아니다. 그런 의미에서 남아공을 '진퇴양난에 빠진 국가'라고 생각한다. 그러면서도 남아공이 아프리카 전체 경제 규모의 22~23%를 차지하는, 매우 중요한 위치에 있는 나라이므로 남아공 경제를 살펴보는 것은 의미가 깊다.

사하라 사막 이남에 위치한 남아공에는 수천 년부터 정착해 살던 흑인 원주민이 있었다. 이들을 17세기에 네덜란드인이, 18세기에 영국인이 발견한다. 결과적으로 18세기 후반부터 영국의 본격적인 침투로 인해 19세기 초, 남아공은 영국의 식민 지배를 받게 된다. 영국의 식민 지배로 인해 아프리카너Afrikaner와 영국계 주민의 관계가 악화된다. 아프리카너는 보어인Bore이라고도 하는데 남아공에 먼저 정착한 네덜란드계 사람과 그 후손들을 일컫는다.

최초에 영국계 주민과 아프리카너는 남아프리카 남단의 케이프타운에 정착했으나 1800년대 들어서 북쪽으로 나란히 영역 확장을 시도했다. 이 과정에서 두 집단 사이에 분쟁이 잦았다. 그뿐 아니라 북쪽에 살던 흑인 원주민, 줄루족~Zulu~과도 분쟁이 발생했다. 줄루족과 아프리카너 사이에 격심한 분쟁이 발생하는 등 여기저기서 전투가 벌어졌다. 19세기 후반에는 영국계 주민과 아프리카너가 전쟁(보어전쟁, 1899~1902)을 벌였다. 영국계 주민은 적군을 포로로 삼지 않고 그 자리에서 학살하는 등 피비린내 나는 장면을 연출하기도 했다. 그러던 1910년, 남아공은 자치를 확립한다.

그때부터 극심한 인종 차별이 시작된다. 백인은 법까지 제정하며 흑인을 완벽하게 차별했다. 흑인이 거주해서는 안 되는 구역을 설치하고 터무니없이 낮은 임금을 지급했다. 남아프리카 흑인 원주민에게는 시련의 시기였다. 아파르트헤이트~Apartheid~라 불리는 흑인 차별 정책은 무자비한 영국계 관료, 다니엘 마란~Daniel Malan~과 헤르초그~J. B. M. Hertzog~에 의해 자행되었다.

아파르트헤이트에서 진정한 독립에 이르기까지

세계적으로 노예제도를 폐지하는 흐름이 이어지자 남아공의 노예제도도 1834년에 공식적으로 폐지되었다. 그러나 실제로는 1948년 이후에도 엄격한 백인 지배가 계속되었다. 그러자 유럽을 비롯한 세계 각국의 비난이 쇄도했고 미국까지 나서서 남아공의 노예제도를 강력하게 비판한다. 급기야 1980년대에는 모든 통상이 중단되고 만다.

인종주의racism 정부를 향해 꺼내 든 마지막 압박 카드였다.

남아프리카에 투자했던 서구 기업들이 일제히 철수하기에 이르자 고육지책으로 백인 정부는 기업을 통합했지만, 세계무대에서 한층 더 고립되었을 뿐 별 효과는 없었다. 모든 나라와의 무역이 중단되었을 뿐 아니라 남아공 백인의 해외 이주도 차단되었다. 이렇게 외부 환경이 갖춰지자 아프리카 국내에서도 흑인 해방 운동이 고조되었다. 남아공의 흑인 해방을 위한 정치조직인 아프리카민족회의ANC, 넬슨 만델라Nelson Mandela, 1918~, 또 그의 동료들이 흑인의 정당한 권리를 요구하기 시작했다. 선거권, 평등한 교육, 인종 통합이 바로 그것이었다.

흑인 해방 운동이 진행되는 과정에서 폭력 사건도 많았다. 시위대와 백인 군대가 충돌하면서 많은 사람이 목숨을 잃었다. 백인 정부는 흑인 해방 운동을 저지하기 위해 살인도 서슴지 않았다. 넬슨 만델라를 비롯한 두 명의 혁명가는 케이프타운 연안에 있는 감옥섬, 로벤섬으로 이송되었고, 무려 30년 동안 교도소에서 지냈다.

국내뿐 아니라 국외에서도 격심한 저항이 있었다. 이 때문에 남아공은 성장은커녕 금방이라도 파산할 지경으로 몰렸다. 당연히 모든 생산 활동은 중단되다시피 했다. 그러던 1989년, 백인 정부에 프레데릭 데 클레르크Frederik Willem de Klerk, 1936~ 정권이 새로 들어선다. 그는 인종주의 국가에서 탈피하려면 교섭이 필요하다는 사실을 깨닫고 남아공 내에 사는 흑인, 다른 아프리카 국가나 런던으로 피난을 간 흑인들을 소집해 협상 테이블을 마련한다.

1990년에 그는 흑인 해방 운동 조직인 '아프리카민족회의'에 대한 탄압을 중단한다고 연설하고, 정확히 9일 후에 넬슨 만델라를 교도소에서 풀어주었다. 그러자 국가 전체가 술렁였다. 부끄러운 역사가 종식되고 백인 정부의 독재가 막을 내리는 순간이었기 때문이다. 그로부터 3년 동안 넬슨 만델라와 데 클레르크는 손을 잡고 새로운 정부와 헌법을 만들고 선거를 실시했다. 차기 대통령은 당연히 넬슨 만델라였다. 일련의 개혁으로 두 인물 모두 노벨평화상을 받았다. 그러나 데 클레르크는 역사 속으로 서서히 자취를 감추었고, 넬슨 만델라는 대통령으로서 민족 화해와 협조 정책을 추진해 나갔다.

참으로 극적인 변화였다. 남아공에는 약 500만 명의 백인과 4,000만 명의 흑인이 함께 살고 있었는데, 거기에 다른 아프리카 국가에서 많은 이민이 유입되었다. 이유는 간단했다. 다른 나라보다 남아공이 풍족했기 때문이다. 모잠비크, 케냐, 나미비아 이민들이 일자리를 얻으려고 남아공을 찾았다. 한 해에 수백만 명이 넘어오기도 했다.

반면에 백인 인종차별주의자들은 국적을 가진 영국, 캐나다, 호주로 대거 이주했다. 꼭 인종차별주의자가 아니더라도 가족의 안위를 우려한 백인들도 남아공을 떠났다. 백인들이 떠나면서 남아공은 수많은 기술자, 의사, 변호사를 잃었다. 전문 직종에서 일하는 이들이 모두 백인이었기 때문이다.

만델라의 국가 전략

우선 남아공이 보유한 자원에 대해 잠시 언급하자. 남아공에는 풍부한 천연자원과 함께 당시 세계 최대 규모의 광업회사였던 앵글로아메리칸~Anglo American~이 있었다. 이 회사는 다이아몬드 광산을 비롯한 다양한 종류의 광산을 보유했다. 남아공에는 뛰어난 관광 산업도 있었다. 감히 말하건대, 남아공은 지구상에서 가장 아름다운 땅이다. 은행업과 제조업도 탄탄하다. 백금 채굴뿐 아니라 백금으로 각종 기구를 만드는 사업도 발달했다.

이뿐 아니다. 우수한 기계 산업을 보유했고 방위산업도 세계에서 손꼽히는 수준이어서 세계 각지에 무기를 팔고 있다. 수준 높은 대학도 있다. 세계 최초로 인간 대 인간 심장 이식 수술이 남아공에서 집도될 만큼 의학 수준도 높다. 단, 그 환자가 흑인이었다는 점 때문에 물의를 일으키기는 했지만.

그런데 흑인 거주지인 시골로 들어가면 사정이 180도 달라진다. 인프라가 빈약한데다 주민의 30~40%는 읽고 쓰기를 못한다. 교통수단도 없고 포장도로도 없다. 학교 시설도 엉망이다. 요하네스버그와 케이프타운 같은 백인 지구는 유복하고 근대적이고 쾌적하지만, 그 밖의 다른 지구는 빈곤에 허덕인다. 이처럼 남아공은 양분된 사회다.

1996년 이후 넬슨 만델라는 그야말로 몸이 부서져라 일했다. 그가 직면한 최대 과제는 백인과 흑인의 격차를 줄이는 일이었다. 소득을 비롯한 남아공에서 발생하는 모든 격차가 결국은 백인과 흑인의 격차였기 때문이다. 백인이 모든 부를 점유했고 흑인의 손에는 아무것도 없었다. 넬슨 만델라는 남아공의 발전을 위해서라면 무슨 일이든 다 시도하겠다고 다짐했다. 난제인 인종 통합을 이루고 격차를 해결하기 위한 방법 말이다.

거시경제 개발 전략, GEAR

만델라가 취임했을 때 이미 남아공은 외환보유액이 바닥나 파산 상태나 다름없었다. 그래서 그는 취임하자마자 가장 먼저 백인인 트레버 마누엘Trevor Manuel, 1956~을 재무장관으로 임명했다. 마누엘은 성장, 고용, 재분배를 위한, GEARGrowth, Employment and Redistribution이라 명명한 거시경제 개발 전략A Macro-economic strategy을 발표했다. 아울러 만델라는 강인한 성격의 인물을 중앙은행 총재로 임명하고 외환과 인플레이션 관리를 맡겼다.

GEAR 전략은 워싱턴 컨센서스, 멕시코의 미구엘 데 라 마드리드의 부흥 전략과 비슷했다. 당장의 목표는 재정 적자를 줄이기 위해 세출을 삭감하고, 세무 기반을 정비해 세수입을 늘리는 일이었다. 아울러 통화 공급량을 조절하고, 금리를 인상하고, 랜드화 약세를 용인하는 금융 정책을 펼쳤다. 아파르트헤이트 시대에 국영화되었던 기업 중에 일부 기업을 민영화했다. 관세 장벽을 낮추고 WTO에 가입했다.

산업 정책도 주목받았다. 흑인 노동자가 주로 종사하는 광업 외에 백인 노동자가 다수를 차지하는 산업은 대개 노동조합이 조직되어 임금이 높았다. 그 높은 임금을 확보하기 위해서라도 고부가가치 제품을 만들어 미국과 유럽에 수출할 필요가 있었다.

반면 35%에 달하는 높은 실업률은 골칫덩어리였다. 정부는 직업이 없는 흑인들을 위해 일자리를 찾아줘야 했다. 그래서 내놓은 처방전이 아프리카와 아시아 국가에 수출할 저부가가치 상품을 저임금으로 제조하는 정책이었다. 유럽을 상대로는 BMW3 시리즈를 만들어 수출해 큰돈을 벌고, 케냐를 상대로는 직물을 팔아 푼돈을 취하는 현명한 양방향 전략이었다. 그러나 아쉽게도 이 전략은 성공적이지 못했다. 아프리카 민족회의와 대규모 전국 노동조합인 COSATU~the Congress of South African Trade Unions~가 협력해주지 않았기 때문이다. 이처럼 인종 통합을 이루려는 다양한 노력이 전개되었으나 삐걱대기 일쑤였다.

BEE와 새로운 격차의 탄생

1999년에는 넬슨 만델라의 뒤를 이어 타보 음베키~Thabo Mbeki, 1942-~가 대통령 자리에 오른다. 그는 영국에서 경제학 석사 학위를 취득한 혁명가였다.

우선 민영화의 진전 상황을 간단히 언급하자. 최초로 민영화 대상으로 선정된 기업은 통신회사와 앵글로 아메리칸이었다. 국영 항공사 SAA와 대형 전력회사인 에스콤~Escom~은 민영화 대상에서 제외되었다. 사실 타보 음베키가 아프리카민족회의 좌익과 깊은 관계를 맺고 있었으니 민영화에 기울이는 노력도 주춤했다.

타보 음베키는 흑인에게 경제권을 부여하는 BEE법~Black Economic Empowerment~을 가결하는 등 정식으로 인종 통합을 추진했다. 아파르트헤이트 기간 동안 소외되었던 흑인에 대한 우대정책을 펼친 것이다. 산업계는 2002년에 BEE가 성립됨으로써 2, 3년 안에 인종 통합 헌장을 제정해야 했다. 만약 이를 어기면 정부가 나서서 메스를 댈 참이었다. 그러자 백인도 이제는 움직여야 하는 시기임을 깨닫는다. BEE법을 실행하지 않으면 사실상 나라를 떠나야 했기 때문이다.

광업, 전자기기 산업, 은행업 등 산업계가 잇따라 BEE 헌장을 만들기 시작했다. 여기에는 5년 이내에 전 종업원의 50%와 경영진의 30%를 흑인으로 채우거나, 자원과 원재료의 80%를 흑인 기업으로부터 납품받아야 한다는 식의 내용이 포함되어 있었다. 미국과 인도의 차별 철폐 조치보다 꽤 급진적인 내용이었다. 더 나아가 기업의 50%는 반드시 흑인이 소유해야 한다는 내용도 있었다.

2002년부터 2004년까지 상황은 다소 개선되었다. 다만, 개혁 과정은 순조롭게 진행되었으나 결과에 해당하는 생산성은 그다지 향상되지 않았다. 그럼에도 아직까지는 평화가 유지되고 있다. 어쨌거나 이 시기에 주목할 만한 변화는 백인이 보유한 부가 점점 축소되었다는 사실이다. BEE로 흑인도 많은 자산을 지배하게 되자 흑인 중에서도 상류 계급이 나타나기 시작했다. 정부 기관과 다양한 산업체에서 일하는 흑인 중산층도 늘었다. 하지만, 정작 소득 분포는 그다지 변하지 않았다. 부유한 백인과 가난한 흑인에서 부유한 흑인과 가난한 흑인으로 대체되었을 뿐이었다.

불균형한 소득 분포에도 불구하고 남아공은 현재 계속 성장 중이다. 하지만 수입과 금리 지출이 많고, 경상수지는 적자이고, 가계저축률이 지극히 낮은 점은 문제다. 20년 동안 노예 처지였던 흑인들은 꿈에 그리던 자유를 얻자 지금까지 구경조차 하기 어려웠던 물건들을 사들였다. 멋진 유럽산 자동차를 타고, 텔레비전을 사고, 휴가를 떠났다. 저축은 뒷전이다. 기업 저축은 있어도 가계 저축은 거의 전혀 없다시피 하니 문제가 아닐 수 없다.

산적한 과제

　남아공의 경상수지는 외국에서 차입한 거액의 자본으로 유지된다. 거액의 해외직접투자가 광업 회사, 전자기기 산업, 은행에 유입된다. 남아공은 그 원리금을 지급하느라 경상적자가 5~6%에 달하는데, 개선이 필요한 실정이다. 아직 해결되지 않은 사회 문제도 많다. 대표적인 사회 문제가 실업률인데, 4년 전의 30%에서 약 23%로 내려갔다지만 여전히 높은 편이다.

　인프라는 차츰 정비되고 있으나 그래도 갈 길이 멀다. 전기 인프라는 1995년만 해도 양호한 수준이었지만, 전기 수요가 점점 늘어나면서 한계에 다다르고 있다. 그럼에도 최근 10년 동안 해놓은 일이 전혀 없다. 석탄 화력발전소, 천연가스 화력발전소, 원자력 발전소⋯⋯ 어느 것 하나 새로 지어지지 않아 심심찮게 정전이 발생한다. 반면에 학교 개선 사업에 자금을 투입한 결과, 교육 분야는 비약적인 진보를 이루었다. 최종 학력이 고등학교이거나 고등학교조차 졸업하지 못한 교사가 꽤 많지만, 학력을 떠나 교사의 질적 측면에서는 큰 성장을 이루었다. 아무래도 남아공이 현재 추진 중인 인프라 정비 사업이 완료되려면 10년이나 20년은 족히 걸릴 것이다.

　경제 성장과 함께 최근 3년 동안 다소 개선되었으나 남아공은 다른 나라에 비해 범죄율이 높은 편이다. 아직도 남아공에는 노동 경험이 없는 사람이 인구의 20~30%를 차지한다. 그들은 1970~1980년대 혁명기 때부터 총을 휴대하고 다니며 범죄를 일삼아왔다. 그래서 범죄율이 몹시 놓고 강간 사건도 잦다. 왜인지 모르겠으나 흑인이 흑인을 상대로 저지르는 범죄는 많지만, 흑인이 백인을 대상으로 범행을 저지르는 사례는 거의 없다. 아무튼, 남아공 부자들이 높은 담을 두르는 것도 모자라 담 위에 철조망을 설치할 정도로 위험한 나라임은 확실하다.

남아공의 가장 큰 문제는 에이즈다. 남아프리카의 HIV 양성비율은 16~25%로 아주 높다. 즉 800만 명에서 1,000만 명이 감염자라는 말인데 이들의 평균 수명은 점점 짧아지는 추세다. 이런 상황에서 음베키는 "에이즈는 HIV 바이러스가 아니라 빈곤, 만성적 질병, 영양실조와 같은 사회적 요인 때문에 일어난다."라고 주장했고, 논란에 휩싸였다.

음베키가 무려 2년간 그런 취지의 발언을 일삼자 세계 의료계가 그를 맹비난했다. 음베키의 발언 때문인지 남아공 정부는 실제로 항바이러스제를 국민에게 배급하지 않았다. 이에 NGO 단체들은 격노했고 2005년과 2006년이 되어서야 겨우 백혈병 바이러스인 레트로바이러스를 죽이는 약을 사용해 HIV 바이러스를 억제할 수 있었다. 하지만, 남아공 정부의 잘못된 생각으로 의료 대책에 소홀히 하는 사이 수십만 명이 에이즈로 사망했고 수백만 명이 에이즈에 걸렸다.

2008년에 음베키가 사임하고 2009년에는 제이콥 주마Jacob Zuma, 1942~가 대통령으로 취임한다. 아프리카민족회의 소속인 그는 좀 더 민주적인 성향의 인물이었지만, 에이즈에 대한 인식은 음베키 못지않게 심각했다. 선거 과정에서 "에이즈에 걸린 여성과 성관계를 맺은 적이 있는데 에이즈에 걸리지 않으려면 잘 씻기만 하면 된다."라고 발언해 물의를 일으켰던 것이다. 그럼에도 주마는 흑인 국민의 열광적인 지지를 얻으며 아파르트헤이트 철폐 이후 네 번째의 흑인 대통령이 된다.

　남아공이 풀어야 할 마지막 과제는 어쩌면 주마 본인일지도 모른다. 그는 선거 과정에서 부패 용의로 기소된 이력이 있는데다 영국과 무기 협상을 벌였다는 혐의, 거액의 뇌물을 받았다는 혐의까지 받고 있다. 불운하게도 주마 대통령이 이끄는 남아공은 금융위기의 영향을 고스란히 받았다. 그 때문에 아직까지 장기 비전을 제시할 기회조차 얻지 못했다. 한줄기 희망이라면, 그가 음베키나 만델라보다 뛰어난 리더십을 지녔다는 점일 것이다.

미국, 일본과의 관계

　남아공은 미국, 일본과 어떻게 협력할 수 있을까? 우선 남아공에게는 자유무역협정이 도움이 될 것이다. 일본은 훨씬 다양한 물건을 남아공에 수출할 수 있을 것이고, 남아공도 일본에 많은 물건을 수출할 수 있다. 미국도 마찬가지다. 물론, 일본은 거리상의 약점을 극복해야 할 필요는 있다.

　아울러 남아공에는 아주 높은 수준의 기술이 다양하게 개발되고 있다. 세계 3위의 전력회사인 에스콤은 페블 베드 모듈Pebble-bed Module이라는 원자력 에너지 기술을 개발했다. 최첨단을 달리는 지극히 안전한 기술이지만, 파일럿플랜트pilot plant[4]를 건설할 자금이 없어 고전 중이다. 석탄 액화 기업인 사솔Sasol은 제2차 세계대전 중에 독일이 개발한 피셔 트롭쉬법Fischer-Tropsch-Process, 즉 기체에서 액체 연료를 얻는 공

4　새로운 제품과 공법 등에 관한 실험실에서의 연구를 공업화하기 위한 준비단계로서의 소규모 설비.

법을 기반으로 연구를 진행했는데 지금은 천연가스를 액화하는 기술까지 보유했다. 사솔은 중국에 공장을 짓기 시작했으며 일본 기업도 사솔과의 관계를 강화 중이다. 이렇듯 남아공은 외국의 협력을 구하기도 하고 외국에 협력하기도 하면서 다른 나라와의 관계를 구축하고 있다. 이런 상황에서 중국은 아프리카 시장 진출에 여념이 없다. 투자와 융자를 이용해 아프리카의 방대한 자원에 손을 대려 한다. 이러한 중국의 행보가 대체 무슨 의미인지 미국과 일본은 곰곰이 생각할 필요가 있다.

국민의 근로의욕 증대가 관건

남아공은 진퇴양난에 빠졌다. 저부가가치 상품으로는 중국에 이길 수 없고 고부가가치 상품 시장에서도 일본이나 싱가포르의 경쟁 상대가 안 된다. 말레이시아, 터키, 중남미 국가와 함께 진퇴양난에 빠졌다. 일반 기업이 이런 난국을 타개하기 위해 특기 분야에 집중하듯 이들 국가도 차별화 정책을 전개해야 한다. 예를 들면 남아공이 높은 범죄율을 낮추고 치안을 개선한다면 남아공의 관광 산업은 세계 최고 수준에 도달할 수 있다. 또 풍부한 광물과 금속 자원을 제대로 활용하기만 하면 아주 큰 성과를 올릴 수도 있다. 이들 산업을 차별화하는 데 성공하면 은행 부문은 더 탄탄해지고 나아가 기계 산업에도 긍정적 영향을 줄 수 있을 것이다.

위에서 제시한 전략에 집중하려면 국민이 열심히 일해주어야 한다. 그런데 남아공의 새로운 시민들이 제대로 된 노동 의욕을 가지고 있는지 솔직히 의문스럽다. 그들은 수년 동안 일하지 않았고 어떻게 권리를 누릴까만 생각해 왔다. 발전하려면 일해야 하고 저축해야 하며 학교에 다녀야 하지만, 오랜 노예 생활을 거친 끝에 시민으로 인정받은 그들이 위와 같은 사고방식에 적응하기가 쉽지는 않다. 다만, 그런 사고방식이 정착한다면 진퇴양난 상태에서 쉽게 빠져나올 수 있을 것이다. 분명 남아공은 멕시코와 마찬가지로 위기 탈출에 필요한 잠재능력을 충분히 갖추었다. 앞에 제시한 과제들을 하나씩 풀어간다면 사하라 이남의 그 어느 나라보다 탄탄한 경제국가가 될 수 있다.

LECTURES TO MOVE
THE WORLD IN HARVARD

사우디아라비아 Saudi Arabia
아랍에미리트 UAE
러시아 Russia

제 **3** 강

자원에 의존하는 국가들

LECTURES TO MOVE THE WORLD IN HARVARD

'자원국가'라는 말을 듣고 부유한 나라 혹은 재정이 풍부한 정부를 떠올린 사람이 많을 것이다. 그러나 대부분 자원국가는 풍부한 그 자원 때문에 갖가지 덫에 빠지고 만다. 예를 들면, 천연자원을 수출하면 자국의 통화 가치가 높아지기 마련이다. 통화 가치가 상승하면 석유 외의 상품과 서비스를 수출할 때 문제가 생긴다. 환율이 낮아서 상품의 가격 경쟁력을 잃으니 국제 시장에서 찬밥 신세가 된다. 결국, 경제가 침체된다.

지금부터는 전형적인 자원국가 두 곳의 이야기를 할 것이다. 이슬람 세력 대두의 상징이라 해도 무방한 사우디아라비아와 소련 붕괴 후의 러시아다. 두 나라는 지나치게 자원에만 의존하는 탓에 성장을 향한 길이 멀고도 험하다.

종교가 경제를 지배하는 나라
사우디아라비아

세계적 흐름과 동떨어진 행보를 보이는 지역, 중동으로 눈을 돌려보자. 최근 들어 이슬람교도는 차츰 세력을 회복하고 있다. 학생 여러분도 익히 알듯 지난 70년 동안 이 지역의 주요 천연자원은 원유였다. 중동 지역에는 오랜 역사를 지닌 이집트, 거듭되는 전쟁의 포화에 신음하는 이라크, 이란 등 흥미로운 나라들이 자리 잡고 있다. 이번 수업에서는 여러 이슬람 국가 중에서도 세계 석유매장량의 대부분을 보유했고 이슬람교의 발상지이기도 한 사우디아라비아에 초점을 맞춰 보도록 하겠다.

이 사막 왕국은 2,620억 배럴의 석유를 보유한 세계 최대의 석유 생산국이다. 그 때문에 사우디아라비아는 정치적으로도 경제적으로도 중동 지역에서 큰 지배력을 발휘한다. 물론 사우디아라비아보다 인구가 많거나 1인당 석유매장량이 많은 나라들도 있지만, 사우디아라비아가 중동에서 가장 중요한 국가이고 주목해야 할 국가라는 사실은 그 누구도 부인하지 못한다.

종교와 떼려야 뗄 수 없는 역사

　무함마드를 먼저 언급하지 않고서 사우디아라비아를 이야기할 수 없다. 6세기 무렵 사우디아라비아는 수많은 나라가 땅을 나누어 차지하는 사막의 변두리 국가였다. 그때 등장한 인물이 이슬람교의 시조인 무함마드Muhammad였다. 610년 무함마드는 신의 계시를 받고 그 후 20년 동안 신의 말씀을 글로 옮겼다. 다만, 그는 문맹이었으므로 다른 사람에게 자신의 말을 받아 적게 했다. 그렇게 탄생한 것이 이슬람교의 성전인 코란이다.

　메디아로 이주한 무함마드는 632년에 그곳에서 숨을 거두었다. 그가 죽자 삽시간에 신자가 늘어났다. 처음에는 부족이 지배하는 지역 안에서 점차 퍼져 나갔고 50~60년 후에는 사우디아라비아 전역으로 확장되었다. 200년이 더 지나자 이슬람교는 중동 전역으로 전파되었고 급기야 북아프리카까지 뻗어 나갔다. 거기서 멈추지 않고 동쪽으로는 구소련 부근, 서쪽으로는 스페인에까지 전파되어 신자가 생겨났다. 그 결과 현재는 인도, 인도네시아, 말레이시아, 중동에 대략 13억~15억 7,000만 명의 이슬람교 신자가 있으며 유럽과 미국 등지에서도 수백만 명의 신자가 이슬람교를 믿는다.

　사우디아라비아는 완벽한 이슬람교 국가이기에 조금이라도 체류해 본다면 그들이 이슬람교와 얼마나 밀접한 관계를 맺고 있는지 느낄 수 있다. 이슬람교는 기독교인의 기독교, 유대인의 유대교보다 훨씬 깊숙이 생활에 뿌리내리고 있다. 대부분 사람이 매일 다섯 번 기도를 올리고 예배 시간이 되면 모든 상점은 20분 정도 문을 닫는다. 그리고 거의 한 해도 거르지 않고 순례 길에 오른다. 특히 이슬람 최고 성지인 메카Mecca는 이슬람교도가 평생 한 번은 반드시 방문해야 하는 장소인데 매년 수많은 인파가 카바 신전을 둘러싸고 기도하는 광경을 목격할 수 있다. 또 연수입의 2.5%를 자선사업에 기부하는 것이 이슬람교도의 다섯 가지 계율 중 하나인데 그들은 마땅히 지켜야 할 것으로 여기고 실천한다.

1700년 이후 왕실인 이븐 사우드bn Saud 가문과 종교지도자인 이븐 압둘 와하브Muhammad ibn Abdul Wahab, 1703~1792는 사우디아라비아 전역에 이슬람교를 보급하기로 합의하고 손을 잡는다. 와하브파는 이슬람 종파 중에서도 엄격하기로 유명한데, 그들은 이븐 사우드 가문이 나라를 지배하도록 도와주었다. 당시, 이 지역은 수백 년 동안 터키와 페르시아의 지배를 받고 있었는데, 두 세력이 힘을 합하자 사우디아라비아도 서서히 세력을 되찾는다. 후에 이븐 사우드 왕가는 사우디아라비아에서 추방되어 쿠웨이트에 체류한 적도 있었지만, 19세기 초에 다시 나라로 돌아왔고, 와하브파 이슬람교의 조력에 힘입어 사우디아라비아 전 지역을 지배한다. 그리고 1932년, 이븐 사우드의 자손들은 국명을 사우디아라비아로 고치고 건국을 공식 선포한다. 그로부터 6년이 지난 1939년, 사우디아라비아에서 드디어 석유가 발견된다. 그로 인해 사우디아라비아는 제2차 세계대전 중에 서방 국가들과 동맹을 맺고 전후에는 자원을 보유한 이슬람교 국가로서 발전을 거듭한다.

하지만, 석유를 발견하자마자 금세 발전한 것은 아니었다. 처음 몇 년 동안은 석유 가격이 몹시 낮았던데다 자금이 부족했기 때문에, 당시 사우디아라비아는 베두인_Bedouin_이라는 유목 민족과 지방 부족이 절반 이상을 차지하는 사막 국가에 지나지 않았다. 그런데 1972년부터 석유 가격이 상승하자 사우디아라비아도 서서히 부유해지기 시작했다. 이를 계기로 사우디아라비아는 석유 산업에 투자하기 시작했다. 1974년부터 1982년까지 왕실은 인프라 정비에 착수했고 수도인 리야드도 현대적인 도시로 탈바꿈했다. 1980년대부터 1990년대까지는 항만, 석유, 석유화학제품 생산 및 정제 시설도 건설되었다.

1979년에는 2차 석유파동이 발생해 국제유가가 1배럴당 30달러로 급격히 상승했고 사우디아라비아는 한층 풍요로워졌다. 한때는 몇 년 동안 1인당 GNP가 1만 7,000~1만 8,000달러에 달하며 개발도상국치고는 아주 높은 수준을 기록하기도 했다.

그러나 1980년에 공급 과잉에 빠지면서 OPEC과 사우디아라비아는 석유 생산에 대한 지배력을 상실하고 사우디아라비아 경제도 큰 타격을 받는다. 아무리 생산량을 줄여도 석유 가격은 계속 하락했고 1988년에는 1배럴당 8달러 수준까지 폭락했다. 이때부터 10년 동안 사우디아라비아는 힘든 세월을 보냈다. 여전히 석유로 수입을 올리기는 했으나 국가 발전을 추진하기에 충분한 자금은 아니었다.

그런 와중에도 사우디아라비아의 인구는 급격히 늘어나고 있었다. 무엇보다 3.3이라는 높은 출생률 탓이었다. 최근에는 많이 줄어들었지만, 예전에 이슬람 국가에서는 남성 한 명이 아내를 네 명까지 맞이

할 수 있었다. 또 사우디아라비아의 인구가 급격하게 늘어난 또 다른 이유는 수많은 외국인 노동자를 수용했기 때문이었다. 단순 노동, 사우디아라비아 사람들이 충분한 교육과 훈련을 받지 못한 분야, 사우디아라비아인들이 꺼리는 서비스 업종 등 다양한 분야에서 외국인 노동자들이 종사했다.

사우디아라비아 사람들은 교육을 충분히 받지 못했던데다 굳이 교육을 받아야 하는 필요성을 느끼지 못했다. 지금도 사우디아라비아에서는 600만 명이 넘는 외국인이 교사, 의사, 회계사, 운전기사, 정원관리사, 건설업, 요리사 등으로 일하고 있다. 인도, 방글라데시, 모로코 등 세계 각지에서 노동자들이 몰린다. 외국인 노동자들이 들어오면 그만큼 국부가 유출되기 마련인데 알다시피 몇 해를 제외하고는 사우디아라비아에는 자금 여유가 충분했으니 문제가 될 게 없었다. 그러나 높은 비용이 들어가는 만큼 국가 생산성은 떨어질 수밖에 없다. 방관해서는 안 되는 문제다. 더 큰 문제는 사우디아라비아 자국민들이 교육열과 노동 의욕을 잃어버렸다는 사실이다. 모두 너무 풍요롭다 보니 발생하는 부정적 결과였다.

1981년부터 2002년까지 사우디아라비아의 연간 성장률은 1.8%에 지나지 않았다. 세수입이 없었으므로 때때로 재정 적자를 기록했다. 실제 사우디아라비아 정부의 수입원은 과거에나 지금에나 기본적으로 1975년, 서방 기업으로부터 환수한 국영 석유회사 아람코ARAMCO 다. 명실상부 세계 최대 석유회사로 주식의 75%를 사우디아라비아 정부가 보유했다. 아람코는 북부 도시인 다란에 수준 높은 대학을 보유하고 있으며 사업에 필요한 석유 관련 엔지니어들을 직접 양성한다. 하루 700만~900만 배럴의 석유를 생산해 엄청난 수입을 사우디아라비아 정부에 가져다준다. 하지만, 그렇게 석유를 생산해도 연간 GDP 성장률은 2%밖에 안 된다.

게다가 인구는 급증하는데 학교와 도로 같은 인프라의 정비는 모든 면에서 지지부진하다. 1990년대, 후에 국왕이 되는 압둘라 왕자가 직면한 최대 과제는 바로 인프라 정비였다. 1985~1986년 이후에 사우디아라비아의 수입원이 감소하면서 인프라 건설에 자금을 투입할 여력이 사라진 것이다. 앞에서 설명했듯 1970년대부터 1980년대 초까지 막대한 부를 거머쥐며 인프라 건설에 박차를 가했지만, 순식간에 인구가 불어나면서 인프라 건설 속도가 인구 증가 속도를 따라가지 못하는 실정이다.

국가를 지배하는 절대 권력

사우디아라비아에는 절대적 권력으로 국가를 지배하는 이븐 사우드가 있다고 앞에서 설명한 바 있다. 이번에는 그 사우드 일족에 대해 조금 더 자세히 설명하겠다. 1953년에 사망한 이븐 사우드의 슬하에는 '적어도' 46명의 아들이 있었다. 수다이리는 이븐 사우드의 총애를 받은 아내 중 한 명이었는데 그녀는 '수다이리 세븐Sudairi Seven'이라 불리는 7명의 아들을 낳았다. 1982년, 수다이리 세븐 중 한 명인 파드 빈 압둘아지즈Fahd Bin Abdul Aziz, 1923~2005가 국왕에 취임했다. 그는 국왕 자리에 오르자마자 자신이 이슬람 세계에서 가장 신성한 장소인 '메카와 메디나Medina의 관리자'임을 선언했다. 이는 이슬람 세계에서 상당한 지배력을 가졌음을 의미하는데, 이 선언으로 파드의 지배력과 위신은 중동 일대로 퍼져 나간다.

1990년에 쿠웨이트를 침공한 사담 후세인Saddam Hussein, 1937~2006은 사우디아라비아 국경까지 밀고 들어와 사우디아라비아에 침공 위협을 가했다. 그러자 파드 국왕은 사우디아라비아를 방위하고자 미군의 파견을 허가했다. 이에 미국은 60만 명에 달하는 육군과 공군 병력을 파견해 순식간에 후세인을 제압했다. 하지만, 그의 숨통을 끊는 최후의 일격을 가하지는 못했다. 후세인이 순순히 항복했기 때문이다. 그로부터 12년 후 미국은 다시 후세인과 총구를 겨눠야 했다.

걸프전쟁이 끝나고도 사우디아라비아에 미군의 대병력이 주류하자 이슬람 과격파들은 사우디아라비아를 떠났는데, 그 중 한 명이 바로 오사마 빈 라덴Osama Bin Laden, 1957~2011이다. 그는 사우디아라비아 유수의 건설 회사를 경영하는 빈 라덴 일족 출신으로 이미 몇 년 전에 사우디아라비아를 떠나 러시아와 분쟁을 벌이는 아프가니스탄에서 전쟁을 벌이고 있었다. 그런 마당에 미군이 사우디아라비아에 주류하자 한층 더 과격함을 드러내며 사우디아라비아 정부의 전복을 노리게 된다. 오사마 빈 라덴이 미국뿐 아니라 사우디아라비아 정부까지 증오하는 이유는 간단하다. 그가 생각하기에 현재의 사우디아라비아 정부는 이슬람답지 못하기 때문이다.

1990년~1992년까지 사우디아라비아의 과격한 이슬람 원리주의자들은 엄격한 이슬람법을 채택하라고 국왕을 압박했다. 미군을 추방하고, 더 많은 사람에게 부를 분배하고, 여성에게 일체의 권리를 부여하지 말라는 내용이었는데, 그 주장은 무장 이슬람 정치단체인 탈레반Taliban의 요구 사항과 유사했다. 실은 사우디아라비아에서는 1970년대부터 1980년 초까지 여성의 자동차 운전이 허용되었고 스카프도 착용할 필요가 없었던 적이 있었다. 어쨌거나 국왕은 그들의 요구를 들어주지 않았다. 국왕은 신심 깊은 이슬람교도이기는 했으나 원리주의자들처럼 과격하지는 않았다.

같은 이슬람교도였으나 서로 사고방식이 달라 생기는 충돌이 여러 차례 일어났고 1990년 중반에는 몇 건의 테러 사건까지 발발했다. 과격파 이슬람교도들이 메카의 사원을 점거하고 수많은 사람들의 목숨을 앗아갔다. 1996년에는 사우디아라비아의 동부 도시, 알코바에 있는 미군 공군기지가 폭격을 당해 수천 명의 미국인이 사망했다.

그런 혼란스러운 시기에 예상하지 못했던 일이 발생한다. 파드 국왕이 심각한 뇌졸중으로 쓰러지며 국가의 수장으로서 지도력을 발휘하지 못하게 된 것이다. 그의 자리를 대신해 이븐 사우드의 아들이지 수다이리 세븐 중 한 명인 압둘라 왕자Abdullah Bin Abdul Aziz, 1962~가 1995년부터 2005년까지 나라를 통치했지만, 수다이리 '식스' 즉 압둘라 왕자의 형제들이 모두 국방장관, 내무장관, 주미대사 등 국가 요직에서 그를 견제하는데다 자기 자식을 차기 국왕 자리에 앉히려는 왕족이 무려 4,000~5,000명이나 있었으므로 압둘라 왕자가 국정을 원활히 처리하기란 여간 어려운 일이 아니었다.

그런 와중에도 압둘라 왕자는 자문 기관을 확대하고 각료 조직을 확장하려 애썼다. 자문평의회를 설치해 종교 지도자, 경제계 주요 인사, 각 지방 부족을 대표하는 인물 90명으로부터 조언을 구했다. 아울러 그는 국민 간의 대화를 촉진하는 포럼을 설립했다. 이는 사회 문제에 대해 의견을 나누기 위한 전략적 채널이었다. 단, 결정권은 국왕 혹은 왕족에게 있었다.

2005년에 파드 국왕이 세상을 떠나자 압둘라 왕자가 국왕이자 '메카와 메디나의 관리자'로 등극한다. 차기 국왕 후보였던 그의 이복형제 술탄은 왕자와 국방장관 자리에 오른다. 국왕이 된 압둘라는 더욱 다양한 전략을 내놓았다. 그는 사우디아라비아가 반드시 다양성을 갖춰야 한다고 믿어 의심치 않았다. 영원히 석유에만 의존할 수 없다는 사실을 알았기 때문이었다. 그리고 여전히 석유 사업을 통해 많은 수입을 올렸지만, 그 석유로 얻은 부로 오히려 국력이 약해지고 있었다. 젊은이들은 20대 후반이 될 때까지도 일할 생각이 없어 보였고, 대학생들은 수학이나 토목 공학보다 이슬람 문화와 이슬람교에 대해 공부하려는 경향이 있었다. 석유 수입에 의존하는 정부의 재정은 언제나 적자였고 왕족들과 부유한 실업가들은 거액의 자산을 국외로 반출해 런던, 스위스, 뉴욕 등 국외에 투자했다.

이렇듯 풀어야 할 문제가 너무도 많았기에 압둘라 국왕은 석유 의존도를 줄이고 사회를 통합할 필요가 있다고 생각했다. 이는 사우디아라비아가 진정한 선진국으로 발돋움하기 위한 필수 불가결한 조건이었다. 일단 1990년대에 사우디아라비아 개발 전략에 착수했으나 시간이 너무 걸려서 이렇다 할 성과는 없었다. 그리고 2002년, 그는 해외 투자에 관한 법률을 가결했다. 사우디아라비아투자청~SAGIA~도 창설해 국외 투자를 가로막는 제한 사항과 규제를 하나둘씩 철폐하면서 문호를 개방했다. 무역 개혁을 위해 2005년에는 WTO에도 가입했다. 인프라 정비도 빼놓지 않았다. 이미 외국인을 포함한 사우디아라비아의 인구는 2,400만 명으로 불어난 상태였기 때문에 학교, 전력, 물이 절대적으로 부족했다.

압둘라 국왕은 학교와 대학교를 대거 설립했다. 또 성과는 미미했지만, 몇몇 기업의 민영화에도 착수했다. 재정 적자를 줄이고자 애썼고 금융 정책을 수행할 강력한 중앙은행도 만들었다. 중앙은행은 상품 가격이 상승한 2007년까지는 인플레이션을 억제하면서 고정환율제를 유지했다. 1986년 이후 현재까지 사우디아라비아의 환율은 1달러당 3.75리알이다. 이렇듯 사우디아라비아는 2005년, 압둘라 국왕의 개발 전략을 기점으로 급속히 진전한다.

계율에 얽매인 여성들

경제와 사회 전략을 다시 수립하는 일 외에도 압둘라 국왕은 국내외의 정치권력을 유지하고자 절치부심했다. 정치적 자유와 여성의 권리 향상을 요구하는 자유주의 세력의 이익을 배려하고 이슬람교가 더욱 엄격해져야 한다고 여기는 보수파의 이해까지 돌보며 양측의 균형을 꾀해야 했다. 한편, 테러리스트로 간주하는 과격파를 상대로는 무력으로 대처했다. 그러면서 군사비는 국가 예산의 33%라는 막대한 규모에 달했지만 2005년과 2006년, 국내에서 오사마 빈 라덴이 조직한 이슬람 테러단체인 알카에다_Al-Qaeda에 연루된 테러리스트 300~400명을 적발하는 등 일말의 성과를 낼 수 있었다. 그 이후로 사우디아라비아에서는 평화가 유지되고 있다.

또한 압둘라는 자신의 영향력을 강화하고자 이슬람 사원에 거액을 지원해 종교 관계자를 제 편으로 끌어들였다. 메카 순례를 뜻하는 하지_Hajj와 이슬람 교육에도 많은 자금을 투입하며 이슬람 계율에 바탕을 둔 법정 시스템을 지지했다. 아울러 기업에는 외국인뿐 아니라 사우디아라비아인도 많이 고용해 '사우디아라비아화'할 것을 장려했지만, 성공했다고는 볼 수 없다. 실업률은 한때 7%로 감소했으나 지금은 9% 이상에 달한다. 물론 이 수치에는 노동 의지가 없는 남녀는 포함되지 않았다.

여성의 지위와 관련된 문제도 중요하다. 압둘라는 아주 보수적인 이슬람교도이지만 여성을 속박하는 규율은 조금 완화했다. 그러나 사우디아라비아 여성은 여전히 베일을 착용해야 하고 외출할 때는 직접 운전대를 잡지 못한다. 남성과 여성의 교육 과정도 각기 다르다. 그래도 사우디아라비아 혼인법은 여성의 재산권을 인정해주며 실제로도 여성들이 많은 재산을 소유하고 있다. 남편과 이혼할 때도 여성들은 재산에 대한 권리를 행사할 수 있다.

여성을 위한 비즈니스에 뛰어드는 여성 경영자도 많다. 인터넷을 이용해 사업을 전개하는 사례도 있다. 사우디아라비아 내에는 대학에 진학해 학위를 취득하는 여성이 많다. 남녀공학 대학교도 있다. 다만, 남녀공학일지라도 법률에 따라 따로 교육을 받아야 하므로 여학생들은 남학생들이 듣는 강의를 촬영한 영상을 보면서 따로 수강한다. 2009년 9월에 개교한 킹압둘라과학기술대학_KAUST_은 첨단과학기술 및 의학 연구를 위해 100억 달러를 투입해 개교한 남녀공학 대학교다. 남녀공학 대학교가 들어선다는 사실에 사우디아라비아 내에서는 논란이 일었고 이슬람교 보수파는 충격을 받았지만, 이런 흐름은 앞으로도 계속 이어지리라 본다.

한편, 남성은 국내외로 유학을 떠나 미국과 유럽에서 학위를 취득하는 사례가 많다. 남자 의사와 함께 일하는 여자 의사와 간호사도 있지만, 여성들의 불만은 여전히 많다. 자동차조차도 운전하지 못하는 등 온갖 형태의 차별이 존재하기 때문이다. 이런 측면에서 국왕이 추진하는 여성 해방 정책에는 안타깝게도 한계가 있어 보인다.

정보산업 국가를 향해

국제 정치에 관련해 국왕이 직면한 과제는 실로 엄청난 부담일 것이다. 사우디아라비아는 팔레스타인을 지지하면서 모든 이슬람 국가를 대표해 이스라엘을 비난한다. 한편으로는 미국과 굳은 동맹 관계에 있다. 이 얼마나 곤란한 처지인가? 동맹국인 미국은 이스라엘을 지지하는데 사우디아라비아는 모든 이슬람 국가를 대표해 팔레스타인을 지지해야 하니 말이다.

사우디아라비아는 대이란 정책도 고심 중이다. 강력한 군사 국가인 이란은 이슬람 인구의 약 10%를 차지하는 소수파 시아파_Shi'a_에 속한다. 그런데 사우디아라비아는 수니파_Sunni_다. 수니파는 이슬람 세계에서 가장 큰 분파이고 시아파는 그 다음이다. 시아파와 수니파는 무함마드의 지위 승계와 관련해 각자 다른 의견을 피력하는데, 그것이 바로 분쟁의 씨앗이 되기도 한다.

사우디아라비아는 OPEC에 강한 영향을 발휘하며 석유 정책을 주도한다. 석유 가격이 상승하기 시작하면 사우디아라비아는 다른 가입국보다 생산량을 늘려서 가격을 낮추고 서서히 가격이 하락하면 가격 안정을 위해 생산량을 줄인다. 압둘라 국왕은 현재의 석유 가격이 높은 수준이라 생각하기 때문에 사우디아라비아 내 석유 생산능력을 하루에 1,050~1,250배럴까지 확대하여 안정화를 꾀했다. 현재는 하루 820만 배럴을 생산하는 데 그치고 있다. OPEC도 석유 가격 억제에 힘쓰고 있다. 잉여생산능력이 낮을 때에는 테러나 자연재해 등에 의해 공급에 차질이 빚어지면 탄력적으로 대응하기 어렵기 때문에 작은 요인에도 시장이 동요하고 유가가 크게 상승할 수 있다. 이에 OPEC은 600만 배럴의 잉여생산능력을 갖추며 가격을 억제하고 있다.

국제 유가는 세계 경제를 논할 때, 특히 중요한 미국과 중국 경제의 전망과도 밀접한 관계가 있기 때문에 사우디아라비아를 비롯하여 OPEC의 움직임은 계속 주시해야 할 부분이다.

말이 나왔으니 하는 말이지만 중국은 애초에 외국과의 관계 강화에 힘써왔다. 특히 이란과 많은 교류를 나누는데 그것은 석유 수입이 많은 중국이 국제유가와 원유 확보를 대비한 움직임이라 할 수 있다. 중국의 석유회사 시노펙SINOPEC은 이란과 최종 합의를 이루고 유전 개발 계약을 체결했다. 다만, 정작 중국이 필요한 자금을 보유한 나라는 이란이 아니라 사우디아라비아하는 점을 생각한다면 이란과 체결한 계약으로 기대되는 성과는 제한적일 것이라 예상된다. 중국은 이란, 수단, 이라크와 관계를 강화하고자 노력해 왔으나 쿠웨이트, 아랍에미리트연합$_{UAE}$, 사우디아라비아처럼 정말 부유한 나라와의 관계는 밀접하지 않은 편이다.

사우디아라비아를 높게 평가하는 이유를 경제 동향에 비추어 말해보자. 고작 지난 4~5년 동안 벌어진 일이기는 하지만, 사우디아라비아는 그 짧은 기간에 훌륭한 성과를 거두었다. 물론 높은 국제유가의 덕이기는 했지만, 사우디아라비아의 성장률은 4~6%로 이전보다 아주 양호한 수준을 기록했다. 거액의 재정 흑자를 달성한 덕분에 사우디아라비아 정부는 금융위기 전까지 윤택한 자금을 비축해 두었다. 무역수지와 경상수지도 놀랄만한 흑자를 기록했다.

사실 무역수지와 경상수지가 흑자를 기록한 이유는 외국인 노동자들로 인해 국외로 반출되는 자금이 더 많아졌음에도, 그것을 상쇄하고도 남을 만큼 외국으로 수출하는 상품과 서비스가 같이 늘어났기 때문이다. 실제로 자료를 자세히 들여다보면 국외로 이전된 자금이 예전보다 늘어났음을 알 수 있다. 하지만, 석유 사업에서 얻은 수입으로 인해 외환보유액은 지난 몇 년 동안 무려 4,000억 달러에 달했다.

한 가지 더, 사우디아라비아투자청$_{SAGIA}$의 설립으로 사우디아라비아 내에서 사업할 때 외국 기업이 충족해야 하는 조건이 개선되었다는 점도 빠트려서는 안 된다. 2008년도에 세계은행이 발표한 '외국 기업의 사업 환경에 관한 보고서'에서 사우디아라비아는 16위로 순위가 껑충 뛰어올랐다. 다시 말해 인도, 중국, 러시아보다 사우디아라비아에 투자하거나 사업을 전개하는 환경이 훨씬 좋다는 뜻이다. 인력을 쉽게 확보할 수 있다. 다만 그만큼 해고도 쉬우니 노동자에게는 불리한 환경이긴 하다.

마지막으로 정보 산업 국가로 발돋움하고자 노력하는 사우디아라비아의 새로운 전략에 대해 언급하겠다. 간단히 설명하면, 석유 생산에서 제조업으로 이행하는 국가의 경제 성장 단계를 무시하고 서비스업과 정보산업의 발전을 유도한다는 정책이다. 이는 아주 야심에 찬 전략인데 그 배경에는 중국, 터키, 일본, 싱가포르와 같은 유수의 제조업 국가들과 경쟁해서는 당해낼 재간이 없을 것이라는 불안감이 깃들어 있다. 그래서 지식과 정보를 근간으로 삼는 산업 발전을 유도해 활로를 개척하고자 열심이다.

이 전략의 하나로 SAGIA는 외국에서 유치한 7,000억 달러를 투입해 신개념 지식·정보 도시를 건설하려 한다. 그 가운데 가장 큰 프로젝트는 압둘라 국왕의 이름을 딴 경제 도시를 메디나와 가까운 연안 사막 지대에 건설하는 사업이다. 뉴욕보다 면적이 넓고 인구는 150만 명에 달한다. 수많은 대학이 설립되고 중계무역항 시설도 갖추었으며 리조트도 들어설 정도로 야심적인 도시다. 그뿐 아니라 의료와 컴퓨터 공학에 특화된 도시도 건설할 계획이다.

이와 같은 프로젝트 도시들은 사우디아라비아에 큰 변화를 가져다주리라 믿는다. 이미 싱가포르가 바이오 메디컬 센터를 조성하며 변화를 꾀했지만, 싱가포르보다 늦게 시작한 사우디아라비아는 싱가포르를 뒤쫓는 데 그치지 않고 서서히 앞지를 정도로 변화의 바람이 불고 있다. 더구나 사우디아라비아는 가만히 앉아만 있어도 국제유가가 오르기만 하면 막대한 자금이 끊임없이 공급되니 싱가포르보다 훨씬 유리한 상황이다.

지금까지 언급한 경제적 변화는 사우디아라비아에 사회적 변화까지 가져다주리라 믿어 의심하지 않는다. 사우디아라비아가 추구하는 방향으로 경제가 발전하면 반드시 여성 노동력이 필요할 때가 찾아올 테고 인터넷을 통해 세계와 한층 더 활발히 교류하게 될 것이기 때문이다. 한편으로는 발전과정에서 온갖 문제가 속출할 것이고 그 문제를 해결하고자 교사나 연구자 자격으로 사우디아라비아에 들어오는 외국인의 숫자도 늘어날 것이라 예상된다.

정교분리 없이 국가는 성장할 수 없는가

사우디아라비아가 원하는 바를 손에 넣으려면 사회적으로 큰 변화를 겪을 수밖에 없다. 그러면, 때가 왔을 때 과연 사우디아라비아는 서구화Westernization를 거치지 않고서 현대화Modernization를 꾀할 수 있을까? 여기서 말하는 서구화란, 영국과 유럽이 16세기에 단행한 정교분리를 일컫는다. 사우디아라비아는 정치와 종교를 일원화한 채 세계화와 현대화를 이룩할 수 있을까? 정보 집약적이고 질 높은 교육 서비스를 제공하는 선진국이 될 수 있을까? 사우디아라비아가 진정으로 현대화를 원한다면 지금처럼 정치와 종교를 일원화해서는 안 된다.

중국 역시 공산주의라는, 신봉하는 대상이 있다는 점에서 종교를 믿는 국가와 비슷한 동향을 보이는데, 그 중국조차 자본주의의 영향으로 이데올로기가 급속도로 퇴색했다. 심지어 내가 가르치는 중국인 학생은 지난주에 이런 말을 했다.

"공산주의는 죽었습니다. 이젠 단순한 정치적 컨트롤 시스템에 지나지 않습니다."

중국의 사례에 빗대어 말하자면, 선진국이 되고자 현대화를 추진하기 위해서는 처음부터 정치와 종교를 분리할 필요는 없다. 다만, 현대화를 달성한 후에는 정교를 분리하는 편이 좋을 것이다.

분명 중국에서는 현대화가 시작되었고, 도심부 지역은 이미 일본과 비슷한 수준으로 현대화가 이루어졌다. 그러나 현대화를 통해 중국이나 일본 같은 나라에서 '서구화'가 진행되었는지는 생각해볼 문제다. 서구화, 즉 정교분리란 개인 대 공동체의 권리와 관련된 문제이며 정부 지배와 민주주의와도 관련된 문제다. 이런 점에서 중국은 아직 서구화 단계까지 이르지 못했음이 명백해진다. 반면에 일본은 완벽한 서구화 단계에 도달했다. 일본은 민주주의 국가인데다 오히려 미국보다 확실히 종교와 정치가 분리된 상태다. 서구보다 '서구화'됐다고 할 수 있다.

한편, 사우디아라비아는 정치와 종교가 완전히 일원화되었다. 종교는 정부뿐 아니라 국가 전체를 지배한다. 과연, 그 상태로 진정한 현대화를 이룰 수 있을까?

만약 내가 사우디아라비아 여성이라면 나라를 떠나 이민을 갔을 것이다. 물론 사우디아라비아 여성 중에도 아주 드물긴 하지만, 미국으로 유학을 온 학생들이 있다. 하버드 경영대학원에 다니는 사우디아라비아 여성 중 한 명이 스카프를 착용하지 않은 채 청바지를 입은 모습을 본 적이 있다. 스물한 살인 그녀는 대학원에서 가장 나이가 어렸지만, 루이지애나 공과대학을 2년 앞당겨 조기 졸업하고 곧장 MBA 과정에 입학한 우수한 학생이었다. 현재 그녀는 UAE에서 살면서 베일 대신에 스카프만 쓰고 일한다. 스카프까지는 괜찮은데 베일은 거부감이 든단다. 운전도 할 수 있었으면 좋겠다고 푸념하던 그녀의 모습이 언뜻 떠오른다.

두바이의 번영과 붕괴

마지막으로 급속도로 현대화되었으나 정교분리를 실현했다는 점에서 사우디아라비아와 대비되는 나라, 두바이에 대해 알아보자. 아랍에미리트연합UAE는 아부다비, 두바이, 샤르자, 아지만, 움알카이와인, 라스알카이마, 푸자이라라는 일곱 개의 토후국으로 이루어진 나라다. 그중에서도 두바이가 가장 핵심적인 위치에 있다. 토후국은 부족의 수장族長이나 실력자에 의해 지배되는 국가를 말한다. 토후土侯는 석유 사업으로 벌어들인 자금을 이용해 개발을 추진하고 두바이를 현대적인 도시로 발전시켰다. 미래에 석유가 고갈했을 때를 대비해 현대화를 추진하고 문호를 개방해 해당 지역의 거래 중심지로 삼겠다는 포부였다.

그래서 외국 자본을 유치하고 금융센터, 미디어센터, 해운센터, 팜 아일랜드[1]를 비롯한 주거 지역을 건설했다. 토후는 호화로운 주택을 사우디아라비아, 이란, 쿠웨이트, 런던의 부유층, 유명 축구 선수에게 매각했다. 현재의 토후도 그 노선을 답습했다. 그는 끝없는 야망을 품은 인물로 연 16% 가까운 성장률로 국가 발전을 이끌었다.

두바이는 아주 개방적이고 자유로운 나라다. 사우디아라비아와 달리 음주가 허용되고, 여성은 자동차를 운전하면서 남성과 같은 환경에서 일한다. 베일은 착용하지 않으며 때에 따라서는 스카프조차 쓰지 않아도 된다. 두바이는 런던과 상하이에 버금가는 국제적 금융·상품 거래센터가 되기 위해 정치와 종교를 완전히는 아니어도 어느 정도 분리했다. 다만, 예부터 두바이에 정착해서 사는 현지인들은 수니파 이슬람교도다. 대부분 여성은 운전하지 않으며 베일을 착용한 여성도 있다. 그러다 보니 미니스커트를 입은 인도 여성 옆에 베일을 착용한 두바이 여성들이 서 있는 대조적인 광경이 현지에서 심심찮게 목격되고는 한다. 심지어 두바이에는 불교 사원은 물론이고 기독교 교회까지 있다. 그뿐 아니라, 바와 매춘부까지 있다.

두바이의 인구는 고작 150만 명으로 그 중 86%가 도시 건설을 위해 건너온 외국인이다. 외국노동자라 해서 저임금 노동자만 있지는 않다. 온갖 직종의 노동자가 두바이로 들어왔다. 개중에는 관리직으로 고용되어 입국한 이들도 있다. 현지에 가보면 알겠지만, 두바이에는 수십 개의 마천루를 건설하는 크레인이 즐비하고 인도인, 프랑스인, 영국인, 일본인, 미국인, 한국인 등 세계 곳곳에서 온 사람들이 일

---

1 두바이 해안에서 8㎞ 떨어진 바다 위에 조성되고 있는 인공 도시.

하며 일확천금을 꿈꾼다.

도시가 급속도로 발전하자 거대한 자금이 몰리며 국채와 주식이 팔려나갔다. 사우디아라비아, 두바이 은행, 보험회사, 해외 기업이 두바이 국채를 구입했다. 정부는 중요 자산과 몇몇 대기업만 지배했으며 나머지 분야에는 수많은 서구 기업들을 유치했다. 대형 은행도 들어와 금융센터에서 업무를 개시했다. 급기야 미국 저리 가라 할 정도로 부동산 거품이 생겨났다. 그러나 2008년, 세계 금융 시장이 붕괴하자 두바이의 금융 시장도 함께 붕괴했다. 그들 역시 자산담보증권CDO 같은 리스크 높은 금융 상품을 보유했었기 때문이다. CDO는 금융기관이 보유하고 있는 자산을 담보로 하여 발행된 증권을 말한다.

부동산 시장은 물론이고 금융 시장도 완전히 붕괴되고 말았다. 2008년 1월에 두바이를 방문했을 때는 절반 정도만 지어지고 마무리되지 않은 빌딩이 여기저기 덩그러니 남겨져 있었고 크레인도 동작을 멈춘 상태였다. 세계에서 가장 높은 빌딩이라는 버즈두바이도 아홉 개 층만 남겨둔 채 건설이 중단되었다. 부동산 회사는 기술적 문제가 발생했다고 말했지만, 필시 자금이 부족했을 것이다. 다만, 버즈두바이는 국가를 대표하는 상징적 의미가 있으므로 언젠가는 완성되리라 생각한다.

두바이에서 일하는 사람들의 수도 대폭 줄어 외국인을 포함한 대부분 노동자가 강제 해고당했다. 두바이에 들어와 고급 승용차를 구입했던 그들은 할부금을 마저 갚지 못하고 차를 공항에 버려둔 채 귀국했다. 두바이 공항의 주차장에는 수백 대가 넘는 차로 넘쳐난다. 이른바 고급 인력은 두바이를 떠나고 저임금 노동자만 남았다. 두바이의 인구는 2008년 한 해 동안 2/3로 감소했다.

정부는 거액의 채무를 떠안았고 서비스업을 비롯해 모든 경제 활동이 중단되었다. 두바이에 투자한 기업 중에 이익을 남긴 곳은 거의 없었다. 부동산 가격도 폭락했다. 가격이 폭락한 부동산은 대부분 정부 소유였으므로 두바이 정부는 좀 더 보수적이고 부유한 형제 토후국, 아부다비로 돈을 빌리러 발걸음을 옮겨야만 했다. 아부다비는 두바이의 자산을 자신들이 관리하겠다는 조건을 달고 돈을 빌려주었다.

두바이는 성공했지만, 도가 지나쳤다. 현명하지 못한 일을 벌이고 말았다. 성공이 영원히 계속되리라는 착각에 빠졌고 부동산 투자에 실패했다. 두바이에 사는 내 지인의 말에 따르면 상황이 아주 좋지 않다고 하는데 그래도 나는 앞으로 10년 안에 두바이가 중동의 흥미로운 도시로 부활할 것이라 믿는다.

국가 체질을 바꿔 번영을 꿈꾸다
러시아

구소련과 동유럽 국가의 붕괴와 부흥으로 눈을 돌려 자원국가에 대해 좀 더 논의하자. 특히 이 지역에서 가장 중요한 나라인 러시아에 초점을 맞추고자 한다. 러시아는 사우디아라비아와 마찬가지로 자원이 풍부한 나라다. 사우디아라비아와 차이점이 있다면 종교가 그다지 중요한 역할을 차지하지 않는다는 점, 석유 외에도 천연가스를 비롯한 여러 종류의 천연자원이 풍부하다는 점, 교육 수준이 높고 첨단 기술을 보유했다는 점을 꼽을 수 있다. 또한, 러시아는 공산주의 정부를 민주 정권으로 바꾸고 사회주의경제를 시장경제로 대체하는 힘든 과제에 온 힘을 쏟아 부었다. 즉 사우디아라비아와 똑같이 자원이 중요한 역할을 했지만, 두 나라는 전혀 다른 길을 걸었던 셈이다.

소비에트 연방의 붕괴

붕괴하기 전의 소련을 간략히 되짚어 보자. 소련은 1917년에 블라

디미르 레닌~Vladimir Il'ich Lenin, 1870~1924~의 공산주의혁명으로 탄생했고 스탈린 시대를 거치면서 발전했다. 소련의 경제체제는 사회주의적이고 중앙집권적이었다. 고스플란~Gosplan, 소련국가계획위원회~이 책정한 5개년 계획에 따라 다양한 자원이 분배되었으며 국영 은행인 고스뱅크~Gosbank~가 중앙은행과 민간.상업 은행의 역할을 도맡았다. 그리고 정치국이 이 모든 경제체제를 감독했다. 소련은 제2차 세계대전 후에 대부분의 동유럽 국가뿐 아니라 카자흐스탄이나 투르크메니스탄처럼 남쪽에 있는 이슬람교 국가까지 지배하고 있었다. 이오시프 스탈린~Iosif Vissarionovich Stalin, 1878~1953~ 시대의 소련은 인적 자원을 포함한 모든 자원을 '잔혹하게' 이용해 급속도로 경제 발전을 이룩하면서 연 5~6%의 경제성장률을 기록했다. 그러한 스탈린의 방식은 네루가 통치했던 인도를 비롯한 개발도상국의 모델이기도 했다.

그런데 네루가 간과한 점이 있었다. 소련의 총요소생산성이 마이너스였다는 사실이다. 여기서 총요소생산성이란 생산의 전반적인 효율성을 측정하기 위해 노동, 자본 등 단일요소 생산성에는 포함되지 않는 기술, 노사, 경영체제, 법 등 다양한 요소들을 반영하여 생산 효율성을 측정하는 개념이다. 즉 소련의 성장은 인적자원, 자본, 금과 다이아몬드, 가스, 목재, 광물과 같은 자원을 대량으로 투입한 결과였을 뿐이지 경제 시스템 자체의 효율은 형편없었다. 1917년부터 1980년대 말까지 소련의 총요소생산성은 언제나 마이너스였다. 개발이 진척되고 나라는 부유해졌지만 효율은 몹시 낮았다. 냉혹한 권력으로 발전을 이룩했을 따름이었다.

1980년대까지는 미국과 소련의 팽팽한 냉전 시대가 이어졌다. 니키타 후르시초프Nikita Khrushchev, 1894~1971 시대에는 쿠바 미사일 위기[2]를 둘러싸고 핵전쟁 직전까지 가기도 했다. 후르시초프가 실각한 후에 여러 명이 서기장을 역임하다가 1985년에 익숙한 인물이 등장한다. 바로 미하일 고르바초프Mikhail Sergeyevich Gorbachyev, 1931~ 였다. 고르바초프가 정권을 쥐었을 때 이미 소련의 상황은 악화 일로였다. 폴란드, 체코슬로바키아, 유고슬라비아[3] 등 동유럽 국가에서는 소련 공산주의체제라는 무거운 멍에로부터 벗어나야 한다는 사고방식이 점점 확산되었다. 이들 나라의 국민은 서유럽의 풍요로움을 눈으로 직접 목격하고 소련의 억압에서 벗어나고 싶다는 열망을 키웠다. 그러자 팽팽하던 냉전의 추는 서서히 서방 세계로 기운다.

    페레스트로이카(개혁)와 글라스노스트(정보공개)라는 두 가지 단어에서 가감 없이 표현되듯 고르바초프는 전임자들과 전혀 다른 자세로 소련을 통합하려 했다. 글라스노스트Glasnost 는 소련의 문화, 사회, 정치를 개방하는 정책이었으며 페레스트로이카Perestroika 의 목적은 경제 개방이었다. 그는 글라스노스트로 정치적 자유를 용인하고, 페레스트로이카로 경제를 개방, 자본주의를 수용해 국가 발전을 꾀했다. 1985년부터 1989년까지 개방에 박차가 가해지자 자유화가 진전되었다. 이제 소련에는 고르바초프가 마음대로 통제할 수 있는 것이 거의 없었다. 그러자 동유럽 국가들은 좀 더 많은 자유를 요구했고 소련 국내에서

---

2   핵탄도미사일을 쿠바에 배치하려는 소련의 시도를 둘러싸고 1962년 10월 22일부터 11월 2일까지 미국과 소련이 대치하며 핵전쟁 발발 직전까지 갔던 국제적 위기.
3   2006년 세르비아와 몬테네그로로 분리되었다.

도 거부할 수 없는 자본주의의 물결이 거세게 몰아쳤다.

옐친 정권과 신흥재벌 올리가르히의 대두

1989년에 고르바초프가 물러나자 노동조합 세력의 리더였던 보리스 옐친Boris Nikolaevich Yeltsin, 1931~2007이 정권을 이어받는다. 공산주의와 사회주의의 종식을 부르짖었던 그는 서방 국가로부터 영웅으로 칭송받았다. 1991년 10월, 옐친은 러시아 의회로부터 향후 1년 동안 경제를 관장할 수 있는 권한을 부여받고 신속하게 개혁을 실시할 것을 맹세했다. 1991년 12월 31일, 소련은 붕괴되었고 15개의 신생국은 자유를 얻었다. 옐친은 소련이 아닌 러시아 연방 공화국의 대통령이 되었다. 그는 공산주의라는 이름의 국영사업 체제와 독재에 기반을 둔 정치 체제를 민주적 자본주의로 전환해야 하는 과제를 떠안았다. 그 어떤 나라도 견디기 어려웠을 시대가 막을 연 것이었다. 여태껏 사람들의 눈과 귀에 익숙했던 기구가 하나도 남김없이 해체되었고 거대한 가치관의 변화는 절대 피하지 못할 숙명으로 다가왔다.

옐친이 가장 큰 영향을 받은 인물은 아나톨리 츄바이스Anatoly Borisovich Chubais, 1955~와 이고르 다이다르Yegor Timurovich Gaidar, 1956~2009 같은 젊은 경제학자들이었는데 모두 정치적 추진력을 발휘해 신속하게 개혁을 실행해야 한다고 믿는 인물들이었다. 옐친은 수개월이라는 짧은 시간에 큰 변화를 이룬 폴란드를 모델로 삼아 급속한 변화를 추진하려 했다. 규제 완화, 무역·투자의 전면 개방, 재정 균형, 변동환율제 채택, 민영화 등 모든 과제를 동시에 실행했다. 하버드대학 교수인 제프리 삭스Jeffrey Sachs, 1954~와 안드레이 쉴라이퍼Andrei Shleifer, 1961~를 비롯해 국내외 석학들의 조언에 따른 행동이었다. 하지만, 폴란드와 러시아는 결정적으로 큰 차이점이 있었다. 폴란드인들은 폴란드가 유럽의 일부라고 생각했기 때문에 농업이 사회주의화되지 않았지만 러시아는 달랐다. 게다가 옐친은 정치적 권력을 완전히 장악하지 못했다. 개혁을 부정적으로 받아들이는 공산주의자들이 다수 남은 상황에서 러시아 대변혁을 꾀한 탓에 그의 개혁 시도는 당치도 않은 결과를 초래하고 만다.

러시아는 1992년부터 1만 6,000개의 국영 기업을 민영화하였다. 기업은 국민에게 주식을 분배했고 누구나 그 기업을 소유할 수 있게 되었다. 그러나 통화가치가 급격히 하락하자 일단 먹고살 돈이 궁했던 국민들은 가치가 뚝 떨어진 주식을 하나둘 매각했다. 그 결과, 소수의 부자만이 주식을 보유하게 되었다. 특히 천연가스, 니켈, 석유 사업을 전개하는 대기업들은 부유한 은행가들이 주도한 경매를 통해 1995년에 차례차례 매각되었다.

국영 기업이 민영화하는 이 과정에서 대두된 세력이 바로 올리가르히다. 러시아 경제를 이야기할 때 빠트릴 수 없는 세력이다. 잠시 설명하면 1980년대 이후, 러시아가 개방되면서 은행 규제가 완화되자, 올리가르히Oligarch라는 신흥재벌이 은행을 지배해 왔고 엘친 정권이 추진한 국영 사업의 민영화 과정에서 정경유착으로 막대한 부를 축적하여 이후 러시아 경제 전반을 장악한다.

다시 하던 이야기로 돌아오자. 옐친은 개혁을 실행하고자 민영화를 시도했다. 그럴 수밖에 없던 것이 정부 내에 개혁을 집행할 만한 자금이 전혀 없었다. 세수입이 없었기 때문이었다. 당시 러시아인들은 세금을 전혀 내지 않았고, 시스템 자체가 부패한 상황이라 이를 개선하는 것은 상당히 어려운 일이었다. 이에 대해 올리가르히 은행 중 한 곳인 오넥심 은행(Onexim Bank)의 행장이 옐친에게 세수입을 대체할 재원으로 대기업의 주식을 경매에 내놓으면 어떻겠냐고 권유했고 옐친 정부는 그 제안을 받아들인다. 정부 자산을 일단 경매에 내놓고 자금을 마련한 다음, 1년 후에 주식을 다시 사들여 국유화하라는 올리가르히의 말을 정부는 그대로 실행했다. 그로부터 1년 후, 러시아 정부는 주식을 다시 사들일 수 없었다. 고작 1년 만에 재정 상황이 좋아질 리 만무했기 때문이다. 결국, 정부 자산은 소수의 '부유한 이들'이 계속 보유하게 되었고, 이런 식으로 열두 번의 경매가 더 실시되었다.

최초의 경매 대상은 1995년, 노릴스크 니켈(Norilsk Nickel)이었다. 현재 노릴스크는 자산 가치가 수십억 달러에 달하는 세계 최대의 니켈 생산 기업이다. 노릴스크가 경매에 나왔을 때 두 명이 손을 들었다. 500억 달러의 가치를 지닌 노릴스크에 고작 1억 7,000만 달러라는 액수를 제시한 사람은 바로 오넥심 은행의 행장이었다. 또 다른 은행의 행장이 3억 5,500만 달러를 불렀지만, 경매 주최자가 '가격을 매기는 방법이 잘못되었다.'라는 석연찮은 이유로 낙찰을 거부하여 노릴스크는 오넥심 은행으로 인수된다. 이로 인해 오넥심 은행의 회장이었던 미하일 프로호로프(Mikhail Dmitrievitch Prokhorov, 1965~)가 노릴스크를 진두지휘하게 된다.

같은 시기에 국영 천연가스 회사 유코스(Yukos)도 미하일 호도르코프스키Mikhail Khodorkovsky, 1963~에게 3억 900만 미국 달러에 인수된다. 2002년 시점에 유코스의 자산총액이 무려 150억 달러였으니 대충 생각해도 호도르코프스키의 인수 가격이 얼마나 낮은지 짐작할 수 있을 것이다. 이렇게 호도르코프스키가 터무니 낮은 가격에 유코스를 인수할 수 있었던 이유는 다름 아닌 비리 때문이었다.

오늘날 러시아 경제의 50%는 50~60개에 이르는 그룹이 좌지우지한다. 그러한 그룹을 통솔하는 자들이 바로 올리가르히다. 올리가르히 중에서도 가장 영향력 있는 존재가 호도르코프스키다. 참고로 올리가르히 세력은 국영 기업이 경매로 넘어간 후 10년 동안은 정권과 밀월관계를 유지했으나 푸틴 대통령 집권 이후에는 고단한 세월을 보냈다. 정부가 올리가르히 '진압'에 나선 것이다. 예를 하나 들자면, 호도르코프스키는 정치에 관여하려는 생각으로 푸틴 대통령을 몇 번이고 거듭 비판했고 급기야 2004년에는 스스로 대통령선거에 출마하겠다며 정부를 위협했다. 기세는 등등했으나 그 말로는 비참했다. 러시아 정부가 수십억 달러의 세금을 납부하지 않았다는 이유로 그를 기소한 것이다. 푸틴에 대항해 출마하려 했던 것이 화근이었던 셈이다. 호도르코프스키는 지금 시베리아 교도소에서 복역 중이다. 러시아 역사상 처음으로 올리가르히가 처벌을 받고 몰락하자 위협을 느낀 다른 올리가르히들은 너도나도 영국과 스위스 등으로 도망가듯 출국했다. 정치에서 손을 떼고 재산이나 온전히 지키는 편이 신상에 좋겠다는 속내였을 것이다.

다시 옐친 시대로 돌아가자. 그가 집권하는 동안 러시아 경제는 붕괴했고 사람들은 곤경에 빠졌다. 당연히 옐친의 지지율도 9%까지 떨어졌다. 하지만 옐친은 재선에 성공했다. 나라를 도탄에 빠트리고도 다시 대통령에 당선되다니, 어떻게 그런 일이 생길 수 있었을까? 바로 옐친의 대항마가 '공산주의'였기 때문이다. 올리가르히들은 스위스 다보스에 모여 공산주의자의 당선을 적극적으로 저지하기로 중지를 모은다. 공산주의 정권이 들어서면 가장 먼저 자신들의 재산이 몰수당할 것이 뻔했기 때문이다. 그래서 그들은 옐친 지지로 방향을 선회했고 그의 재선을 돕고자 선거 운동에 막대한 자금을 투입했다. 자신들이 소유한 신문, 라디오, TV 매체를 통해 옐친 지지를 천명했다. 1996년, 그들의 바람대로 옐친은 근소한 표차로 재선되었고 임기는 4년 연장되었다.

그러나 경제는 개선될 조짐이 전혀 없었고 오히려 더 악화되었다. 급기야 서방 국가로부터 너무나 많은 돈을 빌렸던 러시아는 1998년에 재정 위기를 맞는다. 이에 정부는 자금을 조달하고자 국채를 발행했고 서방 국가들은 러시아 국채를 샀다. 그러나 해가 넘어가기도 전에 러시아의 재정은 바닥나 버렸고 대외 채무를 갚을 능력을 상실한다. 멕시코나 인도처럼 채무불이행 상태에 빠진 것이다. 경제 재건이 무엇보다 절박한 과제였으나 이처럼 대외채무 상환에 급급했으니 정부의 대처 능력은 떨어질 대로 떨어진 상태였다. 그런 와중에 과도한 음주에 빠진 옐친이 국제회의에서 추태를 부리면서 러시아의 국격은 바닥까지 추락한다.

1998년부터 이듬해인 1999년까지 러시아 내각(총리)은 네다섯 번에 걸쳐 물갈이된다. 옐친이 마지막에 선택한 인물은 KGB에서 근무한 이력이 있는 블라드미르 푸틴Vladimir Vladimirovich Putin, 1952~이었다. 그는 야망이 큰 사내였으니 수개월 동안 총리로 일하면서 자신에게 부여된 지위가 아주 흡족했으리라 짐작한다. 한편, 옐친은 병세 악화를 이유로 스스로 대통령에서 물러나고 새 총리인 푸틴을 대통령 대행으로 지명한다. 홀연히 나타난 KGB 출신 관료가 아주 짧은 시간에 러시아 대통령이 된 것이다. 이 모든 일이 옐친의 임기가 끝나기 3개월 전에 순식간에 이루어졌다. 푸틴은 2000년 대통령직에 오르자마자 체첸 혁명[4]을 엄격히 탄압했다. 진압 과정에서 수많은 체첸인이 사살되었지만, 푸틴은 러시아 국민으로부터 큰 지지를 얻었다. 그리고 2004년, 푸틴은 재선에 성공한다.

무너지는 경제

푸틴이 무엇을 이뤄냈는지 말하기 전에 푸틴이 정권을 잡았을 당시 러시아 경제 상황을 정리해 보자. 우선 러시아는 자금이 고갈된 상태였다. 공공 업무에 필요한 자금이 부족하다 못해 아예 없었으며 거래는 대부분 바터barter 즉, 물물교환으로 이루어졌다. 1988년까지 전체 거래의 70%가 물물교환으로 이루어졌다. '정부가 탱크를 발주하면 전차를 제조한 회사는 돈 대신에 닭을 받는다.' 이런 농담이 통할 정도로 러시아의 경제 위기는 심각했다.

자금 조달의 원천이었던 원재료를 전부 팔아치운 정부는 아나나

---

[4] 체첸 공화국의 독립을 둘러싸고 러시아와 체첸공화국이 벌이는 전쟁과 폭력사태. 1994년부터 현재까지 계속되고 있다.

다를까 금세 곤경에 빠졌다. 정부기관이 하나둘 쓰러지기 시작했다. 공산주의 정권하에서 제대로 기능하던 건강보험제도가 중단되면서 병원과 진료소마저 폐쇄되었다. 대학 역시 정부지원금이 끊어지면서 의학도들과 생물학자들이 연구 자금이 없어 발만 동동 굴렀다. 사법제도도 완전히 붕괴되었다. 아니, 애당초 서구처럼 계약에 근거한 사법제도가 존재하지 않았다. 그러다 보니 재판소도 부패했다. 세금 제도도 엉망이었다. 세금을 거두려 애썼지만, 국민은 마땅히 세금을 내야 한다는 인식조차 없었고 부패한 기업은 어떻게 해야 세금을 안 낼까만 궁리하는 듯했다. 나아가 세금을 징수하는 일은 목숨을 건 임무였고 실제로 많은 이들이 목숨을 잃었다. 그러는 새에 조직범죄도 판을 쳤다. 올리가르히들은 당연하다는 듯 조직범죄에 발을 담갔으며 사람 목숨을 파리 목숨처럼 여기는 러시아 마피아들까지 날뛰었다. 음주 문제도 심각했다. 러시아인들은 원래 술을 많이 마시기는 했지만, 1990년대부터 2000년대까지는 도가 지나칠 정도였다.

이렇듯 러시아 정부 조직은 붕괴했고 어느 것 하나 제대로 기능하지 않으면서 정체 상태에 빠져 있었다. 옐친 정권은 러시아의 민주화를 이룩하고 나아가 자본주의와 자유주의 국가로 탈바꿈하겠다는 원대한 희망을 품었지만, 제대로 된 기구와 조직이 없다 보니 당시 옐친 정부에게 국가 통합은 소원한 꿈처럼 여겨졌다. 그들은 제대로 기능하는 조직을 구축하기가 얼마나 어려운지 알지 못했던 것 같다.

1991년부터 1998년까지 러시아의 실질 GDP는 55%나 하락했다. 경제가 완전히 무너졌음을 의미하는 수치다. 투자는 142%나 감소했다. 누구 하나 투자하려는 이가 없었다. 루블화 가치가 하락했고 사람들의 소득도 감소했다. 공산주의 시대에 받아 놓은 연금이 조금 있었지만, 일 년 치 연금으로는 고작 일주일 치 식량을 살 수 있었다. 자유가 많이 보장되면 보장될수록 물가는 상승했지만, 소득은 고정되었고 그나마 호주머니에 들어있는 돈의 가치도 나날이 하락했다. 1980년대와 1990년대, 러시아 출신 유학생들은 생활비를 번다는 명목으로 뱅크오브아메리카나 시티뱅크에서 돈을 빌려 매달 필요한 일용품을 사서 고향에 있는 부모님에게 보내고는 했다. 고향집의 생활을 꾸려나가려면 그 수밖에 없었다. 그 정도로 사태가 심각했다. 러시아는 무역수지 적자뿐 아니라 거액의 경상수지 적자까지 냈고 결국 서방 세계로부터 자금을 차입해야 했다. 때문에 러시아는 높은 이율의 국채를 발행했고 서구 기업들이 그 국채를 샀다. 그러나 곧 잘못된 판단이었다는 것을 깨달았다.

　이 시기의 정부 재정은 말로 설명할 수 없을 정도로 심각했다. 돈이 씨가 마른 상태였다. 러시아라 하면 흔히 군사대국을 떠올리지만, 1990년대 러시아는 병사에게 지급할 임금도 없어 쩔쩔맸다. 그토록 자랑하던 원자력 잠수함은 하나둘 바다로 가라앉았다. 일본 북쪽 해역에서도 원자력 미사일을 탑재한 러시아 잠수함이 한 대 가라앉았는데 아직 인양되지 않았다. 함대는 군항에서 녹슨 채 방치되었다. 다만, 대륙간탄도미사일만큼은 가동할 수 있는 상태로 유지했을 것이라 생각한다. 아무튼 러시아의 모든 것이 악화되고 붕괴되어 갔다.

푸틴의 국가 전략 "강한 국력이 개인에게 자유를 부여한다"

옐친 정권을 물러나고 푸틴이 정권을 장악했을 때 강한 정부가 필요하다는 사실은 어린아이라도 알 만한 사실이었다. 적어도 세계는 그렇게 생각했었고 푸틴 자신도 깨닫고 있었다. 대통령 취임 당시 푸틴은 '2000년의 러시아'라는 제목의 연설에서 이렇게 말했다.

"러시아는 강한 국력이 필요하다. 국력이 저하되고 있어 국민의 우려가 크다. 국력이 강해지면 개인은 좀 더 자유로워질 것이다."

즉, 러시아인들이 어떠한 수준의 자유를 바라든 나라와 조직을 재건하지 않으면 절대로 자유를 얻을 수 없다는 취지의 연설이었다. 올바른 생각이었다. 취임 후 푸틴이 가장 먼저 착수한 일은 83개의 공화국과 주를 승인하는 작업이었다. 그는 해당 지역을 7개로 구분하고 각 지역을 통치하고자 심복들을 파견했다. 모두 푸틴으로부터 사령을 받은 KGB와 군대 출신 인사였다. 아울러 푸틴은 새로운 법률을 제정하고, 거시경제를 운영했으며, 통화 공급량을 관리해 루블화 환율 하락에 힘썼다.

국가 자원을 회수하다

2001년에 발생한 9·11테러 이후 석유 가격이 급등하자 러시아는 급속도로 성장하기 시작했다. 그러나 러시아에 투자한 해외 자원회사들은 손실을 보았다. BP$_{British\ Petroleum}$를 비롯한 해외 석유기업은 러시아의 문호가 열리자 투자를 시작했지만, 러시아의 정교하면서도 교묘한 세금 제도로 인해 총수익의 100% 이상을 세금으로 납부해야만 했다. 결국 BP는 5억 달러나 되는 손실을 냈다. 또 다른 석유회사 쉘Shell 역시 지금까지 사할린의 천연가스 프로젝트에 200억 달러나 투자했으나 보유 주식의 1/4을 러시아 정부에 도로 빼앗기고 말았고, 지금까지도 러시아 정부의 지배 아래에 있다. BP의 프로젝트도 같은 실정에 처했다. 그뿐 아니다. 앞에서 언급했듯 푸틴은 호도르코프스키를 투옥하면서 거대 자산인 유코스를 압수했다. 유코스는 러시아 정부의 관리를 받으며 천연가스 기업으로 바뀌었고 지금은 사우디아라비아의 아람코에 이어 세계 2위의 에너지 기업으로 성장했다. 석유 기업 로즈네프트Rosneft도 유코스와 같은 길을 걸었다. 이렇듯 푸틴은 경매로 헐값에 팔려나갔던 국가 자산을 하나둘 다시 환수하기 시작했다.

러시아의 자원 전략과 과제

과정이야 어떻든 러시아는 채무를 줄였으며 석유로 올린 수입을 투자하고자 안정화 기금을 창설했다. 잠깐 설명한 바 있지만, 자원을 대량으로 수출하는 자원국은 으레 자국의 통화 가치가 크게 올라가기 마련이므로 제조업 경쟁에서 이기기가 어렵다. 무엇보다 수출길이 막힌다. 네덜란드가 제1차 석유파동 후에 경험했듯 경제 성장이 멈추는 것이다. 러시아의 안정화 기금은 '네덜란드병Dutch Disease'[5]을 앓지 않기 위한 방책이었던 셈이다. 이렇듯 경제는 7% 성장했지만, 인플레이션은 여전히 억누르지 못한 채였다.

석유와 천연가스 수익이 발생하자 루블화 가치가 상승했다. 이 시

---

5 자원이 풍부한 나라가 자원 수출로 인해 일시적으로는 경제 호황을 누리지만 결국 물가와 통화 상승으로 국내 제조업이 쇠퇴하고 수출에 어려움을 겪어 경제 침체를 겪는 현상을 말한다.

기에 러시아는 유럽 최대의 천연가스 공급자였다. 지금도 러시아의 거대한 파이프라인이 독일, 프랑스, 이탈리아, 네덜란드, 벨기에를 돌며 대량의 천연가스를 수송한다. 러시아의 석유 역시 전 세계로 팔려 나간다. 러시아는 OPEC에 가입하지 않았지만, 사우디아라비아에 이어 세계 2위의 석유 산출국으로 1일 생산량이 400만~600만 배럴에 달한다. 하지만, 세계 최대의 천연가스 매장량을 자랑하면서도 그 윤택한 자원을 자금으로 삼아 지속적인 석유 생산을 위한 사업에 충분히 투자하지 않는다는 점은 앞으로 풀어야 할 과제다. 석유를 채굴하고 유전을 유지하려면 계속 더 많은 자금을 투입해야 마땅한데 다른 분야에 자금을 써버린 탓에 정작 큰 성장이 예기되는 분야에는 자금이 제대로 투입되지 않고 있다.

여전히 풀어야 할 숙제는 많았지만, 러시아 경제가 잘 돌아가고 있다는 것만큼은 부인할 수 없는 사실이었다. 그런데 2008년에 접어들자 러시아도 세계금융위기의 여파에서 벗어나지는 못했다. 대부분 러시아 은행이 금융위기의 단초를 제공한 고리스크 금융상품에 투자하고 있었기 때문에 부동산 거품과 신용 거품이 발생한 것이다. 석유와 천연가스의 수요마저 급격히 줄었고 가격은 폭락했다. 러시아 정부 세입의 절반 이상을 차지하던 석유 및 천연가스 수입이 거짓말처럼 끊어져 버렸고, 급기야 2009년에는 대규모 흑자가 단숨에 적자로 돌아선다. 적자는 GDP 대비 5.4%까지 달했다.

의회는 대규모 경기부양책을 가결했으나 루블화의 폭락은 막지 못했다. 러시아는 외환보유액 2,000억 달러를 경제 안정화에 투입하기로 했다. 그러면 2010년 성장률이 낮아도 1.5%에는 도달하리라는 예상에서 비롯된 긴급 조처였다. 또 석유 수입이 늘어나면 어느 정도 보탬이 되리라고 생각했다. 러시아의 외환보유액은 한때 5,980억 달러에서 3,780억 달러로 감소했지만, 2009년에 4,200억 달러까지 회복되었다. 이 회복세는 어느 정도 평가할 만하다.

2008년에 취임한 드미트리 메드베데프(Dmitry Medvedev, 1965~) 대통령은 대규모 구조 개혁에 착수할 시기가 되었다고 발언했지만 최근 몇 년 동안 러시아는 군비 증강에 자금을 투입했을 뿐이다. 그 결과, 국내 기구는 여전히 취약하고, 조직범죄도 여전히 횡행하며, 부의 분배도 불공평하다. 알기 쉽게 설명하자면, 미국보다 훨씬 나쁘고 중국과 대동소이한 수준이다. 소득 분배가 얼마나 불평등한지 나타내는 지니계수는 0.48을 기록했다. 하지만, 러시아인들은 아무리 실업률이 상승하고 심각한 불경기에 빠져도 푸틴이나 메드베데프를 질책하지 않는다. 그들이 지지받는 까닭은 오직 하나다. 앞으로 경제가 확실히 성장할 수 있도록 국정을 이끌어나가야 하는 중책을 맡고 있어서다.

미국과의 새로운 관계 구축을 위해

알다시피 미국과 소련은 세계를 좌우지하는 양대 강국으로 불렸었다. 지금은 어떤가? 푸틴의 러시아와 미국과의 관계를 정리해 보자. 9·11테러가 발생했을 때 부시에게 가장 먼저 전화한 사람은 다름 아닌 푸틴이었다. "러시아는 미국의 우방국입니다." 푸틴의 이 한마디를

---

6 지니계수가 0에 가까우면서 낮을수록 소득 분배가 잘됨을 나타낸다. 0.4를 넘으면 소득 분배의 불평등도가 심각한 축에 속한다.

계기로 미국과 러시아는 수년 동안 새로운 관계를 구축하게 된다. 미국과의 관계가 호전되면서 러시아는 훨씬 더 자유로워졌고 옐친 시절보다 상황이 호전되었다. 하지만, 정작 미국은 러시아의 재건에 결정적 도움이 될 만한 자금을 빌려주지 않았다. 이와 같은 미국의 태도에 러시아는 크게 실망했을 것이고 실제로도 힘든 시절을 겪었다. 러시아는 자본주의 국가로 거듭나고자 피나는 노력을 했지만, 유럽과 미국을 비롯한 서방 세계로부터는 실질적 원조를 받지 못했다. 그러나 푸틴은 미국에 끊임없이 우정을 표했다. 국력을 강화하고, 새로운 법률을 제정하고, 미국과의 관계를 쇄신했다.

그러나 푸틴도 민감했던 사안은 있었다. 방위 측면에서 미국과 러시아가 핵무기 감축에 관해 합의한 사안이다. 푸틴은 과거 레이건과 아버지 부시가 구축한 미사일 방어 계획은 인정하지 않았다. 1980년대 레이건은 레이저를 사용해 미사일을 격추하는 프로그램을 발족했으며, 부시는 러시아 국경 지역에 해당하는 폴란드와 체코에 이란의 움직임에 대비한 미사일 방어 시설을 건설한다고 발표했다. 이란을 겨냥했다지만, 정작 세계지도를 펼치면 미사일 시설은 러시아와 인접했으니 그 의도는 굳이 설명하지 않아도 짐작이 간다. 그러니 푸틴이 격노하는 것은 당연했다. 소련이 붕괴하자 이제는 그 누구도 러시아를 세계적인 대국으로 취급하지 않는다는 사실에 당황해 마지않았다. 미국은 러시아의 심기를 구태여 건드릴 필요는 없다 생각했는지, 곧 국경 지역에다 미사일 방어 설비를 건설하지 않겠다고 발표했다. 그러자 러시아의 우려도 다소 수그러들었다.

한편, 미국은 벨라루스, 그루지야, 우크라이나 등 악화 일로인 러시아 주변 지역의 상황이 신경 쓰였다. 그루지야는 러시아와 전쟁까지 벌였다. 미국은 러시아와 주변국 사이에서 끊임없이 분쟁이 발생하자 심히 우려했으나 딱히 개입하지는 않았다. 러시아인들은 이와 같은 지역이 러시아의 일부로 남아야 마땅하며 최소한 러시아에 충성을 맹세해야 한다고 여긴다. 아무튼, 러시아를 자극하고 싶지 않았던 오바마 대통령은 우크라이나와 북대서양조약기구$_{NATO}$[7]의 가입 협상을 중단했고, 폴란드와 체코에 장거리 미사일 방어 시설을 건설하지 않겠다고 표명했다. 현재는 러시아와 전략 병기 감축을 의제로 협의 중이다. 그 결과, 미국과 러시아의 관계는 크게 개선되었다.

자원 외교로 시선을 돌려보자. 미국과 유럽 모두 러시아의 자원이 필요하다. 러시아 역시 에너지자원 공급에 공을 들인다. 카자흐스탄까지 이어진 가스 파이프라인을 보유했으며 유럽에 천연가스를 더 쉽게 공급하고자 발트해를 통과하는 파이프라인 '노르드 스트림'도 한창 건설 중이다.

러시아는 북한 문제를 둘러싸고도 6자 회담을 통해 미국과 협력해 왔다. 유일하게 양국의 이견이 갈리는 쟁점은 이란 문제다. 미국은 러시아가 이란의 핵개발과 관련해 압력을 가하기를 원해 마지않지만, 러시아는 이란과 에너지 협정을 체결했기 때문에 이란을 적극적으로 제재하지 않으려 한다. 오히려 이란을 중동의 동맹국으로 삼고자 기회를 엿보는 듯하다. 아울러 러시아는 에너지 문제와 관련해 유럽을

---

[7] 1949년 공산주의의 위협에 대처하기 위해 워싱턴에서 조인된 북대서양조약을 기초로 미국, 캐나다, 유럽 10개국 등 12개국이 참가해 발족시킨 기구.

비롯한 세계 시장과의 관계를 중시하고 나아가 중국과의 균형까지 꾀하고자 전략을 짜고 있다.

러시아와 유럽의 관계에 대해 잠시 언급하자. 사실 러시아는 자신들이 슬라브 국가이지 유럽에 속한 국가가 아니라고 생각한다. 실제로 대부분 러시아인은 슬라브족이니 슬라브 국가가 맞다. 다만, 러시아와 마찬가지로 슬라브족이 많은 폴란드와 체코는 동유럽으로 간주되며 라트비아, 리투아니아, 에스토니아도 한때 러시아에 속했으나 현재는 EU에 가입했다. 유럽이 러시아를 공격할리가 없겠지만, 지금도 러시아는 NATO를 의식하면서 군사 관계에 대해 우려를 안고 있다. 유럽을 경계해야 할 이유는 전혀 없는데도 말이다.

사실 러시아가 미국을 경계할 필요도 없다. 왜냐면 앞으로 최대 문제는 중국이기 때문이다. 러시아는 석유와 천연가스 파이프라인을 중국 동부에 건설하는 안건을 둘러싸고 최근 몇 년 동안 중국과 협의를 계속해 왔지만, 여전히 합의점을 찾지 못했다. 중국의 미사일은 러시아의 존재를 의식해 배치되었으며, 러시아의 미사일은 서방 국가와 중국을 향해 있다. 중국은 러시아와 인접한 대국이며 양국 관계는 아직 제대로 정립되지 않았다. 중국은 미국뿐 아니라 러시아에도 크나큰 존재다.

LECTURES TO MOVE THE WORLD IN HARVARD

유럽연합 Europe Union

벨기에 Belium
프랑스 France
독일 Germany
이탈리아 Italy
룩셈부르크 Luxembourg
네덜란드 Holland
덴마크 Denmark
아일랜드 Ireland
영국 Uk
그리스 Greece
포르투갈 Portugal
스페인 Spain
오스트리아 Austria
핀란드 Finland

스웨덴 Sweden
폴란드 Poland
헝가리 Hungary
체코 Czech
슬로바키아 Slovakia
리투아니아 Lithuania
라트비아 Latvia
에스토니아 Estonia
키프로스 Cyprus
몰타 Malta
불가리아 Bulgaria
루마니아 Rumania
크로아티아 Croatia

제 4강

유럽연합

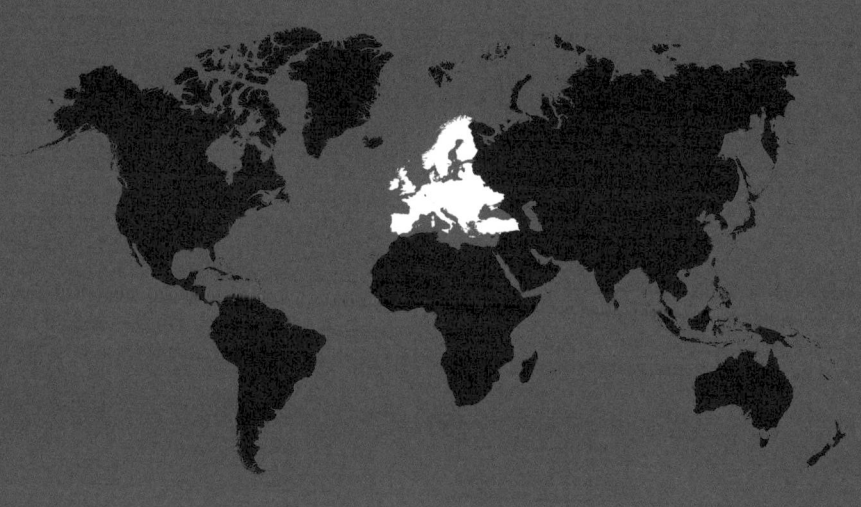

 LECTURES TO MOVE THE WORLD IN HARVARD

세계화라는 관점에서만 보면 유럽은 세계 어느 지역보다도 발달한 지역이다. 유럽연합EU 과 유로화 통합은 가장 진전된 세계화 현상이며 어쩌면 30년 후의 북미와 아시아가 유럽과 같은 길을 걸을지도 모른다. 동서고금을 막론하고 무력을 통한 강제 합병이 아닌 독립국이 스스로 원해서 주권을 내놓고 타국과 통화를 통합하거나 새로운 형태의 국가 형성에 동의한 사례는 전무하다. 따라서 유럽 통합은 그야말로 새로운 유형의 사례다.

이번 시간에는 EU라는 새로운 '국가'에 대해 짤막하게 언급하고 제품, 서비스, 자본, 노동력의 통합에 대해 자세히 설명하겠다.

양날의 검
연합

통합에 이르기까지

　유럽을 하나로 통합한다는 구상은 2차 세계대전이 끝난 후에 윈스턴 처칠Winston Churchill, 1874~1965이 "유럽 국가는 앞으로 서로 공격해서는 안 된다."라고 깨달았을 무렵으로 거슬러 올라간다. 지난 수백 년 동안 유럽에서는 수많은 전쟁을 치렀고 그 결과, 유럽 전역은 크나큰 타격을 받으며 서서히 침몰했다. 1946년 처칠은 미국에서 '유럽합중국'이라는 주제로 연설했다. 사실 그전에도 경제 통합을 원하는 관료들은 많았지만, 실제로 움직임이 나타나기 시작한 계기는 바로 처칠의 연설이었다.

　1951년에 프랑스, 서독, 이탈리아, 벨기에, 네덜란드, 룩셈부르크가 유럽석탄철강공동체European Coal and Steel Community, ECSC를 창설했다. 6개국 사이의 석탄 및 철강 거래에 관세 혜택을 적용한다는 내용이었는데 이것이 큰 성과를 올렸다. 이어서 6개국은 1956년에 유럽경제공동체European Economic Community, EEC를 결성했고 1957년에는 로마조약을 발효했다. 로마조약의 궁극적인 목적은 자유무역지대의 창설이었으며 앞으로 12년 동안 관세를 0%까지 낮춘다는 내용으로 작성되었다. 실제로 1967년에 출범한 유럽공동체European Community, EC 역내의 관세 장벽은 1968년 7월 1일부터 사라졌다. 무역 장벽을 철폐한 사례는 전무후무했으므로 아주 큰 의미가 있는 사건이었다. 그리고 첫 시도임에도 순조롭게 진행되었다. 한편, 프랑스는 1962년에 평균 시세보다 다소 비싼 자국의 농산물을 EC 이외의 국가에서 수입되는 농산품으로부터 보호하기 위해 공동농업정책을 마련해야 한다고 주장했다. 그 결과, 같은 해에 공동농업정책이 탄생했고 최근까지도 매해 수십억 유로에 달하는 거액의 보조금이 책정되고 있다. 그로 인해 유럽 이외 지역에서 생산되는 농산품은 시장에서 모두 퇴출됐고 유럽의 물가는 유지되었다.

　1979년에는 프랑스와 독일이 손을 잡고 유럽통화시스템European Monetary System, EMS을 창설했다. 유럽 각국 통화의 환율이 일정 범위 내에서 제한되도록 각국의 중앙은행이 공조하는 시스템이다. 이것은 역외 통화, 달러 가치 변동으로부터 역내 참가국의 통화를 보호하고 가맹국간 환율의 경쟁적 평가절하를 경계하여, 역내 경제발전을 도모하고자 한 것이었다. 구체적으로는 프랑스 화폐를 비롯한 4개국의 화폐 단위를 독일 마르크에 대한 평가 ±2.5%의 변동폭 내에서 연동하기로 합의한 것이다. 사실 EMS에 합의한 프랑스의 목적은 인플레이션 억제였다. 독일 정부는 마르크의 가치가 2.25% 이상 상승하면 공정금리[1]를 낮추어 일정한 범위에서 통화 가치를 유지하려 했다. 독일 마르크에 연동된 EC 가맹국의 통화 역시 같은 범위에서 움직였다. 독일 중앙은행은 항상 인플레이션율의 변동에 주목했고, 그 후 5~6년 동안 유럽 국가들은 인플레이션을 억제할 수 있었다.

1986년에는 단일유럽의정서 Single European Act 가 가결되었다. 여기에 참가한 나라는 독일, 프랑스, 덴마크 등 12개국이었다. 제품, 서비스, 노동력이 역내를 이동할 때는 그 장벽을 낮추자는 것이 단일유럽의정서의 주요 목적이었다. 승용차, 철도의 레일폭 등 나라마다 다른 수천 개의 규제를 1992년까지 단계적으로 통일해 통합된 경제권을 구축한다는 내용이었다. 이렇듯 유럽 통합은 호조의 출발을 보였다. 하지만 여전히 현재진행형이긴 하다. 수백 개에 달하는 신규 제안이 끊임없이 쏟아지기 때문이다.

어째서 유럽 각국은 그토록 훌륭히 보조를 맞출 수 있었을까? 유럽 국가들이 보여준 결속된 움직임의 배경에는 일본과 미국과 경쟁해서 이길 수 없으리라는 위기감이 있었다. 1980년대 일본과 미국은 인플레이션, 고용, GDP 등 모든 부분에서 유럽 국가보다 앞서 있었다. 그 점을 시샘한 유럽인들은 각 나라를 통합해 대규모 시장을 창출하고 모든 기업을 민영화해 경쟁력을 키워야만 비로소 같은 선상에서 그들과 경쟁할 수 있다고 생각했다. 다만, 순조롭게 진행되기는 했으나 충분한 수준은 아니었다.

---

[1] 중앙은행이 시중은행에 자금을 빌려줄 때 적용되는 금리, 금융시장의 표준금리다. 통화공급을 조절하는 수단.

유로의 탄생

　유럽 각국의 관료들은 유럽을 하나의 통합된 국가로 구축하고자 노력했지만, 여전히 부족한 면이 많다는 점을 깨닫고 1992년 네덜란드 마스트리흐트에 모여 회의를 연다. 그리고 EC에서 한 단계 발전한 유럽연합(European Union, EU)이 탄생했다. 1992년에 12개국이 조인한 마스트리흐트 조약에는 1997년이나 1999년에 화폐 단위를 통합한다는, 놀라움을 금치 못할 내용이 포함되어 있었다. 단, 화폐 통합에 참여하려는 국가는 몇 가지 기준을 충족해야만 했다.

　마스트리흐트 조약에서 규정한 기준은 다음 다섯 가지였다. 첫 번째, 자국 통화 환율의 변동폭을 유럽 통화 평균의 2.5% 범위 이내로 유지할 것. 두 번째, 인플레이션 상승폭을 가장 낮은 3개국 평균의 1.5% 이내로 낮출 것. 세 번째, 공정금리를 가장 낮은 3개국 평균의 2% 이내로 낮출 것. 네 번째, 정부 재정 적자를 GDP의 3% 이내로 줄일 것. 다섯 번째, 정부 채무를 GDP의 60%까지 줄일 것.

　채무가 GDP의 110%에 달해서 도저히 실현 불가능한 국가도 있었다. 따라서 1995년부터는 기준에 미치지 못한 국가라도 올바른 방향으로 개선되고 있다고 판단되면 일시적으로 통합을 허용했다. 마스트리흐트 조약의 기준은 물가상승률이 높은 나라에서 큰 효과를 올렸다. 예를 들어 이탈리아에서는 인플레이션이 억제되었고 공정금리도 인하되었다. 재정 적자도 줄었다. 교묘하게 수치를 조작하기는 했지만, 1998년에는 그리스를 제외한 모든 국가가 재정 적자를 3% 이하로 줄일 수 있었다.

1999년 1월 1일에는 11개국이 참가해 통합 화폐 유로$_{Euro}$를 발족했다. 기준을 충족하지 못한 그리스는 1년 6개월 후에 참가했는데 이로써 유로를 사용하는 국가는 12개국으로 늘어난다. 당시 EU 가입국은 15개국이었으나 영국, 덴마크, 스웨덴은 기준을 충족했음에도 유로의 사용을 거부하고 자국 통화를 계속 사용했다.

아울러 재정 적자를 GDP 대비 3% 이하로 억제하고 1998년부터 2002년까지 적자를 0%로 낮출 것을 각국에 요구하는 안정 성장 협정도 가결되었다. 이 협정에는 조건을 충족하지 못하면 GDP의 0.5%에 상당하는 제재금을 부과한다는 엄격한 벌칙 조항도 담겼다. 그러나 알다시피 2000년, 2001년, 2008년, 2009년에 경기가 침체했을 때 대부분 국가는 안정 성장 협정을 위배할 수밖에 없었다.

이탈리아는 무려 5년 동안 협정을 위반했고 독일과 프랑스도 예외는 아니었다. 이에 EU는 제재금을 부과하려 했으나 각국 정부가 EU를 탈퇴하겠다고 위협하면서 납부를 거부하는 바람에 결국 제재금은 부과되지 않았다. 하지만 협정은 재정 적자를 낸 국가들에 크나큰 압박으로 작용했다. 한 나라가 거액의 적자를 내면 화폐 통합이 물 건너갈 뿐 아니라 그 나라의 적자를 다른 나라가 메워야 한다는 사실을 깨달았기 때문이다.

2004년에 접어들자 유럽의 통합 과정은 새로운 국면을 맞이한다. 놀랍게도 EU가 동유럽 10개국의 가입을 승인한 것이다. 라트비아, 리투아니아, 에스토니아 등 구소련 국가에 이어 몰타, 키프로스, 폴란드, 체코, 슬로바키아, 슬로베니아, 헝가리가 차례로 가입하면서 EU 가입국이 총 25개국으로 늘어났다. 2007년에는 불가리아와 루마니아가 가입해 27개국으로 늘어났다. 이 가운데 몇 개국은 화폐 통합에 참여했으나 여타 대부분 국가는 아직도 기준을 충족하지 못했다.

다소 부족한 설명이었지만, 여기까지 유럽 통합의 역사를 간단히 살펴보았다.

통합의 이유

이쯤에서 통합의 의의에 대해 정리하자. 통합의 가장 중요한 목적이자 이유는 다름 아니라 각 나라가 유럽의 평화를 간절히 원했기 때문이다. 1870년대에 독일이 프랑스를 침공해 수많은 사람이 목숨을 잃었다. 스스로 고통을 자초하는 일에 유럽인들은 이력이 난 상태였다. 그래서 떠올린 아이디어가 경제 통합이었다. 단일 경제권을 형성하면 인근 국가를 공격하는 행위는 결국 자국을 도탄에 빠지는 일이므로 두 번 다시 서로 공격하지 않으리라는 생각이었다. 두 번째 이유는 일본, 미국과 경쟁해야 했기 때문이다. 규제를 완화하고 민영화를 실시해 대규모 경제권을 구축해야 한다는 필요성을 느낀 것이다. 세 번째 이유는 사회보장 프로그램의 축소였다. 유럽에는 더없이 세련된 사회보장 프로그램이 있었지만, 그로 말미암은 재정 부담도 너무나 컸다. 복지 증대가 쾌적한 환경을 보장해준다는 사실은 틀림이 없지만, 복지비용으로 투입되는 자금이 워낙 방대해서 일본이나 미국과 대등하게 경쟁하는 데 필요한 자금은 턱없이 부족했다. 유럽 통합을 통해 경쟁의 장으로 스스로 나아가고 사회보장 비용을 조금이나마 긴축하자는 의도가 있었다.

　알다시피 대부분 유럽 국가는 민주주의 국가였지만, 유럽이 통합되면서 한 나라만의 민주주의가 아닌 브뤼셀[2]을 중심으로 한 더욱 큰 공동체 정치로 전환되었다. 사실 그러한 공동체 정치에 쉽사리 참여하지 못한 나라도 있었다. 특히 영국은 마가릿 대처Margaret Thatcher, 1925~ 정권하에서 개혁을 단행했는데 EU 통합 때문에 한창 진행 중인 개혁을 단념할 수는 없었다. 게다가 영국은 금융 규제 완화가 가장 진척된 나라로, 자국의 개혁을 포기하고 프랑스나 독일처럼 된다면 국력이 약해지지 않을까 하는 불안감도 있던 것 같다.

복잡한 EU 조직

　이제부터는 다섯 개 부문으로 구성된 EU 정부의 복잡한 시스템에 대해 설명하자.

　첫 번째, 유럽이사회European Council는 EU의 정치 시스템에서 미국의 상원과 같은 역할을 담당한다. 각 가입국의 수장이 구성원으로 참가해 정치적 방침을 협의하는 기관이다.

　두 번째는 브뤼셀에 있는 유럽연합이사회Council of the EU(구 각료이사회)로 EU의 입법 기관에 해당한다. 유럽연합이사회 회의에는 가입국의 분야별 각료들이 참석한다. 유럽환경이사회에는 각국 환경장관들이 모이며, 유럽외교이사회에는 외무장관들이 모인다. 유럽위원회가 제정하는 수백 개의 제안은 후에 이사회의 승인을 얻어야만 한다. 결

2　EU의 본부가 있는 벨기에의 도시.

국, 이사회는 각국의 이익을 대표하는 셈이다. 그러다 보니 몇 차례에 걸쳐 이견을 조율하다 보면 한 개 안건이 이사회를 통과하는 데 2, 3년씩 걸리기도 한다.

유럽위원회_European Commission_는 법안의 작성, 조약의 이행과 감시, 정책의 집행이라는 세 가지 기능을 담당한다. 위원은 각국에서 한 명씩 선출되며 임기는 5년이다. 근무 직원이 무려 15,000~16,000명에 달하는 거대한 관료 조직이다.

네 번째 설명할 조직은 유럽의회_European Parliament_다. 처음에는 유럽이사회의 자문기관으로 설립되었으나 지금은 권한이 강화되어 법안의 채택, 수정, 부결을 이사회와 공유한다. 각국에서 민주적 방식으로 선출된 735명의 위원이 속했으며 본부는 프랑스 스트라스부르에 있다. 유럽회의의 권한으로 유럽위원회의 위원을 파면 또는 해산할 수 있다. 아직 파면 사태는 빚어지지 않았지만, 2000년과 2001년에 유럽위원회의 부패 사건이 발생했을 때 위원이 스스로 물러나지 않으면 유럽회의가 나서서 당사자들을 제적하겠다는 움직임을 보인 바는 있다.

독일 프랑크푸르트에 거점을 둔 유럽중앙은행_European Central Bank, ECB_도 핵심 조직 중 하나다. 유로를 관리하기 때문에 그 권한은 막강하다. 가장 중요한 임무는 인플레이션을 2% 이내로 억제하는 일이다. 사실 나머지 일은 거의 안중에 없다고 봐도 무방하다.

마지막으로 유럽사법재판소_European Court of Justice_도 빼놓을 수 없다. 네덜란드 헤이그에 거점을 두고 15명의 재판관이 EU의 규칙을 둘러싸고 발생하는 국가와 국가 혹은 국가와 기업 사이에 발생하는 분쟁을 처리한다. 유럽사법재판소는 창설 이후 10~20년까지는 그 권한이 제한적이었으나 지금은 그 판례가 유럽연합의 운영에 커다란 영향을 미친다. 유럽사법재판소의 판례를 통해 탄생한 중요한 원칙 중 하나가 바로 '역내 상호 승인 원칙'이다.

과일 잼의 수출입 규제를 들어 역내 상호 승인 원칙에 설명해 보자. A라는 나라는 과일 알갱이가 든 잼의 판매를 금지하고, B라는 나라는 알갱이가 없는 부드러운 잼의 판매를 금지한다고 가정하자. 그러던 어느 날, B국의 한 기업(B사)이 A국에 알갱이가 든 잼의 수출 허가를 신청했다. A국은 자국의 식품 규정에 맞지 않는 B사 제품에 수입 허가를 주지 않았고, B사는 유럽사법재판소에 제소했다. 이에 유럽사법재판소는 역내 상호 승인 원칙을 근거로 B사 제품의 수출을 허가했다. B사가 자국의 규정을 지켜 제품을 생산했다면 유럽 역내 어디에서든 자국과 똑같은 조건으로 제품을 팔 수 있다는 판결이었다.

이와 같은 판례가 속출하자 유럽 역내의 규제는 차츰 완화되었고 시장 경쟁도 격심해졌다. B사가 A국에서 알갱이가 든 잼을 팔 수 있다면, A국의 기업(A사)도 B국에 부드러운 잼을 판매할 수 있기 때문이다. 뿐만 아니라 A사는 자신들도 알갱이가 든 잼을 만들어 국내에서 판매하겠다고 주장할 것이고, 정부는 어쩔 수 없이 국내 기업에도 판매 허가를 내려줘야만 한다. 결국, 역내 상호 승인 원칙 때문에 유럽 시장이 순식간에 통합되는 셈이다. 이 원칙을 적용하면 불과 몇 년 동안 수천 개에 이르는 다양한 분야에서 규제가 완화될 뿐 아니라 금융 규제까지 줄어들 것으로 기대된다.

만약 영국의 은행이 프랑스에서 파생금융상품을 판매하기를 원한다고 치자. 프랑스는 그 상품의 판매를 인정하지 않는다지만, 그 은행은 이미 영국에서 허가를 받았으니 프랑스에서도 판매할 수 있다. 그러면 프랑스 은행도 프랑스 정부에 파생금융상품의 판매 허가를 요청할 것이다. 이는 수천 개에 달하는 규제를 철폐하기 위한 아주 현명한 방식이다.

단, EU는 환경 규제와 안전 규제처럼 최소한의 기준은 마련한 상태이므로 안이하게 상호 승인을 남발하지는 않을 것이다. 그렇다 해도 역내 상호 승인 원칙이 유럽 통합을 위한 아주 중요한 수단이자 변화에 큰 힘을 실어준 방법론이라는 사실에는 변함이 없다.

통합의 긍정적인 평가

그럼 이러한 통합은 실제로 어떤 영향을 미쳤을까? 아주 성숙한 경제 구조를 갖춘 유럽 역내 국가들의 성장률은 1~3% 정도로 낮았다. 물론 개중에는 석유 자원을 보유한 노르웨이처럼 매해 4~5%씩 성장하는 나라도 있다. 그리고 대체로 EU 가맹국의 실업률은 높은 편이다. 그래서 실업자를 보호하기 위한 사회적 법률도 많다. 이러한 배경 때문에 생산성은 원하는 만큼 향상되지 않고 경쟁력도 서서히 감퇴했다. 물론 EU의 모든 산업이 미국이나 일본보다 취약하지는 않다. 더구나 중앙은행이 신중하게 경제를 조절하므로 인플레이션율도 그리 높은 편이 아니다. 다만, 임금이 생산성을 웃도는 페이스로 상승했기 때문에 노동 비용은 높은 편다.

앞서 설명했듯 상품 무역에 관한 규제는 대폭 완화되었지만, 각국의 방침이 서로 다른 탓에 규제 완화를 저해하는 요소는 여전히 남았다. 자동차 산업을 예로 들자면 영국은 오른쪽에 핸들이 달렸지만, 다른 나라에서는 왼쪽에 핸들이 달렸다. 의약품 분야도 마찬가지다. 이탈리아 약국은 이탈리아 정부의 승인 없이 프랑스산 의약품을 수입해서는 안 된다. 그러나 언급한 규제도 추세에 따라 서서히 철폐되지 않을까 생각한다.

센겐협정 Schengen Agreement 으로 인적 자원의 이동도 자유롭다. 센겐협정은 1985년 프랑스와 독일, 벨기에 등 유럽 8개국이 체결한 협정으로 국가 간 인적자원의 자유로운 이동을 위해 역내 국경통제를 철폐, 공동비자 발급 등을 규정한 협정이다. 이로써 역내 국경을 이동할 때 잠시 멈춰 서서 여권을 보여주지 않아도 되며, 트럭 운전기사도 검문 시에 여권을 보여주지 않고도 국경을 통과할 수 있었다. 잠시 여담을 하자면, 언젠가 유럽에 들렀다가 열차의 객실칸에 탑승한 적이 있다. 세 명의 유럽인과 함께 탔는데 열차 직원이 유독 내게만 여권을 보여 달라고 했던 기억이 있다. 그의 눈에는 나만 미국인으로 보였던 걸까?

자본 규제 측면에서는 큰 진전이 있었다. 은행의 규제 완화는 단일유럽의정서가 조인되어 발효하기 이전인 1970년대부터 이미 시작되었으니 지금은 사업과 금융에 대한 규제는 대부분 철폐되었다 보아도 무방하다. 국채나 주식을 매매하거나 기업이 은행에서 자금을 차입할 때 등 역내 자본 이동에 관한 장벽은 존재하지 않는다. 예를 들어 이탈리아의 은행은 자국 기업과 같은 조건으로 영국 기업에 자금을 빌려줄 수 있으며 국채를 판매할 수도 있다.

다만, 소매 금융 부문의 규제 완화는 시간을 두고 서서히 진행되어 왔다. 조성금을 받는 등 여러 사정이 얽혔기 때문이다. 따라서 독일에 프랑스의 소매금융업자가 진출하거나 이탈리아에 독일의 소매금융업자가 진출하는 일은 거의 찾아볼 수 없다. 그래도 국경을 초월해 거래가 이루어지기 시작하면서 서서히 개방되는 추세다. 서비스 분야 역시 자격증이 있어야 하는 업무가 많은데다 규정이 각기 달라 규제 완화의 실현이 더디다. 예를 들자면, 이탈리아의 회계사 규정은 프랑스나 벨기에의 회계사 규정과 다르다. 또 폴란드의 전기기사 자격증 규정과 프랑스의 규정은 다르다. 이렇듯 서비스 분야에는 다양한 차이가 존재한다. 회계사나 전기기사를 비롯한 전문직에 공통된 규제를 어떻게 적용할지 합의할 때까지는 이런 상황이 이어지리라 본다.

그리고 여전히 많은 기업을 정부가 100% 소유하거나 공공기관이 지분 일부를 보유하고 있다. 예로 이탈리아 정부는 자국의 에너지설비 전문업체 에넬$_{Enel}$이나 국립탄화수소공사 에니$_{ENI}$처럼 공익사업을 전개하는 기업의 지분 35% 정도를 보유했으며 프랑스 정부도 에어프랑스와 프랑스텔레콤의 지분을 일정량 확보한 상태다.

그러나 가장 움직임이 나쁜 분야는 노동 시장이다. 서로 다른 언어 외에는 별반 문제가 없음에도 노동 시장의 동향에는 큰 변화가 없다. 미국에는 메사추세츠에서 캘리포니아로 이동하는 사람들이 매년 수천 명에 달한다. 그렇게 2년 정도 캘리포니아에 체류하다가 다시 플로리다나 오리건으로 가는 사람도 부지기수다. 일거리가 있는 곳을 찾아 이동하기 때문이다. 그런데 유럽은 다르다. 언어가 다른 탓도 있지만, 그보다 이질적인 문화가 더 큰 장벽이다. 피렌체에 살던 이탈리아인이 영국에 이주한다면 과연 예전처럼 쾌적한 삶을 누릴 수 있을까? 연금이나 건강보험을 이전하기도 쉽지 않다. 만약 이미 노년을 맞았다면 연금과 건강보험을 네덜란드로 이전해서 그곳에서 살고 싶어질지도 모르지만, 아직 현직에서 일한다면 사정이 복잡해진다. 위와 같은 이유로 유럽에서는 국경을 초월한 노동력의 이동이 크게 눈에 띄지 않는다.

정부 예산으로 눈을 돌려보자. EU의 정부 예산은 일본, 미국, 호주 등 OECD 가입국보다 훨씬 규모가 크다. 정부 세금과 정부 지출이 GDP의 44~50%를 차지한다. 일본은 28% 수준이며 한국은 27% 정도다. 멕시코는 15%고 미국은 29%다. 모두 EU보다 훨씬 낮다. 알다시피 EU 국가는 고도로 발달한 사회보장 프로그램을 갖추었기 때문에 세금과 지출 수준이 아주 높다.

취학률도 굉장히 낮은데 특히 여성의 취학률이 낮다. 이탈리아 남성의 취학률은 60%인데 미국이나 일본은 73%다. 그런데 이탈리아 여성의 취학률은 37%로 미국 여성의 취학률인 59%에 훨씬 미치지 못한다. 일본 여성의 47%보다도 낮은 수준이다. 여성의 낮은 취학률은 문화적 측면에서 기인한다. EU의 여성들이 전통적인 가치관인 얽매여 살기 때문인데, 그런 경향은 포르투갈, 스페인, 그리스, 이탈리아와 같은 지중해 국가에서 두드러진다. 유럽이라고 해서 다 그런 것은 아니다. 네덜란드, 스웨덴, 노르웨이, 핀란드에서는 여성의 취학률이 높다.

마지막으로 반드시 지적하고 넘어가고 싶은 사실이 있다. 바로 유럽인들의 길고도 긴 휴가다. 2004년도 OECD 통계 수치에 따르면 일본인은 연간 1,828시간 노동했으나 프랑스인은 1,346시간 노동했다. 1,828시간에서 1,346시간을 빼면 482시간, 일주일 동안의 노동 시간을 40시간이라 가정할 때 프랑스인의 노동 시간은 일본인보다 연 12주나 적다. 3개월이나 그냥 논다는 뜻이다. 물론 유럽인들의 생산성이 높긴 하다. 비록 일본인들이 제조업에서 뛰어난 생산성을 발휘하지만, 유럽인의 생산성은 산업 전반에 걸쳐 수준이 높다.

아무리 그래도 3개월이라니 너무 길지 않은가? 유럽인들은 매해 6주씩 휴가를 보내므로 8월이 되면 거리에 인적이 드물다. 크리스마스가 되면 또 한 달 이상 휴가를 보낸다. 거기다 국경일 휴가도 길다. 상황이 이런데도 사업이 제대로 돌아가다니, 어떤 점에서는 참으로 경이롭다. 장기 휴가와 향긋한 와인 그리고 맛있는 치즈. 이 세 가지가 갖춰졌으니 유럽을 지상낙원이라 생각하는 사람이 있어도 무리는 아니다.

화폐 통합의 폐해

EU의 화폐 통합은 또 다른 문제를 낳았다. 1999년 1월 1일 이후 11개국이 자국 통화를 포기하고 유로를 채택했다. 그러자 1달러당 유로 가치는 금세 상승했고 몇몇 나라에서는 경쟁력 저하라는 문제가 발생하고 말았다. 그 후 꽤 오랫동안 유로 가치는 하락한 상태로 유지되었지만, 2000년에 들어 유로 1달러당 가치는 1.6배 상승했고 EU 기업은 미국과 일본보다 경쟁력 측면에서 뒤처진다.

물론 화폐 통합으로 누리게 된 이점도 많았다. 무엇보다 운영비용이 감소했다. EU 8~10개국에서 사업을 전개하는 대기업은 화폐가 통합되기 전에는 저마다 가치가 다른 통화를 이용했다. 그러다 보니 교환 수수료를 비롯한 다양한 리스크에 대비해 환헤지 정책[3]을 이용해야 했다. 광고비를 비롯한 각종 비용도 나라마다 다르게 책정된 상태였다. 그런데 화폐를 통합했더니 위와 같은 번거로움이 사라졌다. 물론 덩치가 큰 기업이 동일 화폐로 이행하려면 꽤 많은 준비 비용이 들어갈 수밖에 없겠지만, 몇 년만 지나면 막대한 준비 비용이 상쇄될 만큼 동일 화폐의 이점은 컸다.

화폐가 통합되자 유럽중앙은행에는 인플레이션 조절과 관련한 모든 권한이 부여되었다. 그 결과, 프랑스의 인플레이션은 억제되었고 10%였던 이탈리아의 인플레이션율은 3~4%까지 낮아졌다. 금리까지 낮아졌으니 화폐 통합의 효과는 상당했다.

하지만, EU 가입국들의 경기는 각각 다르다. 성장이 늦은 나라는 경제 성장을 유도하고자 재정 적자를 감수하면서 자금을 방출해야 하고 공정금리도 낮춰야 한다. 그러면 통화 가치는 낮아진다. 그러나 이 방법은 자국 통화를 사용할 때만 통용될 뿐 통합 유로화 체제에서는 불가능한 방법이다. 한편, 한때 아일랜드가 그랬듯 급격한 성장을 이루면서 임금까지 급상승하는 국가는 성장세를 억누르고자 공정금리를 인상을 시도할 수 있다. 그러나 이 역시 통합된 화폐 체제에서는

---

3 환율 변동에 따른 위험을 없애기 위해 현재 수준의 환율로 투자, 수출입 등의 거래액을 고정시키는 것.

꺼낼 수 없는 카드다. 천천히 성장하는 이탈리아와 급성장하는 아일랜드, 두 나라 모두 프랑크푸르트[4]의 지시에 따라야 한다. (프랑크푸르트의 중앙은행을 실제로 움직이는 것은 독일과 프랑스다.) 즉 이탈리아와 아일랜드는 화폐 통합으로 인해 자국에 유리한 화폐 정책을 펼칠 수 없다.

또 통상적으로 국채를 발행해 재정 적자를 메우지만, 화폐 통합 후에는 자국 통화로 국채조차 팔 수 없게 되었다. 거액의 재정 적자를 내는 일본은 엔화 국채를 자국민에게 팔며, 미국도 달러 국채를 전 세계에 판다. 그러나 EU 국가들은 자국 통화가 아닌 유로로 값이 매겨진 국채를 팔아야 한다. 만약 한 나라가 국채를 지나치게 많이 팔면 금리가 높아지고 신용도는 낮아지므로 한 나라의 문제가 아닌 유럽 전체의 문제로 번질 수도 있다. 그렇다고 해도 계속 강조하지만, 총체적으로 판단할 때 화폐 통합은 EU가 걸어야 할 바람직한 길이라 생각한다.

앞으로의 과제

EU는 다양한 문제에 직면한 상태다. 우선 재정 문제다. 2004년에 10개국, 2007년에 2개국의 가입을 새로 승인하면서 EU는 규제와 지원 능력을 확대해야 하는 처지에 놓였다. 결국, 재정을 부담하는 쪽은 부유한 나라이고 그 자금은 대부분 개발도상국에 할당된다. 독일, 프랑스, 네덜란드, 노르웨이가 1,250억 유로의 예산을 부담하고 스페인,

---

4   유럽중앙은행이 프랑크푸르트에 있다.

포르투갈, 그리스처럼 가난한 나라가 그 예산을 활용한다. 게다가 가난한 동유럽 국가들의 가입을 승인하면서 더 많은 지원금이 필요한 상태다. 빈곤한 국가들에 지원금을 투입해 부유한 국가들과 보조를 맞추어야 하기 때문이다.

그런데 동유럽 국가들이 가입하면서 자금이 부족해지자 스페인, 포르투갈, 그리스에 줘야 할 지원금은 줄어들었다. 더구나 새롭게 12개국이 가입함에 따라 가입국들은 더 많은 자금을 갹출해야 했다. 그리고 각국 정부는 안정적 성장을 위해 재정 적자를 GDP의 3% 이하로 억제해야 한다는 압박감에 시달린다. 가입국들은 EU에 더 많은 자금을 지출하는 대신에 국내 지출은 줄여야 했다. 그러니 비단 예산 측면뿐 아니라 정치적으로도 실행하기 어려운 상황에 부딪히고 말았다. 사실 위와 같이 국내 지출을 줄여야 하는 상황에서는 제아무리 미국이나 일본이라도 EU에 가입할 수 없다. 미국은 3년 전이었다면 가능했을지도 모른다. 일본은 이미 1992년 이후에 EU 가입이 물 건너갔다. 물론 일본과 미국이 유럽에 속했다고 가정할 때 이야기다.

두 번째는 종교 문제와 얽힌 터키의 가입 문제다. 터키는 중동의 끝자락에 있는 이슬람 대국이지만, EU 가입을 열망한다. 터키는 인권이라는 측면에서 몇 가지 참가 기준을 충족하지 못했다고 지적받지만, 그렇게 따지고 들면 불가리아와 루마니아도 기준에 미달했다고 봐야 한다. 터키는 수년 전에 EU와 자유무역협정을 체결하고 EU 가입을 타진해 왔다. 터키를 28번째 가입국으로 받아들일지를 두고 터키가 EU에서 가장 큰 시장이라며 강력히 지지하는 사람도 있지만, 반대하는 사람도 있다. 반대하는 이들이 문제 삼은 가장 큰 걸림돌은 사실 종교다. 대부분 EU 국가가 기독교를 믿지만, 앞에서도 말했다시피 터키는 이슬람교를 믿기 때문이다.

이미 많은 터키인이 독일에 거주하고 프랑스와 영국에도 이슬람교도가 많이 있다. 하지만, 터키가 EU에 가입한다면 문화적 충돌이 빚어질 것이라는 일말의 불안감이 존재한다. 한편, 미국은 안보상의 이유로 터키가 EU의 일원이 되기를 바란다. 만약 터키가 EU에 가입하지 않으면 터키는 이란, 이라크와 같은 중동 국가들과 손을 잡을지도 모르기 때문이다. 그러나 과거를 돌아보면 터키는 누구보다 빨리 NATO에 가입했고 NATO를 통해 50년 동안 미국과 핵무기를 공유 중이니 미국이 보기에 터키는 '신뢰할 만한 나라'이다. 현재 독일과 프랑스는 터키의 가입을 지지하지 않으며 이탈리아와 영국은 지지한다. 기타 나라들의 의견은 제각각 엇갈린다.

세 번째는 통일 정부의 과제다. 오랜 시간 유럽인들은 통일된 군비와 통일된 외교정책을 보유하고자 노력했으나 좀처럼 실현되지 않았다. 예전에 프랑스는 NATO에 가입하지 않고서 핵무기를 보유한 바 있다. 지금은 NATO에 가입했지만, 사실 NATO가 미국의 지배 아래에 있다는 점을 생각한다면 프랑스가 가입을 고심한 이유를 짐작할 수 있을 것이다. 특히 EU 사람들은 이라크 전쟁 후에 독자적인 군대와 통일된 외교 정책을 보유하고자 했으나 영국과 독일의 의견이 엇갈리고 독일과 프랑스의 의견이 맞지 않으면서 수포로 돌아갔다. 다만, 그들은 진정한 단일 국가로 거듭나려면 독자적 외교 정책이 반드시 필요하다고 생각하고는 있다.

지난 2009년 초대 EU 대통령(상임의장)으로 헤르만 판 롬파위Herman Van Rompuy, 1947~가 취임했다. 새로운 헌법 체제에 걸맞은 대통령으로 영국의 토니 블레어Anthony Charles Lynton Blair, 1953~가 적임이라고 생각했으나, 뜻밖에 전 벨기에 총리가 취임했다. 사실 나는 그의 이름을 들어본 적도 없었으며 선임되기까지 사진 한 장 본 적 없었다. 그만큼 잘 알려지지 않은 인물이다. 누가 대통령이 되던 어느 정도의 권한이 그에게 부여되는지가 가장 중요하지만, 현재는 위임된 권한 역시 명확히 제시되지 않은 상태다. 따라서 단일 정부 체제에서 통합을 이루려면 상당한 시간이 걸리리라 생각된다.

네 번째 과제는 헌법이다. 현재 EU 각국은 신新 헌법의 승인을 두고 절차를 진행 중이다. 신헌법은 프랑스와 아일랜드에서는 내용이 복잡하다는 이유로 승인되지 않았지만, 폴란드에서는 통과되었다. 이처럼 각국의 반응이 달라 승인 자체에 시간이 걸리지만, 우여곡절 끝에 모든 국가가 합의해도 새로운 헌법을 실제로 가동하려면 10년에서 15년 정도 더 걸릴 것이다.

마지막으로 가장 큰 과제는 정체성과 세대 갈등이다. 유럽인과 대화한다면 금방 느낄 테지만, 그들은 자신이 자기 나라의 국민이라고 인식하고 있다. 이탈리아인은 이탈리아인일 뿐이고 프랑스인도 프랑스인일 뿐이다. EU인의 정체성은 가장 마지막에 드러난다. 설령 EU를 강력하게 지지하는 사람이라도 정체성은 자국에 뿌리박혀 있다.

내가 가르쳤던 프랑스인 학생도 EU를 강력히 지지했지만, 그 역시 자신을 프랑스인으로 인식하고 있었다. 어쩌면 독일인, 네덜란드인, 벨기에인 중에는 자기 정체성이 유럽에 있다고 생각하는 이가 있을지도 모른다. 그러나 영국인은 영국인이고 아일랜드인은 아일랜드인일 뿐이다. 미국의 역사는 350년에 불과하지만, 노스캐롤라이나주 사람들에게 어느 나라 사람이냐고 물으면 당연히 미국인이라 대답한다. 노스캐롤라이나인의 정체성은 나중에 따라온다. 다만, 남북전쟁의 후유증인지 모르겠으나 미국의 남부인은 자신들의 정체성을 북부인과 구별하는 경향이 있다. 그러나 이때도 자신들이 미국인이라는 사실은 잊지 않는다. 남북전쟁은 150년 전에 일어난 사건이지만, 제2차 세계대전은 끝난 지 아직 65년밖에 안 된다. EU가 통합된 정체성을 지니려면 최소한 수십 년은 더 걸린다는 뜻이다. 실제로 독일인과 프랑스인은 여전히 서로 반목하지 않는가.

나는 유럽이 문화적으로 통합되려면 여전히 많은 시간이 걸리리라 본다. 각 나라가 수천 년에 걸쳐 자신들만의 역사를 경험해 왔기 때문이다. 로마제국의 시대가 있었고 그리스인에게 장구한 역사가 있었음은 두말할 필요도 없는 사실이다. 그럼에도, 지금은 각국이 한자리에 모여 진심으로 정치적·경제적 통합을 지지한다. 시간은 걸리겠지만, 크나큰 역사적 시도임은 틀림없는 사실이다.

EU 국가들의 정세

EU의 모든 국가는 성장을 위해 어떠한 전략을 세울지 항상 고민한다. 현재 유럽의 사정을 둘러보자. 영국은 금융 시스템이 붕괴해 버렸고, 아일랜드는 해외직접투자와 수출로 경제를 꾸려 왔으나 지금은 모두 무너진 상태다. 스페인에서는 부동산 시장의 거품이 점점 커지다 터져버려 지금은 실업률이 18%에 달한다. 그리스는 문제가 커질 대로 커져버려 유럽과 IMF에 구제의 손길을 바란다. 노르웨이, 독일, 프랑스를 제외한 EU 국가들은 저마다 골치 아픈 문제를 떠안고 있다. 자, 이쯤에서 EU에서 가장 심각한 상황에 부딪힌 나라 중 하나인 이탈리아를 살펴보자.

먼저 생산성 문제다. 이탈리아에서는 임금은 계속 상승하는데 생산성은 오르지 않는다. 결국, 노동 비용이 20%나 증가했다. 구찌 같은 명품 브랜드를 제외하면 기타 산업 분야는 경쟁력이 낮다. 게다가 유일한 희망인 명품 산업조차 생산 거점을 대만이나 중국 같은 아시아로 옮겨 버렸다. 서비스업 문제도 심각하다. 이탈리아는 금융과 관련해 협정 기준을 충족하지 않으면 EU에서 퇴출당할 위기에 몰렸다. 이렇듯 제조업과 서비스업에서 이탈리아의 국제 경쟁력은 일본, 중국은 물론이고 프랑스나 독일보다도 뒤처졌다.

정치 문제도 복잡하다. 1947년 이후 이탈리아에는 무려 53개의 정권이 들어섰다가 눈 깜짝할 새에 사라지기를 반복했다. 실비오 베를루스코니_{Silvio Berlusconi, 1936~} 총리는 세 번에 걸쳐 연임하기는 했으나 개인적인 스캔들을 일으키며 오히려 국정 운영에 걸림돌이 되고 있다.

심각한 사회 문제이기도 한 지하 경제는 실로 엄청난 규모다. 특히 남부 경제는 마피아가 깊게 연루되어 있다. 교육 제도는 시대에 뒤떨어졌으며 인프라는 불충분하다. 규제가 많고, 경찰 공무원은 흘러넘

치며, 지방 정부의 수도 쓸데없이 많다. 거기다 연금 수급을 기다리는 퇴직자가 줄을 섰다. 공무원으로 20년 동안 일하고 46세에 퇴직하는데, 일선에선 물러나기에는 너무 이른 나이다. 만약 중국, 일본, 미국과 경쟁하고자 하는 마음이 있다면 그런 여유는 없을 텐데 말이다.

EU도 경쟁력 강화 없이는 살아남을 수 없다

유럽은 최근 30~40년 동안 꾸준히 성장해 왔다. 1990년대 중반까지 유럽의 생산성은 미국을 웃도는 페이스로 향상되었다. 그런데 그 이후부터 유럽의 성장세는 점점 둔해졌다. 연간 성장률이 1~2%에 머물렀다. 금융위기 후인 2009년에는 27개 EU 가입국의 성장률이 -4%를 기록했다. 2010년에는 0.5%, 2011년에는 1.5%에 달할 전망이다.

유럽의 성장이 점점 둔화하는 이유는 사회보장 프로그램에 지나치게 많은 자금을 투입해 사람들이 열심히 일하지 않기 때문이다. 지난 몇 년 동안 EU 내에서 투자와 저축률이 상승하기는 했지만, 그렇게 모인 자금은 대부분 미국, 중국, 호주에 유입되었다. 따라서 EU의 투자 수준과 현황은 바람직하지 않다. 몇 개 나라에서 인구 증가율이 서서히 감소하는 것도 문제다. 심지어 이탈리아는 마이너스를 기록 중이다. EU 대부분 사람들은 인구 문제를 심각하게 바라본다.

경쟁 상대인 미국의 생산성은 일본과 비슷한 추세로 급속히 향상되었음에도 EU의 생산성은 계속 제동이 걸리고 있다. EU의 1인당 GDP를 살펴보면 연간 평균 3만 4,000달러 수준에서 유지되고 있다. 반면 미국의 1인당 GDP는 EU보다 20% 높은 4만 5,000달러다. 이것은 빈곤국의 가맹을 대거 승인함에 따라 생겨난 결과다.

이제 EU 가입국들은 각자 강점을 가진 분야에서 경쟁력을 높여야 한다. 독일과 프랑스는 기계 · 자동차 · 전자제품 · 항공기 분야, 노르웨이는 석유산업, 영국은 금융업에 특화해 산업을 키워야 한다. 이탈리아도 누구도 따라올지 못할 경쟁력을 지닌 소규모 산업을 키워야 한다. EU는 중국, 인도, 터키처럼 저가 상품 제조에 강점을 지닌 국가들과 경쟁하면서 일본이나 미국처럼 고부가가치 상품을 제조하는 국가들과도 경쟁해야 한다. 각 나라가 열심히 일해 저축하지 않으면 중국, 일본, 한국, 대만과 대등하게 싸우기란 애당초 불가능하다.

국제 기준의 책정에 어떻게 영향력을 발휘할지도 신중하게 고려해야 한다. 지난해, EU가 책정한 수많은 기준 중에는 IFRS(국제회계기준)처럼 국제 기준으로 채택된 것도 있다. EU는 앞으로도 이와 같은 분야에서 세계를 선도해 나갈 필요가 있다. 다만, EU 자체가 심각한 구조적 문제에 빠진데다 정책적으로 사회 복지에 무게를 두니 더욱 근본적인 개혁과 성장을 실현하기 어려울지도 모르겠다.

2010년 들어 EU의 몇몇 국가가 금융위기에 빠지면서 유로 가치가 달러 가치보다 더 낮아졌다. 유럽은 세계 시장을 주도하는 세련된 산업을 다수 보유했으며 역내에는 5억 8,000만 명에 달하는 인구가 있다. 일본과 미국에 비해서도 큰 지역이다. 그러나 경제와 군사력을 생각한다면 앞으로는 미국이나 중국이 EU보다 지배적 영향을 떨칠 가능성이 큰 것이 사실이다.

그 일례가 통화다. 유로 가치는 금융위기를 거치면서 크게 하락했다. 하지만, 달러 가치도 지난 1년 동안 크게 하락했으므로 유로는 달러와 비교했을 때는 여전히 가치가 높은 편이다. 물론 최근 그리스 문제를 계기로 유로 가치가 하락하면서 경쟁력에서 유리해진 측면이 있긴 하다. 1유로당 1.49달러의 환율보다 1유로당 1.50달러~1.70달러 수준으로 상승하는 것이 유럽 기업이 대외 경쟁을 할 때 아주 유리하게 작용하기 때문이다. 에어버스, BMW, 우수한 독일산 기계, 이탈리아 명품 브랜드 등 유럽이 우위를 뽐내는 분야는 물론 여타 산업에서도 훌륭한 경쟁력을 보일 수 있다.

설사 환율 문제가 해결되어도 미국, 일본, 중국과 경쟁하기 쉽지 않을 것이다. 특히 미국, 일본보다 훨씬 높은 EU의 임금은 큰 장애물이다. 경쟁력을 저해하는 유로화의 가치 상승을 억누를 유일한 방법은 성장 속도를 늦추는 것이기 때문이다.

EU의 가장 큰 문제는 그리스, 스페인, 포르투갈, 영국, 아일랜드, 이탈리아 등 많은 나라가 거대한 재정 적자 문제에 직면했다는 점이다. 사회 복지 제도를 유지하려면 높은 세율을 적용하면 그만이겠지만, 과연 현재 수준보다 세율을 더 높일 수 있을지 의문이다. 기본적으로 EU는 협동해서 문제를 해결하려 하지만, 개별 국가의 정책을 들여다보면 상황에 따라 국수주의의적 색채가 짙은 경우도 많다. 특히 금융, 방위, 외교 정책을 통합하려면 험난한 과정을 거쳐야 할 것이다. 유럽 남부의 EU 가입국에도 취약한 생산성, 근대화, 이민 문제 등이 산처럼 쌓였다. 그리스가 전형적인 예인데 거액의 재정 적자와 경상수지 적자를 극복하려면 눈과 귀를 의심할 정도로 강력한 처방약이 필요하다. 그 처방약은 대부분의 국민, 아니 사회보장을 강력히 주장하는 좌익노조도 견디지 못할 내용이 될 것이다.

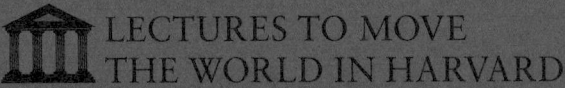
LECTURES TO MOVE THE WORLD IN HARVARD

일본 Japan
미국 USA

제 **5** 강

막대한 채무에
시달리는 선진국

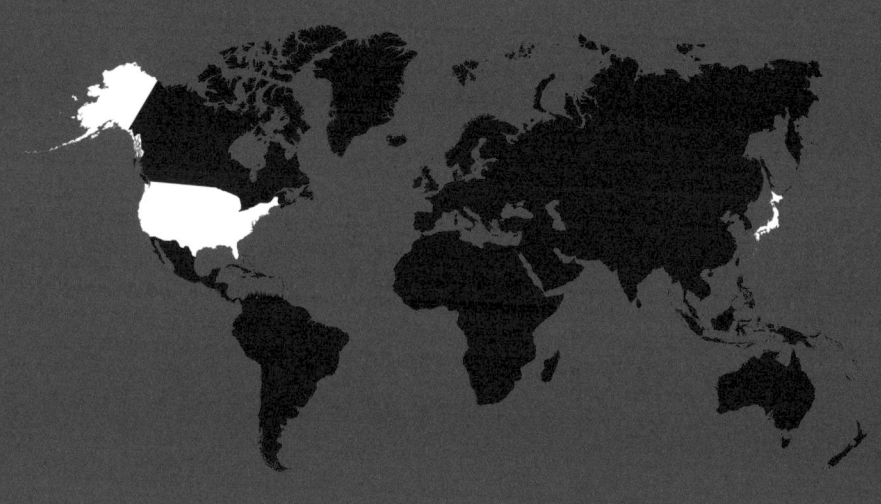

 LECTURES TO MOVE THE WORLD IN HARVARD

한발 물러서 세계를 살펴보면 모든 나라가 저마다 문제를 떠안고 있다. 그중에서 내가 가장 염려하는 나라는 일본과 미국이다. 그리고 둘 중에 어느 나라가 상태가 더 심각하냐고 묻는다면 주저 없이 미국을 고르겠다.

세계에서 가장 잘 산다는 미국과 일본의 정치 시스템은 10년 아니 20년 동안 제대로 기능하지 못했다. 경제 상황도 혼란스럽다. 만약 미국과 일본이 위기에 걸맞은 개혁을 시행할 수 있다면 10년 후에는 성장 궤도에 다시 올라 국력을 되찾을 수 있을 것이다. 어디까지나 가정에 지나지 않는 이야기지만.

이번 장에서는 화제를 다시 일본, 그리고 미국으로 돌려보려고 한다. 최근 미국과 일본은 막대한 채무로 어려움을 겪고 있다. 미국과 일본, 두 나라가 세계 경제의 흐름을 단박에 움직일 수 있는 대국임을 감안한다면 두 나라가 겪고 있는 상황을 어느 누구도 무시할 수 없을 것이다.

또 다른 기적을 위해
일본

기적 이후

우선 1971년부터 1991년에 이르기까지 20년사를 정리하자. 이 기간에 일본은 몇 번의 쇼크를 맛보았다. 금본위제도를 중단한 닉슨 쇼크(1971년), 일본과 사전 협의 없이 닉슨이 중국을 방문함에 따라 받았던 차이나 쇼크(1972년), 마지막으로 석유파동이 바로 그것이다. 특히 석유파동은 국내에 천연자원이 없는 일본을 심각한 궁지로 내몰았다.

그 후 2차 석유파동으로 국제유가가 한 번 더 크게 올랐지만, 잇따른 어려움에도 일본의 성장세는 일시적으로 주춤했을 뿐 다시 호조의 성과를 올렸다. 하지만 미국에서는 레이건 정권이 들어서자 일시적으로 달러 가치가 급격히 상승했고 1985년에는 플라자합의[1]까지 성립했다. 이런 과정을 거치며 엔화 가치는 상승했고 달러 가치는 하락했다. 그로부터 머지않아 일본은 오랫동안 불경기가 이어지는 저성장

---

1 1985년 G5(프랑스 · 독일 · 일본 · 미국 · 영국) 재무장관들이 뉴욕 플라자호텔에 모여 평가 절하된 엔화의 환율을 조정해 무역 불균형을 시정한 결의의 회의. 이를 통해 엔화 가치가 절상되었다.

시대에 접어든다. 일본 정부는 또 다른 기적을 바라며 악전고투했으나 이미 구조적으로 불가능한 상황이었다.

구체적 수치를 들어 설명해 보자. 1971년부터 1991년까지 일본은 연평균 4.4%의 비율로 성장했으나 고도성장 시기처럼 10%에 달하는 성장률을 매해 달성하지는 못했다. 물론 다른 선진국에 비하면 나쁘지 않은 성과였다. 실제로 1971년에 6,000달러였던 일본의 1인당 GDP는 1989년에는 2만 4,000달러까지 상승했다. 언젠가 미국의 GDP를 훨씬 웃돌지 모른다는 분석도 나왔다. 그렇게 일본인의 소득은 거듭 상승했고 1995년에는 3만 9,000달러를 기록했다.

다만, 통상적으로 GDP는 달러 기준으로 발표되므로 환율을 고려해야만 한다. 당시 엔화는 달러보다 가치가 높았는데 나중에 엔화 약세가 진행되자 1인당 GDP가 3만1,000달러로 하락한 적도 있다. 현재 일본의 1인당 GDP는 4만 4,000달러 수준이다. 한마디로 정리하면 일본은 세계에서 가장 부유한 국가 중 한 곳이다. 그러나 국내 사정을 유심히 들여다보면 물가가 비싸서 유럽과 미국을 비롯한 선진국과 비교하면 실제 소득은 다소 낮은 편에 속한다.

변화가 없는 경제 구조

격동의 시대에 일본의 경제 상황을 정리해 보자. 거시경제라는 관점에서 일본의 경제 구조는 이렇다 할 변화가 없었다. 첫 번째로 살펴볼 것은 소비 수준이다. 1971년에 54%를 차지했던 소비는 2004년에도 여전히 55%였다. 굉장히 부유해졌음에도 GDP에서 차지하는 소비 비율은 그다지 늘어나지 않은 것이다. 정부 지출도 마찬가지였다. 1971년부터 1991년까지 정부 지출은 GDP 대비 13.5%로 큰 변함이 없었다. 1991년 이후에는 정부가 재정 적자를 계상하며 각종 사회 보장 프로그램과 인프라에 더 많은 자금을 투입했으므로 지출 수치는 증가하지 않았다.

소비와 지출 수치보다 중요한 통계는 투자 관련 수치다. 고도성장 시대에 일본은 아주 높은 수준의 투자를 실시한 바 있다. GDP에서 차지하는 투자 비율은 고도성장의 정점을 찍었던 1970년대, 엔화 강세로 다시 투자가 활발해진 1980년대 그리고 1990년대까지 줄곧 32% 수준을 유지했다. 선진국치고는 놀라운 수치다. 선진국 반열에 올라서면 투자가 줄어들기 마련인데 일본은 꾸준히 GDP의 약 1/3에 달하는 자금을 미래 성장을 위해 투자했다.

일본의 경제 구조 가운데 변화가 없었던 네 번째 요소는 바로 일본 경제에서 수출입이 차지하는 비율이다. GDP 대비 수출은 1971년에 11%, 2004년에도 11%였다. 수입은 1971년 9%, 2004년 9.7%로 수출보다 조금 낮다. 인구가 많아서 대부분 경제 활동이 국내에서 이루어진 것이다. 이 사실에 어쩌면 일본인들도 놀랐을 것이다. 일본 하면 흔히 수출 대국을 떠올리는데 실제 수출입 비율은 높지 않으니 말이다. 일본은 수많은 산업 가운데 특출하게 발달한 몇몇 산업만 국제 무역에 깊게 관여할 뿐, 무역이 GDP의 35%를 차지하는 중국이나 60%를 차지하는 유럽 국가와는 구조가 다르다. 이러한 점에서 일본은 전체 경제에서 무역이 차지하는 비율이 상대적으로 낮은 미국과 닮은

구석이 있다. 물론 양국 모두 무역을 등한시하지는 않는다.

한편, EU는 역내 무역이 활발하다. 독일은 EU 역내 무역이 GDP의 40~50%를 차지하며 EU 역외 무역은 GDP의 20~30% 정도다. 역내외 수출입 규모를 통합하면 대략 80~90%에 달한다. EU를 단일 국가로 간주한다면 무역이 차지하는 비율이 대폭 줄겠지만, 그래도 일본이나 미국보다는 높은 수준이다.

다섯 번째는 인플레이션율이다. 1971년부터 1991년까지 일본은 인플레이션율을 효과적으로 조절했다. 한때 3~4%를 기록하기도 했으나 전체적으로는 1~2%에 머물렀다. 이 시기에는 실업률도 낮았다. 한때 3~4%까지 상승하기도 했지만, 그래도 유럽이나 미국보다는 훨씬 낮았다.

일본의 국제수지도 경이로웠다. 2차 석유파동에 휩싸인 1979년과 1980년을 제외하고 일본의 경상수지는 꾸준히 흑자를 기록했다. 특히 달러가 강세를 보였던 1980년대에 일본의 경쟁력은 강력했다. 1987년, 960억 달러의 무역수지 흑자와 870억 달러의 경상수지 흑자를 기록했다. 물론 그 후에 엔화가 강세를 띠면서 무역수지 증가세는 수년에 걸쳐 차츰 감소했지만, 경상수지는 줄곧 흑자였다. 1990년대에는 무역수지 흑자폭이 다시 늘어나기도 했다. 경제 성장 속도가 줄어들고 수입이 감소한 반면에 자동차, 기계, 전자제품 등 일본이 자랑하는 산업 분야에서 수출이 대폭 늘어났기 때문이었다. 이로 인해 일본의 경상수지 흑자는 1994년 시점에 1,300억 달러에 달했다. 1990년대 후반에는 엔화 강세가 진행되면서 경쟁력이 떨어졌고 경상수지 흑자폭까지 축소되었다. 그러나 2000년대에 접어들자 경상수지 흑자폭이 다시 증가하며 2004년에 1,710억 달러를 기록했다. 2007년에는 역대 최고인 2,110억 달러에 달했다. 물론 금융위기가 시작된 2008년에는 1,570억 달러로 감소했으며 2009년에도 900억 달러 수준으로 감소했다.

격심한 변화를 보인 분야도 있는데 그 가운데 가장 흥미 깊은 수치는 무역수지다. 2007년까지 굳건했던 일본의 무역 산업은 2008년 금융위기를 겪으면서 제동이 걸린다. 아마도 2008년도 일본의 무역수지는 '제로'에 가까웠을 것이다. 그런데 한 번 생각해 보라. 무역수지가 적자인데 경상수지가 대폭 흑자를 기록하다니, 흥미롭지 않은가? 그 이유는 소득수지 때문이었다. 일본인은 소비보다 저축을 많이 해왔다. 무려 25~30년 동안이나 말이다. 그리고 매해 지난해보다 많은 자금을 외국에 투자했다. 거액의 경상수지 흑자를 국외에 투자한 것이다. 국외에 공장을 건설하고, 외국 기업이나 정부에 돈을 빌려주고, 수천억 달러의 자금을 투입해 미국 국채를 사들였다. 유럽부터 동남아시아까지 모든 국가가 일본의 타깃이었다. 그 결과, 국외 투자를 통해 거두어들이는 배당금과 외국에 빌려준 자금의 이자가 불어났다.

2008년도 OECD 보고서에 따르면 그 금액은 1,800억 달러에 달한다. 즉, 일본은 과거에 실시한 투자의 성과를 바로 지금 누리는 셈이다. 무역수지가 적자인데 경상수지가 흑자를 기록하는 이유가 바로 이것이다.

일본은 성공한 국가의 전형적인 예다. 거국적으로 저축하고 그 자금을 세계 시장에 투자해 막대한 수입을 거둬들인다. 이러한 수익 구조를 구축한 나라는 세계에서도 독일, 싱가포르를 포함해 몇몇 국가에 지나지 않는다. 중국도 곧 그리되리라 믿지만, 아직 일본에 비할 정도는 아니다.

높디높은 일본의 가계저축률은 기적을 일구는 데 중요한 역할을 했고 그 역할은 여전히 유효하다. 그런데 최근 들어 복병이 나타냈다. 인구 고령화로 저축이 감소 경향에 들어선 것이다. 1991년까지만 해도 GDP 대비 15%를 기록하며 선진국치고는 높았지만, 1990년 후반부터 2000년대까지 저축률은 급격히 하락했다. 앞서 말했듯 고령화가 진행되면서 국민 전체의 경제 활동이 저축에서 소비로 전환했기 때문이다. 현재는 2~3% 정도인데 미국과 비슷한 수치라 보면 된다. 하지만, 당장 무슨 일이 일어나지는 않으리라 생각한다. 일본은 이미 거액의 저축을 보유한 상태이므로 재정 적자를 메우고 해외에 투자하는 데 큰 지장이 없다.

이번엔 엔화에 대해 이야기해 보자. 경쟁력 측면에서 통화 환율은 상당히 중요하다. 특히 일본은 엔화 강세로 수출 경쟁력에서 어려움을 겪어왔다. 과거 엔화 환율이 1달러당 360엔으로 과소평가되던 1971년 봄, 닉슨 대통령이 엔화의 가치 상승을 유도해 엔화 환율이 떨어졌을 때가 그랬다. 또 1달러당 78엔으로 일본 역사상 가장 낮은 환율을 기록했던 1995년이 그랬다. 다행히도 그 후 엔화 환율은 118~120엔대로 상승했고 현재는 1달러당 80~90엔 정도다.

일본의 통화 동향은 참으로 특이하다. 두 가지 요인에 따라 각기 다른 방향으로 나아간다. 예를 들어 엔화가 강세일 때는 실물경제에 엄청난 타격을 주고 통화 가치의 하락으로 이어지지만, 경상수지는 국외 배당 수입과 이자 수령을 통해 줄곧 흑자를 유지하므로 통화 가치 상승으로 이어진다. 따라서 엔화 동향을 예측하기란 여간 어려운 일이 아니다. 일본 경제를 몸소 경험했다는 사람들은 엔화 환율이 110~115엔 수준으로 상승하리라 예측하지만, 무역수지나 주력 산업의 동향에 주목하는 학자들은 85~80엔 수준으로 하락하리라고 예측한다. 어느 한 쪽만 봐서는 환율이 어떻게 움직일지 예측하기 어렵다는 뜻이다.

세계의 흐름과 거품경제

이제 일본이 경험한 거품경제 시절로 넘어가자. 이미 지적했듯 1980년대 초에 달러 가치는 무려 63% 상승했다. 미국 연방준비제도 이사회FRB 의장인 폴 볼커Paul Volcker, 1927~가 인플레이션을 억제하고자 공정금리를 대폭 인상했기 때문이다. 금리 인상을 통해 미국은 외국 자본을 대거 유치하고 달러 가치를 높였다.

1985년 가을, 뉴욕 플라자호텔에 G5의 재무장관이 모여 회의를 열었다. 그들은 파운드, 마르크, 프랑, 엔화의 가치에 비해 달러 가치가 지나치게 과대평가되었다는 결론에 다다르고 통화 조정을 단행했다. 그로부터 4~5년 동안 달러 가치는 50~60% 하락했고 독일 마르크와 엔화 가치는 서서히 상승했다.

플라자합의 이후 일본은 고통을 겪었다. 당시만 해도 일본 경제의 주축 중 하나가 수출 산업이었기 때문이다. 엔화 가치가 50%나 상승했으니 수출 산업이 얼마나 큰 타격을 받았을지는 굳이 설명하지 않아도 짐작이 간다. 한 예로 도요타는 미국 시장에서 기존 매출 대비 50%나 더 벌어 들어야 사업을 유지할 수 있었다. 판매 가격을 인상하거나 더 많은 자동차를 팔아야 했는데, 제아무리 도요타 자동차의 성능이 뛰어날지라도 감당하기 어려운 임무였다.

그러자 일본 산업계는 일제히 조정 작업에 착수했다. 가장 먼저 비용 절감에 메스를 갖다 댔다. 서구 기업들은 인력을 쉽게 고용하고 해고하는 경향이 있었지만, 일본은 고도성장기 이전부터 종신고용제라는 일종의 전통을 지켜왔기에 구조조정이 쉽지 않았다. 그래서 판매 가격을 낮춰 이익을 삭감했다. 그러자 1984년과 1985년에 7~8%였던 이익률이 1~2%까지 뚝 떨어졌다. 일본 기업은 대부분 자금을 융자를 통해 조달하는데다 계열 그룹을 유효하게 활용했으므로 이익률 하락에 대한 주주들의 반발은 크지 않았다. 주식시장을 통해 자본을 조달하는 미국이나 유럽 기업들은 자기자본이익률(return on equity, ROE)을 반드시 올려야 한다는 압박감에 시달리지만, 일본 기업들은 그렇지 않았다. 그렇다 하더라도 이익 삭감 정도로는 초유의 엔화 강세에 충분히 대응할 수 없었다.

그래서 내놓은 다음 처방전이 신규 투자였다. 다른 선진국은 상상조차 하지 못했을 강경책이었다. 기존의 공장 설비를 부수고 생산성이 높은 최신 설비를 도입했으며, 국외로 생산 거점을 옮겨 미국, 유럽, 아시아에 공장을 속속 건설했다. 일본 은행은 금리를 5%에서

2.5%까지 단계적으로 낮추며 투자를 촉진했다. 그러자 수출이 다시 증가했고 일본 경제는 엔화 강세라는 장벽이 존재하는 가운데서도 연 5.1%의 성장을 이루었다. 당연히 일본인은 예전보다 더 부유해졌다.

그렇게 어렵사리 모은 자금을 일본은 어디에 사용했을까? 자금이 흘러들어간 곳은 지금까지 그토록 멀리해 왔던 주식시장이었다. 자금이 주식시장으로 몰리자 9,000엔대였던 닛케이평균주가는 1990년에 3만 9,000엔 수준까지 상승했다. 아울러 미국과 동남아시아 등 해외 시장에도 직접투자 형태로 자금을 투입했다. 은행은 민간 투자 활동에 적극적으로 호응하며 융자에 착수했다. 국내 기업뿐 아니라 한국, 인도네시아, 말레이시아, 베트남에도 돈을 빌려주었다. 한편, 기업과 개인은 부동산에 투자하기 시작했다. 일본은 인구가 많고 토지가 좁았기에 부동산 가격이 금세 뛰어올랐다. 물론, 투기가 목적이었다. 은행은 융자를 마구 해 주었고 토지와 부동산 가격은 천정부지로 올랐다. 그렇게 일본은 거품경제에 접어들었다.

경기가 급격히 상승하자 물가도 오르기 시작했다. 그런데 이 시기에 일본이 절대 간과해서는 안 될 점이 있었다. 1980년대 후반에 중국이 생산을 확대하면서 값싼 제품이 일본에 유입되었다는 사실이다. 그 결과, 1984~1985년에 1%였던 일본의 인플레이션율은 1989년에는 4%로 증가했다. 서구 국가들에 비하면 극히 낮은 수치였다.

그해 5월, 미에노 야스시三重野康가 신임 일본은행 총재로 임명되었다. 그는 일본 경제의 거품이 심각하는 것을 잘 알았다. 단적인 예로 일본 황궁의 지가가 캘리포니아주 전체의 땅값보다 비쌌으니 말이다.

그는 부풀대로 부풀어 오른 거품경제를 가라앉히겠다고 마음먹었다. 그는 아마 1년이나 1년 6개월 정도 지나면 거품경제가 수습되리라고 생각했던 것 같다. 그도 그럴 것이 1차 석유파동 때를 제외하면 일본은 40년 동안 단 한 번도 극심한 불경기를 겪은 적이 없었기 때문이다. 우선 신임 총재는 공정금리를 18개월 동안 6단계에 걸쳐 인상하며 6%로 돌려놓았다.

의도는 좋았지만, 결과는 참혹했다. 거품이 터지기 시작한 것이다. 신용 거래로 토지를 구입한 사람들은 높아진 이자를 감당하지 못하고 토지를 팔거나 융자를 받았던 은행에 부동산을 양도했다. 은행도 그 부동산을 계속 소유할 수는 없었기 때문에 낮은 가격으로 시장에 내놓았다. 결국 땅값은 끊임없이 하락하기 시작했다.

주식시장에서도 부동산 시장과 같은 현상이 발생했다. 신용 거래로 주식을 구입했던 사람들이 보유한 주식을 팔면서 주가가 하락한 것이다. 주가가 하락하자 매도주문이 쇄도했고 급기야 은행까지 보유 주식을 매각하기에 이르렀다. 그 후 1년 6개월 동안 일본 경제는 급격하게 악화됐다. 일본의 대형 은행이 떠안은 부실채권은 계속 늘어났고 대차대조표를 개선하려고 발등에 불이 떨어진 사람처럼 분주히 뛰어다녔다. (똑같은 사태가 2007년과 2008년에 미국과 유럽에서도 발생했다.) 대차대조표를 조정하고자 자산, 부동산, 주식, 종잇조각이 된 증권을 끊임없이 매각했고 급기야 자산가치가 대거 하락했다. 1992년부터 오늘에 이르기까지 일본은 저성장의 위기에 빠진 상태다. 이 기간에 일본의 성장률은 약 0.8%였다. 2%를 기록한 해가 있었지만, 금세 마이너스 성장으로 돌아섰다. 마이너스 성장을 기록한 해도 네 번이나 있었다. 심각한 불경기를 거치면서 2009년에는 일본의 GDP가 무려 5~6% 감소했다.

2008년 금융위기 이후 지금까지 미국이 겪고 있는 고난을 일본은 이미 경험한 바 있다. 바라건대, 미국은 일본보다 빨리 해결해 주었으면 좋겠다. 미국 금융시장의 거품은 일본의 그것보다 훨씬 거대해서 세계 경제에 미치는 악영향이 실로 거대하기 때문이다. 미국의 정책담당자와 경제학자들은 악전고투했던 일본의 사례를 공부해 신중하게 대처해야 한다. 미국 문제는 나중에 더 깊이 파고들어 가겠다.

비록 나는 일본의 은행 시스템에 대해 전문적인 지식을 갖추지 못했지만, 꼭 짚고 넘어가고 싶은 점이 있다. 1980년대 초에 일본의 은행 규모는 세계 최대를 자랑했지만, 그들이 은행의 제 기능을 다하지는 못했다는 사실이다. 일본은 주식 투자보다는 저축을 중시해 왔다. 또한, 기업은 자금 조달을 장기은행융자에 의존해 왔다. 따라서 엔화 강세가 두드러질 때까지 주식시장의 규모는 상대적으로 작았다. 그러다 보니 일본에서는 최신 금융 상품이나 개방적인 은행 시스템이 제대로 발전하지 못했다. 부실채권이 골치 아픈 문제로 떠올랐을 때 종신고용제를 기반으로 탄생한 모든 것, 즉 40년에 걸친 성공의 역사를 통해 익숙해진 모든 것이 오히려 일본의 은행가들이 문제에 대처하는 과정에 독으로 작용하지는 않았나 싶다. 1998년 일본은 은행을 감사하고 건전화를 유도하는 금융청을 설립해 새로운 금융 시스템의 구축에 착수했다.

경제부양책을 써도 속수무책

　이제 경제 재건에 대해 짤막하게 설명해 보자. 1991~1992년에 일본의 경기가 침체했을 때 일본은 가장 먼저 공정금리를 2%로 인하했다. 공정금리는 그 후로도 계속 떨어졌는데 급기야 1995년에는 역사에 남을 정도로 낮은 0.5%까지 하락했다. 가장 큰 목적은 기업의 융자 환경을 개선하는 것이었지만, 1995년에 은행은 막대한 부실채권을 떠안은 상태였고 무엇보다 대차대조표의 개선이 시급한 과제였기에 기업에 자금을 빌려주기를 꺼렸다. 사실, 융자를 꺼리는 은행의 태도보다 더 심각한 문제는 자금을 빌려 의욕적으로 사업에 임하는 기업이 없었다는 사실이다. 이미 생산 능력은 과잉 상태였기 때문이다.

　이렇듯 공정금리가 0.5%로 낮아졌음에도 자금을 차입하려는 기업이 나서지 않고, 은행 역시 되도록 기업에 돈을 빌려주지 않으려 했다. 1932년 대공황 시대에 미국이 그랬듯 일본도 '유동성의 덫'에 빠진 것이다. 중앙은행은 자금을 시장에 공급하려 노력했지만, 정작 자금을 이용하려는 이는 없었다. 2001년에 일본은 금리를 더 낮추어 0.2%로 설정했고 3개월 후에는 다시 0.1%로 인하했다. 2006년까지 줄곧 0.1%를 유지했다가 지금은 0.3%로 조금 인상되었다. 돈을 빌려주려는 사람도 빌리려는 사람도 여전히 적다. 일본 국내 은행의 대출 현황을 보면 2006년 5월까지 계속 부진했다. 1990년대 초부터 2006년 5월까지 플러스로 전환한 해도 있었지만, 금세 내려가기 일쑤였다. 그렇다고 금리를 0%나 마이너스로 설정할 수는 없으니 참으로 곤란한 시절이었을 것이다.

이 시기에 일본이 시도한 두 번째 수단은 재정 출동을 통한 경기부양책이었다. 일본 경제학자들도 서구 경제학자들과 마찬가지로 케인즈(John Maynard Keynes, 1883~1946)의 경제학을 받아들였기 때문에 재정 적자를 감수하고 정부 지출을 늘리기를 주저하지 않았다. 세수입이 부족한 상황에서도 지출은 아끼지 않았다.

1990년대에 일본 정부는 경기부양책의 하나로 인프라와 복지 등 모든 분야에서 지출을 확대했다. 1970년대와 1980년대 초에 적자를 기록했던 재정수지도 1980년대 후반이 되자 적자가 줄면서 다시 균형을 되찾았다. 그러나 1990년대 이후 다시 재정 적자에 빠졌고 GDP 대비 비율은 계속 상승했다. 적자폭도 점자 늘어났다. 경기부양책으로 회생한 분야도 있었지만, 국가 경제에 넓고 깊은 활력을 불어넣지는 못했다.

위와 같은 일본의 시도는 경제학자들에게 아주 흥미로운 화제였다. 2007년에 노벨상을 받은 경제학자 폴 크루그먼(Paul Krugman, 1953~)을 비롯한 여러 경제학자는 이를 두고 '데이비드 리카도(David Ricardo, 1772~1823)의 중립명제'가 아닐까 지적했다. 잠시 간단하게 설명해 보자. 정부가 재정 적자를 감수하면서 지출을 늘리면 사람들이 그 자금을 흔쾌히 쓸 것 같지만, 사실은 그렇지 않다. 재정 적자를 메우려면 결국 세율을 더 늘릴 수밖에 없으니 지금 돈을 썼다가는 나중에 낭패를 보기 마련이다. 이 점에 착안해 사람들은 오히려 지출을 줄이고 저축에 매진한다. 결국 경기부양책을 통해 시장에 활력을 불어넣겠다는 정부의 의도와는 상반된 결과가 빚어진다는 것이 리카도의 중립명제다.

교육 수준이 높은 일본인들은 정확히 리카도의 이론대로 행동했다. 경기 부양으로 이어질 수 있는 소비를 자제했다. 일본인이 미래를 읽는 통찰력은 믿을 만하다. 아마 일본 정부는 향후 10년 내에 반드시 세율을 올릴 것이다.

이렇듯 재정 지출을 통한 경기부양책과 금융 정책은 별다른 효과를 올리지 못했다. 성장률은 2~3%에 그쳤다. 1996년부터 2년 동안 총리를 역임했던 하시모토 류타로橋本龍太郎, 1937~2006가 소비세를 올리겠다고 말하자 잠시 수요가 폭발하며 성장률이 높아졌지만, 실제로 세율이 올라간 후에도 불경기에 빠졌다. 1990년대 후반과 2000년대 초에도 같은 현상이 발생한 바 있다.

은행은 부실채권을 처리하고자 계속 힘썼다. 부실채권이 어느 정도 있었는지조차 정확히 밝혀지지 않았지만, 실제로 처리된 액수만 따져도 1.3조 달러 정도로 짐작된다. 이는 일본 경제 규모의 1/4에 이르는 엄청난 수치다. 1980년대에 미국의 은행도 비슷한 위기를 겪었으나 부실채권의 액수는 2,300억 달러 즉 미국 경제의 2% 정도밖에 되지 않았다. 부실채권을 장부에서 말소하면 디플레이션이 일어난다. 1990년대 중반에 일본의 물가상승률은 마이너스를 기록했다. 소비자는 소비를 꺼렸고 기업은 설비 투자를 뒤로 미루었다. 원재료, 설비기기, 일반소비재의 가격이 하락했다.

디플레이션은 경제 성장에 악영향을 미친다. 물가가 계속 하락하면 소비자들은 앞으로 물가가 더 낮아지리라고 생각에 이듬해가 될 때까지 구입을 보류하는 경향이 있어서다. 그리고 해가 넘어가도 가격이 다시 하락하면 6개월 정도 기다렸다가 소비한다. 소비자가 지갑을 열지 않으면 경제는 더 악화하고 상품 가격은 더 낮아진다. 이런 식으로 일본의 디플레이션은 2006년까지 이어졌다. '디플레이션의 덫'에 빠진 것이었다.

디플레이션은 벤 버냉키Ben Bernanke FRB의장이 금융위기 후에 가장 우려했던 현상이다. 소비라면 사족을 못 쓰는 미국에서 위와 같은 일이 일어나면 사태는 더 심각해진다. 현재, 미국의 인플레이션율은 거의 0%에 가깝지만, 버냉키 의장은 최소한 1~2%대 머무르기를 간절히 원한다. 일본은행도 같은 마음일 테지만, 그러려면 무엇을 어찌해야 하는지 시원스레 답해주는 사람은 그 어디에도 없다.

일본이 시행한 마지막 경제재건 수단은 구조 개혁이었다. 앞서 말했듯 일본은 정부기관과 제도를 앞세워 1970년대와 1980년대의 경제발전을 이끌었다. 경제 성장을 주도한 대장성(현 재무성)과 통산성(현 경제산업성) 그리고 질 높은 교육제도, 기업조직, 계열 그룹, 종신고용제, 연공서열제[2]가 대표적 예이다. 또 미국의 벤처 캐피털 시스템과는 달리 은행이 주도하는 융자 체계도 빠트릴 수 없다. 일본의 전통문화에 깊이 뿌리박힌 정부기관과 제도는 실제로 1950년대부터 1970년까지 원활히 기능했으나 1980년대에 접어들어 세계화가 진행되자 서서히 결점을 드러내기 시작했다. 일본이 세계 경제의 한 톱니바퀴인 이상 정부기관과 제도를 개혁할 필요가 있었다.

실제로 하시모토 총리는 'Free(자유), Fair(공정), Global(세계화)'

---

[2] 근속연수가 긴 구성원을 승진과 보수 등에서 우대하는 인사제도.

라는 3대 기조를 내걸고 대대적인 개혁을 추진했다. 교육제도와 건강보험 등 거의 모든 정부기관과 제도가 개혁의 대상이었다. 그러나 성과는 미미했다. 하시모토 총리가 퇴진한 1998년에 부처의 수가 줄고 각료회의의 권한이 강화되면서 장관이 직접 정책을 결정할 수 있게 되었을 뿐 이렇다 할 변화는 없었다.

개혁을 주저하는 일본

일본을 개혁하기 위해 반드시 메스를 대야만 했던 조직이 몇 군데 있었지만, 전혀 손을 대지 못했다. 예를 들자면, 과학 분야에서 우수한 기술자뿐 아니라 혁신적인 리더를 배출하려면 대학원과 박사 과정 커리큘럼을 개혁할 필요가 있었지만, 실현되지 못했다. 또 극심한 불경기를 생각하면 노동자를 해고해 효율을 높여야 마땅했지만, 1990년대 일본에서 정리해고는 거의 불가능한 일이었다. 내가 1990년대 후반에 일본을 방문했을 때 비로소 대기업들이 나이 많은 사원의 조기 퇴직에 대해 서서히 고려하기 시작했을 정도였으니 말이다. 미국이었다면 그보다 5년 빨리, 그리고 나이에 관계없이 불필요한 인원을 해고했을 것이다. 현재 미국의 실업자는 1,500만 명에 달하지만, 그 뼈를 깎는 정리해고를 통해 국가 생산성은 연 9% 상승 중이다. 일본이라고 정리해고를 통해 효율성을 높여야 한다는 사실을 모르지는 않을 것이다. 하지만 전통적인 기업 문화를 생각하면 도저히 불가능한 수단이었을 것이다.

일본에서는 기업지배구조도 취약하다. 계열 그룹은 점점 축소되기는 했으나 여전히 계열사끼리 상대방의 주식을 보유하고 있다. 그들은 자신들의 계열 안에서 사업을 전개한다. 그들의 행동을 감독하는 사외이사도 많이 두지 않는다. 따라서 자기자본이익률이 낮았다. 일본은 부유한 국가이고 막대한 저축을 보유했으며 많은 산업이 세계시장에 진출해 우월한 경쟁력을 갖추었기 때문에 주주들의 압력이 크지 않다. 오직 기업 스스로가 성장을 목표로 할 뿐, 실적을 더 올리라는 둥 경영 방식을 바꾸라는 둥 외부 압력은 존재하지 않는다. 그러다 보니 불경기에 획기적인 개혁이 이루어질 리 만무했다.

다만, 미국과 일본의 서로 다른 기업 문화를 이해할 필요는 있다. 무작정 수익을 올리기보다 계열 회사끼리 산업계 내에서 조화를 이루면서 규모의 경제를 실현하는 편이 일본에 적합한 기업 경영 방식이 아닐까 싶다. 하지만 그러한 조화로 고도성장을 이룩했던 시대와 지금은 상황이 너무나 다르다. 일본 내에서 규모의 경제만 실현하기에는 세계화의 속도가 너무나 빠르다.

이 주제와 관련해 일본에서 열린 주주총회의 모습을 잠시 들여다보자. 회장이 일어서서 올해 매출액은 이러이러했으며 수익은 전기 대비 2% 증가했다고 발표한다. 회장이 발표를 마치면 회의장 곳곳에서 박수가 터져 나오고 주주들이 우르르 빠져나간다. 주주총회는 그렇게 눈 깜짝할 새에 끝난다.

한편, 미국 기업인 GE의 주주총회는 어떤 모습일까? 회장이 일어서서 매출액이 이러이러하며 수익 증가율은 2%였다고 발표한다. 회장의 발표가 끝난 지 10초도 지나지 않아 회의장을 가득 메운 주주들로부터 온갖 비난이 난무한다. '왜 수익이 2%밖에 늘어나지 않았소!' 라는 비난이 대부분일 것이다. 심지어 잭 웰치Jack Welch, 1935~ 회장을 한 대 치려고 덤비는 주주가 있을지도 모른다. 그러한 비극이 실제로 일어난다면 미국의 주식시장은 붕괴하고도 남을 것이다. 물론 최근 들어서는 일본의 주주총회에도 조금 변화가 일어난 듯하지만, GE의 주주총회와 같은 일은 절대 일어나지 않을 것이다.

일본이 앞으로 어떤 전략을 내놓을지 예측하기는 어렵다. 다만 내가 계속 품고 있는 의문은 오직 하나다. '1950년대부터 현재까지 격변하는 세계 속에서 일본은 어째서 아무런 변화를 시도하지 않은 채 버틸 수 있었을까?' 일본 경제에 관해 조사하고 논문을 계속 발표하고 있지만, 솔직히 지금도 일본이라는 나라를 전혀 이해할 수가 없다. 물론, 일본인이 아니면 이해하지 못할 무언가가 있을지도 모르겠다.

어찌 되었건 지금 일본의 모습에서는 성장 궤도를 수정했다고 단언할 수 있는 척도가 전혀 발견되지 않는다. 온갖 요인이 얽히고설켜 허우적대는 것만큼은 틀림없다. 일본과 관련해 다음 논문을 언제 쓰실 건가요? 라는 질문을 받을 때가 있는데, 그럴 때마다 내 대답은 오직 하나다.

"일본이 제대로 된 변화를 시도하기 전에는 펜을 집어들 일이 절대 없을 겁니다."

세계 최장수 국가가 내려야 할 결단

여기서는 일본의 인구 동향을 살펴보자. 비록 나는 인구학자는 아니나 일본 전문가들과 이야기를 나누어본 결과, 일본의 인구 동향에 몇 가지 특징이 있음을 알 수 있었다.

첫 번째, 세계 그 어느 나라보다 평균수명이 길다. 사실 왜 그런지는 전혀 짐작이 안 간다. '잘 먹고 잘 마시는' 일본인의 식사 습관 때문일까? 아무튼, 남성은 평균수명은 79세, 여성의 평균수명은 86세다. 즉, 예순 즈음에 퇴직해 생활을 꾸리려면 약 20년 동안 사용할 수 있는 퇴직금이나 정부 연금이 필요하다는 뜻이다. 두 번째, 여타 선진국보다 출생률이 낮은 편에 속한다. 이탈리아만큼 낮지는 않지만 2004년도 출생률이 1.29로, 현재의 인구 수준을 유지하는 데 적절한 2.07을 훨씬 밑돈다. 결국, 일본의 인구는 2007년부터 서서히 감소하기 시작했다. 줄어드는 속도는 늦지만 향후 50년 동안 계속 하락할 것으로 보인다. 세 번째 특징은 베이비붐이 미치는 영향이다. 일본은 전후에 급격한 베이비붐을 경험했다. 1947년부터 1950년 사이에 태어난 베이비붐 세대는 하나둘 정년퇴직을 맞이하고 있다.

이와 같은 인구 동향이 이어져 10~20년 새에 별다른 변화가 없다고 가정할 때 2100년에 일본의 인구는 지금의 절반 수준인 6,000만 명으로 감소하고 생산 가능 인구도 대폭 감소할 것이다. 아울러 퇴직자가 늘어나고 일본 산업계는 노동력 수급에 골머리를 앓을 것이며, 만약 적절한 기술을 보유한 노동력을 확보하지 못하면 연금제도도 균형을 잃을 것이다. 적은 수의 노동인구가 퇴직 고령자를 부양해야 하기 때문이다.

인구 문제는 비단 일본뿐 아니라 미국과 유럽에서도 대두된다. 다만 일본의 연금제도는 미국의 연금제도와 달라서 본인이 연금 혜택을 보지 못하고 현재의 노인들에게 연금이 지급된다. 따라서 연금을 납부하는 노동인구가 앞으로 20년 동안 줄어들 전망이다. 결국 연금과 건강보험을 유지하려면 정부 부담액이 더 늘어날 수밖에 없다. 이에 고이즈미 준이치로小泉純一郎, 1942~ 로 전 총리가 연금제도 개혁을 단행했다. 건강보험까지는 손을 대지 못했지만, 어쨌든 미래를 내다본 행보는 상당히 긍정적으로 평가할 만하다.

위에서 나열한 현상들은 결국 저축률의 하락으로 이어졌다. 퇴직한 노인들은 이제 생활을 꾸리려면 이제껏 차곡차곡 모아놓은 예금을 헐 수밖에 도리가 없다. 최근 몇 년 동안 저축률이 급격히 하락한 이유도 다름 아닌 그 때문이다. 게다가 25년 전과 비교할 때 젊은이들도 저축을 그다지 많이 하는 편이 아니다. 정규직으로 취직하지 못하고 파트타임으로 일하는 젊은이들이 꽤 많기 때문에 이런 추세는 앞으로도 이어질지도 모른다. 일자리 부족이라는 구조적 문제는 임금 하락으로 이어지므로 그만큼 저축액도 줄어들 수밖에 없다.

따라서 장수국가 일본은 이민자를 적극적으로 수용할 필요가 있다. 문화적으로 볼 때 일본은 균질적 민족사회이기에 이민자를 제대로 받아들이기 쉽지 않겠지만 일본 정부의 정책적 수단이 필요한 대목임은 분명하다.

실제로 일본이 겪는 것과 똑같은 인구문제를 이민자 수용 정책을 통해 양호하게 해결한 나라가 있다. 바로 호주다. 처음에 호주는 아시아 출신 이민자를 받아들이는 데 그다지 적극적이지 않았으나 지금은 동남아시아, 중국, 싱가포르, 인도네시아로부터 수많은 이민자를 수용하고 있다. 물론 보트피플처럼 가난한 난민들이 찾아와 애를 먹이기는 하지만, 이미 호주는 자국을 '아시아 국가'로 규정하고 이민 정책을 펼친다. 문화적으로는 아시아권이 아니나 지리적으로는 아시아에 있으므로 아시아에 한 발 더 가까이 다가갈 필요가 있음을 깨닫고 이민을 적극적으로 수용하는 것이다.

대다수 국민이 중국계인 싱가포르도 성장하려면 적극적인 이민 정책이 필요하다고 생각했고, 실제로 100만 명 이상의 외국인이 싱가포르 내에서 일하고 있다. 일본도 경쟁력을 키우려면 이민을 받아들여야 할지도 모른다. 필리핀인, 중국인, 말레이시아인, 인도네시아인을 받아들인다면 그들은 병원과 공장 등등 일손이 필요한 곳에서 기꺼이 일하려 할 것이다. 지금 일본에는 노동 의욕을 가진 이들이 절실히 필요하다.

고이즈미-다케나카의 개혁

고이즈미 준이치로 전 총리와 경제·재정 정책 담당 장관이었던 다케나카 헤이조(竹中 平藏, 1951~)가 등장했을 때 여태껏 언급한 문제는 전혀 개선되지 않은 상태였다. 고이즈미 전 총리는 2001년 취임 초기부터 솔직한 발언으로 유명세를 탔다. 경제학자 출신인 다케나카 장관은 고이즈미 내각에 오랫동안 몸담으며 재정·금융 정책 및 민영화 정책을 내놓았다. 그럼, 고이즈미 내각이 내놓은 정책을 네 개로 나누어 살펴보자.

첫 번째 시도는 우정성(우체국) 민영화 정책이었다. 방대한 기관이었던 우정성은 당시 우편저축과 간이보험을 통해 막대한 자금을 축적한 상태였다. 고이즈미 내각의 목표는 우정성을 10~15년 안에 민영화하고 그 막대한 자금을 정부보조금 형태가 아닌, 자본 시장에 개방하는 것이었다. 그러나 우정성 민영화는 여러 찬반 논란을 일으킨다. 이에 고이즈미 내각은 2005년 8월 실질적으로 국민에게 민영화 찬반 의견을 묻는 총선거를 단행했으며 며칠 후 우정성 민영화 법안이 가결된다. 그가 퇴진하기 불과 수개월 전에 일어난 일이었다.

고이즈미 내각의 두 번째 목표는 GDP의 170~175%까지 불어난 재정 적자를 줄이는 일이었다. 고이즈미 내각은 정부 투자를 줄이고 중앙정부가 지방정부에 할당하는 보조금도 줄였다. 안타까운 점은 그가 재임 중에 증세를 단행하지 않은 것이다. 당시 모든 일본인이 세율을 인상할 필요가 있다고 생각했다. 부문별·업종별 경제단체로 구성된 경제단체연합회와 경영자 단체인 경제동우회 고위층들도 하나같이 소비세 인상이 절실하다고 생각했다. 현재 일본의 소비세율은 5%에 지나지 않지만, 정권을 빼앗아온 민주당 정권이 앞으로 4년 동안 소비세를 인상하지 않겠다고 표명하는 바람에 소비세 증세 논의도 흐지부지되었다. 세율을 올리면 불경기에 빠질 것이라고 우려하지만, 증세 말고는 적자를 줄일 방법이 딱히 없다.

세 번째는 금융 정책이다. 다케나카는 3년 안에 모든 부실채권을 처리할 것을 은행에 명령했다. 금융청도 목표 달성을 위해 적극적으로 움직였다. 아울러 일본은행과 협력해 양적완화를 실행했다. 미국 역시 2009년에 양적완화를 실행했는데, 짐작하건대 일본의 정책에서 많은 교훈을 얻은 듯하다. 일본에서는 이미 잘 알려졌지만, 양적완화란 정부와 일본은행이 은행과 보험사 등 금융기관으로부터 증권을 매입해 민간에 자금을 방출하는 정책을 뜻한다.

그러나 민간에 자금 수요가 없었기에 은행과 보험사도 그다지 자금을 필요로 하지 않았다는 점이 문제였다. 그 결과, 금융기관에 지급할 잉여준비금이 일본은행에 쌓였다. 2001~2002년에 일본은행은 경상수지를 3,000억 달러로 끌어올리고 그 수준을 지키려 애썼다. 그러나 여기서 말하는 잉여준비금은 상업 은행이 일본은행에 의무적으로 납입하는 준비예금과는 성격이 다른 자금으로 여신 형태였기에 은행이 실제로 돈을 빌려 주기 전까지는 돈이 아니다. 그래서 일본은행은 설령 수요가 없을지라도 일단 자금을 방출했다. 아무튼, 일단 자금을 방출해 놓으면 언젠가는 금융기관이 그 자금을 사용할 것이고 인플레이션율도 마이너스에서 벗어나 상승할 것이라는 생각을 했었던 듯하다. 실제로 인플레이션율은 2006년에 1%로 상승했으며 2007년과 2008년에는 2%까지 상승했다. 비록 지금은 다시 마이너스로 회귀한 상태이지만 말이다.

네 번째는 연금 개혁이다. 의무 퇴직 연령을 상향 조정했지만, 일본 국민이 연금기금에 납부하는 금액은 지급 금액에 비해 턱없이 적었다. 정부가 국민 개개인에게 연금을 지급하기에는 기금의 규모가 작았기에 큰 부담으로 작용한 것이다. 이에 고이즈미 내각은 취임 후 4년 동안 연금 개혁에 총력에 기울였고, 2004년에 연금 납부액 인상안이 가결되었다. 월 1만 3,300엔이었던 국민연금(기초연금) 납부액이 25% 인상된 1만 6,990엔으로 조정되었다.

사회보장제도에 해당하는 후생연금(노령연금)은 2004년까지는 월급과 상여금을 더한 액수의 13.58%를 회사와 근로자로부터 각각 징수했는데 이 비율 역시 연금 개혁을 통해 18.3%로 상향 조정되었다. 다만, 한꺼번에 올리지 않고 2017년까지 매년 0.354%씩 인상해 최종적으로 18.3%로 고정하기로 했다. 지급액도 현역 시대에 받던 보수의 59%를 최대치로 규정했다.

내가 알기로 '59% 규정'이 생기기 전에는 은퇴 전 마지막 3년 동안 받은 연봉 62% 수준까지 연금이 지급된 적도 있었다. 이렇게 지급 기준을 수정한 후 몇 년 동안 연금 지급액은 50~59% 수준으로 감소했다. 지급액을 줄이고 납입액을 늘렸더니 연금 프로그램의 자금 운용이 비교적 원활해졌고 정부도 향후 10~14년 동안 지출해야 하는 금액을 절감할 수 있었다.

그러나 향후 20~30년의 인구 동향을 생각할 때 현재 보유한 금액으로는 일본의 노인들을 부양하지 못한다는 것이 분명했고, 그런 점에서 고이즈미와 다케나카가 개선한 연금제도가 완벽한 것은 아니었다. 일본은 계속해서 연금제도를 손봐야 한다.

미국도 지난 16년 동안 연금 운용을 두고 토론을 거듭했지만, 여태껏 아무런 움직임도 보여주지 않았다. 반면 노르웨이, 스웨덴, 독일, 프랑스, 이탈리아 등 여러 나라들이 연금제도를 개혁했다. 특히, 영국의 연금 개혁은 장래에 필요한 자금을 거의 완벽히 비축해 가장 성공적인 개혁 사례로 꼽힌다. 모르긴 몰라도 앞으로 10~20년 내에 연금 문제에 직면하는 개발도상국이 나타날 것이다. 특히 엄청난 인구가 사는 중국은 문제가 더욱 심각하다. 물론, 중국도 문제의 심각성을 깨닫고 연금제도를 정비하고 있지만 20~30년 후에나 정비 작업이 완성될 듯싶다.

곤란한 상황 속에서도 고이즈미와 다케나카는 훌륭히 국정을 운영했다. 무엇보다 3년 이내에 부실채권을 처리하라고 은행에 명령한 것이 놀랄만한 성과를 올렸다. 지난 15년 동안 들어섰던 정권과 비교할 때 두 인물은 전에 없는 최고의 콤비였다. 고이즈미 내각이 물러나고 여러 차례에 걸쳐 단기 정권이 들어섰지만, 제대로 된 움직임을 보인 정권은 없었다. 그렇게 무기력한 모습을 보이던 일본의 보수정당, 자민당은 결국 선거에서 패배했다. 자민당 내부에 다양한 이익 파벌이 존재한 탓에 일본 정치는 정체되고 말았다. 같은 맥락에서 현재 미국의 정치 시스템도 마찬가지다. 당내에서 다양한 그룹의 이해가 대립한다. 정부는 의회의 정책 프로세스를 지배하지 못한다. 미국인이라면 누구나 건강보험제도를 개혁해야 한다고 생각할 것이다. 미국 국민이 지출하는 의료비는 세계에서 가장 높은 수준이기 때문이다. 그러나 의회를 지배한 민주당 내부에서도 이해가 일치하지 않아 사태는 좀처럼 진전을 보이지 못한다. 다양한 사람이 각기 다른 프로그램을 추진하려 하니 개혁은 몹시 어려운 과제일 수밖에 없다.

고이즈미와 다케나카 콤비를 두고 일본을 너무 많이 개방했다며 일본을 미국에 팔아넘기려는 심산이 아니냐고 생각하는 사람도 있다.

대체 무슨 근거로 서구에 일본을 팔아넘긴다는 말을 할까? 내가 지금 떠올려 보건대, 일본은 그 무엇도 미국이나 유럽에 팔아넘긴 적이 없다. 여태껏 일본은 거액의 자금을 국외에 투자했고 오히려 미국이나 유럽의 자산을 구입했다. 거액의 경상수지 흑자를 기록하던 시절에 일본의 외환보유액은 대폭 증가했다. 그러면서 일본은 세계 곳곳의 자산을 사들였다. 혹시 고이즈미 내각이 추진한 민영화라는 아이디어를 염두에 두고 하는 말이라면, 미국의 우편국을 여전히 정부가 운영한다는 사실을 떠올렸으면 좋겠다. 따라서 고이즈미 정권이 미국에 일본을 팔아넘겼다는 주장은 도저히 이해가 안 된다.

금융위기 이후의 일본

몇 해 전에 발생한 세계금융위기는 일본에 큰 타격을 주었다. 그 이유는 분명하다. 결코, 미국의 금융업자가 만들어낸 조잡한 금융 상품을 보유해서가 아니다. 금융위기로 미국의 소비 수준이 침체한 것이 일본에 간접적인 타격을 주었다. 미국은 일본의 최대 수출국이기 때문이다. 지난 10년간 일본의 수출은 GDP 성장률에 필적하는 수준으로 계속 늘어났다. 그러다 보니 수출이 정체되면 경기가 나빠질 수밖에 없다.

소비를 즐기는 미국인이 승용차, 가전제품, 기계제품을 감히 거들떠보지도 못할 정도의 불경기가 찾아오자 비단 일본산 자동차뿐 아니라 미국산 자동차도 판매 부진에 허덕였다. 세계에 일본제품이 팔려 나가면서 누렸던 지렛대 효과가 사라졌다. 이렇듯 일본의 처지는 세계 경제와 깊이 연관된 만큼 어렵다. 2007년에 3%였던 GDP 성장률이 2008년에 2%로 떨어졌고, 2008년 후반기부터 2009년 전반기를 거치면서 GDP 성장률은 무려 -6%까지 하락했다. 그렇게 경제가 붕괴했다.

인구 고령화로 저축률도 미국과 비슷한 수준으로 하락했다. 2005년~2006년에 실업률이 다소 하락했는데도 불경기로 직장을 그만두는 사람이 많았고 구직활동을 하는 청년 인구가 적었기 때문이다. 또 2007년부터 2008년 봄까지 상품 가격이 상승하면서 일본의 물가는 2% 정도 상승했으나 2009년에 다시 하락하며 -1%를 기록했다. 소비자물가지수를 보면 TV 등 가전제품을 비롯해 식품과 연료의 가격이 하락하고 있음을 알 수 있다.

특이한 동향 중 하나는 생산자물가지수가 8% 하락했다는 사실이다. 대기업이 철강 및 기계장치의 가격을 낮추었기 때문이다. 상품 가격을 낮추고도 생산성을 유지하려면 결국 임금비용을 절감할 수밖에 없다. 대기업들은 임금비용을 낮추고자 최근 3~4년간 정사원을 줄이고 파견 직원을 대거 고용하는 방향으로 선회했다. 임금이 낮은 파견노동자를 고용하니 임금상승률이 11%나 하락했다.

어쩌면 일본이 임금비용을 줄일 방법은 파견노동자의 고용밖에 없었을지도 모르겠다. 참고로 노동조합의 힘이 강한 유럽에서는 상상조차 할 수 없는 수단이다. 대신에 국가 경쟁력은 떨어질 수밖에 없다. 전체 노동력의 35%가 파견노동자인 상황을 상상해 보라. 파견노동자는 정규직만큼 충분한 보수를 받지 못하니 가계가 힘들어지기 마련이다. 하지만, 도요타 자동차의 가격을 벤츠보다 낮추려면 노동자가 희생을 감수할 수밖에 없다.

일본은행의 대출 금리는 여전히 0.1%로 아주 낮다. 양적완화가 시행 중이므로 시장금리도 낮다. 따라서 10년 만기 국채의 금리도 1.6~1.8% 이하 수준이다. 따라서 일본인들은 향후 10년 동안 인플레이션이 극심해지지 않을 것이라고 생각하고 있다.

재정 적자도 골칫덩어리다. 고이즈미 전 총리의 계획에 따르면 재정 적자는 점점 줄어들어야 했다. 실제로 고이즈미 정권이 퇴진한 후 적자는 확연히 감소했다. GDP 대비 6~7%였던 재정 적자가 3.2%까지 감소했다. 적어도 2008년까지는 그랬다. 하지만 일본 정부가 세계 금융위기에 대처하고자 대규모 경기부양책을 발표하면서 적자 규모는 금세 9%까지 부풀어 올랐다. 게다가 고이즈미의 계획은 2012년까지 재정 흑자를 기록하는 것이었는데 예상치 않게 미국발 금융위기가 터지면서 계획이 수포로 돌아갔다.

물론 재정 적자의 해결은 이제 민주당 정권의 과제다. 예산 정책을 재수립하고 적자를 줄일 방안을 찾아야 한다. 아는지 모르겠지만, GDP에서 채무가 차지하는 비율은 재정 적자와 성장률의 격차에 따라 결정된다. 예를 들어, 재정 적자가 8%이고 경제 성장률이 -5%라면 GDP 대비 채무 비율은 13%다. 결국, 적자를 줄이고 경제 성장을 촉진하면 GDP 대비 채무 비율이 감소한다. 민주당 정권이 정부 지출을 대폭 삭감하는 것도 한 방안이겠지만, 불경기에 그러기란 쉽지 않다. 정부 재정만 흑자를 기록하고 민간 경제는 침체에 빠지는 엇박자가 발생하기 때문이다.

알다시피 일본 정부는 이미 거액의 자금을 빌린 상태다. 매해 국채를 발행해 자금을 조달함으로써 적자를 메운다. 정부 예산의 40%에 해당하는 금액이다. 물론, 금리가 0%일 때를 가정한 금액이다. 만약, 금리가 2%라면 채무 상환액은 그만큼 더 늘어날 테니 예산 삭감을 위해 공공 서비스를 포기하거나 세율을 높을 수밖에 없다. 엎친 데 덮친 격으로 최근 GDP 대비 국가 채무의 비율은 200%를 넘었다.

채무가 모두 '엔화'라는 점은 불행 중 다행이다. 일본인이 엔화로 표시된 국채를 구입할 뿐이지 달러로 표시된 국채를 외국인에게 팔지는 않는다는 뜻이다. 거기에 일본에는 여전히 13조 달러에 달하는 저축이 있다. 여차하면 저축된 자금으로 채무를 메우면 된다. 사실 그렇게 하고도 자금이 남으므로 잉여 자금을 민간 투자로 돌릴 수도 있다. 그러나 일본의 채무 규모는 매년 10~12% 비율을 상승하고 있고 200%가 넘는 채무 비율은 세계에서 가장 큰 채무 규모다. 그러다 보니 일각에서 '채무가 10~15% 비율로 상승하면 일본은 채무 위기에 빠질 것'이라는 우려 섞인 탄식이 들리는 것도 어느 정도 이해가 간다. 일부 달러 자산을 매각해서 자금을 일본으로 회수하지 않으면 자금 부족 현상이 발생할지도 모른다는 의견도 있다. 정말로 이런 사태가 발생하면 다시 한 번 세계적 규모의 금융위기가 터질지도 모른다.

현재 1달러당 엔화 환율은 80~90엔이지만, 15년 전에 비하면 가치가 높지는 않다. 나는 엔화 가치가 조금 더 높아지는 편이 좋다고 생각하는데, 나빠진 경제를 고려하면 뜻대로 쉽게 이루어질 문제는 아니다. 미국 달러는 모든 통화에 대해서 가치가 떨어졌다. 물론 중국의 위안화 환율은 거의 고정되다시피 했으니 논외로 다루어야 한다. 엔화 가치가 85엔이나 86엔 수준에 머물지 아니면 더 하락해서 110엔을 넘을지 나는 잘 짐작이 가지 않는다.

중요한 미일 관계, 불안한 중일 관계

이번에는 일본과 중국, 미국의 관계에 대해 잠시 언급하자. 중국과 미국의 관계가 너무 끈끈해서 일본이 끼어들 여지가 없다고 생각하는 사람도 있는 듯하지만, 그런 생각은 기우에 지나지 않는다. 오바마 대통령이 중국을 방문했을 때를 떠올려 보라. 핵무기, 이란 문제, 주식, 석유 등 양국 간에 제대로 이루어진 합의가 있었던가? 북한 문제에 대해서만 가까스로 합의했을 뿐이다. 게다가 두 정상이 보여준 행동과 대화는 딱딱하기 그지없었다. 중국은 자신들이 보유한 미국 채권이 종잇조각이 될지도 모른다고 노심초사하기 때문에 미국 경제에 대해 신경질적인 태도를 보인다.

미국은 중국이 덤핑 수출을 한다고 생각하기 때문에 중국 제품에 관세를 부여한다. 그러면 중국은 무역과 관련해 보복 조치를 발동하겠다고 위협을 가한다. 따지고 보면 양국은 상대국 시장에 크게 의존하고 있는데 실제로는 쓸데없는 자존심 싸움만 벌인다.

사실 미국과 중국이 '적대적 협조 관계'를 구축하면서 일본이 발붙일 곳이 줄어든 것은 분명하다. 여태껏 일본은 내향적 태도를 보이며 스스로 고립된 길을 걸어왔다. 태평양 한구석에 자리 잡은 섬나라라는 불리한 지리적 조건을 딛고 경제 선진국으로 발돋움했지만, 국내의 어지러운 문제는 해결될 기미를 보이지 않는다. 전쟁을 겪으면서 독립된 방위 정책이 결여되었고 중국과 미국이라는 강대국 사이에 끼어서 시름만 늘어갈 뿐이었다. 엎친 데 덮친 격으로 북쪽에는 러시아와 북한이 있다.

만약 일본이 국내 문제를 훌륭히 해결해 낸다면 한국, 호주, 말레이시아, 캄보디아, 대만, 중국 같은 외부 세계로 좀 더 눈을 돌릴 수 있을 것이고 거기에 중미 관계가 조금이라도 틀어지면 결국 미국은 일본에 도움의 손길을 요청하게 될 것이다.

일본이 미국에 전략적으로 중요한 나라임은 자명한 사실이다. 미국은 여전히 러시아를 경계하지만, 중국보다 더하지는 않다. 일본 정부가 오키나와에서 미국의 공군 기지를 철수시키겠다는 의향을 나타냈을 때 게이츠 국방장관이 당혹한 이유도 바로 그 때문이다. 미국에게 일본은 중국과 러시아를 견제하기 위한 가장 중요한 방위 전략상의 요지다. 따라서 미국은 일본과 강력한 동맹 관계를 유지하고 싶어 한다. 북한의 존재를 고려하면 한국도 좋은 동맹국이긴 하나 규모 측면에서는 일본이 더 강력하다고 볼 수 있다. 일본 역시 미국과 굳건한 동맹 유지가 필요하다. 다시금 양국의 윈-윈 관계를 인식하여야 한다.

일본은 미국뿐 아니라 아시아 국가들과도 협조해야 한다. 중국과 경제적으로 긴밀한 관계를 맺고 있지만, 정치적 신뢰는 아직 제대로 구축되지 않았다. 아시아의 역사는 유구하고 다양한 배경이 존재한다. 일본은 17세기에 고립된 역사를 보냈으며 20세기 초에는 제국주의를 앞세우며 아시아 국가들을 위협했다. 이제 일본은 역사를 제대로 청산하고 아시아와 적극적으로 교류해야 한다. 오랜 세월 일본은는 탈(脫)아시아라는 의식이 깊숙이 뿌리박혀 있었다. 그러나 주위를 둘러보라. 중국, 한국, 싱가포르, 홍콩과 같은 아시아 국가가 점점 세계무대에서 두각을 드러내고 있다. 수많은 서구 기업이 일본을 떠나 싱가포르, 홍콩, 상하이로 발걸음을 향한다. 최근 15년 동안 정체한 일본은 성장을 거듭하는 아시아 주변국들에 묻혀 점점 빛을 잃어가고 있다.

일본이 아시아 국가들과 좋은 관계를 구축한다고 해서 미국과의 관계가 나빠지지는 않는다. 중국이 미국과 일본의 방위 관계에 압력을 가한다면 이야기는 좀 달라지겠지만, 여태껏 중국이 미일 방위에 대해 언급한 적은 없었다. 일본은 북한의 6자 회담 문제도 있으니 한국, 미국, 중국, 러시아와는 되도록 마찰을 빚지 않는 편이 좋다.

해외직접투자의 문은 열릴까

거액의 경상수지 흑자를 기록했던 일본은 긴 세월 동안 해외직접투자를 해왔다. 중국 역시 막대한 자금이 국외로 유출되지만, 그에 버금가는 막대한 외국 자본이 국내로 유입된다. 그런데 일본 국내로 유입되는 외국 자본은 약 100억 달러로 그리 많지 않다. 일본이 해외에 투자한 액수인 약 1,000억 달러의 1/10에도 미치지 않는다.

자금뿐 아니라 인재의 이동도 제한적이다. 사실 일본인 사업가가 브라질로 건너가 3년 동안 일하고 또다시 미국 휴스턴으로 가기란 쉽지 않은 일이지만, 일본인들은 용케도 그렇게 해왔다. 한편, 미국인과 유럽인은 중남미든 중국이든 인도든 외국 어디서든 살아도 그리 괘념치 않고 잘 적응한다. 그런데 유독 일본에서는 살기가 어렵다고 토로한다. 물가가 너무 높고 규제가 너무 자주 바뀌기 때문이란다.

일본에 진출한 소비자금융회사 GE머니GE Money도 '그레이존 금리[3]'를 규제하는 개정 대부업 규정 때문에 큰 어려움을 겪은 바 있다. 첨단기술 산업 분야의 장벽도 높다. 외국의 전자 기업이 일본에 독자적으로 진출해 도시바Toshiba와 경쟁하기란 쉽지 않다. 중국에서 값싼 물건을 대량으로 수입하므로 저가 시장에 진출하기도 만만치 않다.

다른 예를 들어보자. 하버드대학교는 상하이에 교육센터를 설립했다. 같은 시설을 인도와 파리에도 설립할 예정이지만, 그 누구도 일본에 교육 시설을 설립하자는 말을 꺼내지 않는다. 진입 장벽이 높다는 사실을 익히 알기 때문이다. 일본은 국외 자본이 투자하기 쉬운 환경을 구축하고자 노력해야 한다. 그러지 않으면 일본은 진정한 세계화를 이룰 수 없다.

언어도 너무 어렵다. 일본인이 영어를 열심히 배운다는 사실은 익히 알지만, 일본어를 열심히 배우는 외국인은 극소수다. 인구만 따지면 일본은 중국보다 작은 나라이고 따라서 수많은 미국 학교가 중국어를 가르친다. 중국어라고 쉬운 것은 아니지만, 미국에는 일본어 교과 과정이 아예 없다. 일본이 맹위를 떨치던 1970년대에 정착했어야 했으나 그러지 못했다. 일본에서 3~4년 동안 일한 외국인 중에도 일본어를 제대로 구사하는 사람이 거의 없다. 문화와 언어가 너무 달라

---

3 이자 제한을 초과하되, 형사처벌을 하지 않는 금리. 연 20~29%의 고금리다.

서 일본에서 사업하기가 수월하지 않다.

앞서 교육 서비스를 예로 들었는데 중국에는 하버드 경영대학원 등 다수의 미국 교육기관이 진출했으며, 싱가포르에는 시카고대학교와 프랑스 경영대학원 인시아드INSEAD가 진출했다. 미시간주립대학교도 두바이와 교육 서비스 제휴를 체결했다. 그런데 일본에는 소위 말하는 메이저 교육기관이 한 곳도 설립되지 않았다. 이렇듯 일본은 교육 및 연구 분야에서 폐쇄적인 모습을 보인다. 자국의 교육제도가 그만큼 흡족하다는 뜻일까?

교육은 일부분에 불과하다. 각종 서비스 분야도 폐쇄적이다. 지난 10년 동안, 미국의 은행들이 일본 금융계로 진출했지만, 각종 규제 때문에 규모는 크지 않다. 통신업도 효율이 뛰어난 일본 기업이 지배하고 있다. 맥도날드와 KFC처럼 세계적으로 유명한 프랜차이즈 업체는 브랜드 가치를 앞세워 진출했지만, 대형 소매업은 발도 붙이지 못한 상태다. 일본의 사회 구조가 서비스 분야의 생산성을 억제한다. 매장 신설 규제를 비롯한 다양한 규제 때문에 전통적인 서비스 분야의 생산성은 거의 개선되지 못했다. 폐쇄적인 서비스업 또한 일본의 성장을 억제하는 요소다.

일본의 택시는 깜짝 놀랄 정도로 청결하고 예의 바르다. 신기하게도 탑승하자마자 미터기가 작동하기 시작한다. 오히려 그런 점이 택시업계의 생산성을 저해하지는 않을까? 엄청난 속도로 목적지를 향해 내달리고 인사는커녕 손님과 눈조차 마주치지 않는 뉴욕의 택시가 생산성이라는 측면에서 더 높은 평가를 받아야 마땅하지 않을까 생각한다. 개인적으로는 뉴욕의 택시를 더 선호하는데 일본인들은 아무도 그런 서비스를 원하지 않나 보다. 한편, 제조업은 순항 중이지만 변화 속도는 더디다. 이 역시 일본인이 전통적 가치관을 중요하게 여기기 때문일 것이다.

그리고 다시 일본

이제 몇 가지 결론을 내리자. 우선 거품경제가 붕괴한 후에 발표된 금융 정책은 이렇다 할 효과를 올리지 못했다. '유동성의 덫'에 빠졌기 때문이다. 또 재정 적자를 감수하면서까지 경제를 부양하려 했지만, 이 역시 '리카도의 중립명제'에 따라 민간 부문이 호응하지 않으면서 경기를 북돋우는 데 실패했다.

기업지배구조, 은행제도, 교육, 여성의 권리 등 일본의 기관와 제도는 현대화되어야 한다. 자민당 장기 집권으로 대변되던 닫힌 정치는 막을 내렸다. 새로운 정당이 정권을 잡았다. 앞으로 민주당이 무슨 일을 벌일지는 미지수지만, 당장 눈앞에 닥친 일본의 과제는 재정 정책이다. 거액의 재정 적자를 어떻게 해결할지 생각해야 한다.

민주당의 다음 과제는 고령자 대상 건강보험의 자금을 적자 없이 충당하는 일이다. 세 번째 과제는 '행정을 집행하는' 관료 집단으로부터 권력을 빼앗아 오는 일이다. 민주당은 관료가 아닌 '정책을 결정하고 집행하는' 정치가가 정책 결정 과정을 지배해야 한다고 역설하며 선거에 임했고 많은 일본인이 그들을 지지했다. 최근 15년 동안 일본의 관료 집단은 성과를 올리지 못했기 때문이다. 다만, 일본에서는 관료들이 필요 이상으로 막강한 권력을 보유했으므로 그 권력을 빼앗기란 쉬운 일이 아닐 것이다. 그 성패 여부는 탈관료의존정치를 표방하는 신생조직, 국가전략국이 제대로 기능하느냐 마느냐에 달렸다.

외교적 과제도 많다. 하토야마 전 내각은 미국과의 관계를 재구축하려 했지만, 특별한 성과를 내지 못했던 것처럼 앞으로도 쉽지 않을 것이다. 북한 문제와 오키나와 문제에도 대처해야만 한다. 게다가 일본은 미일 관계를 저해하지 않고 중국과 관계를 개선해야 한다. 이와 관련해 다양한 공약이 발표되었지만, 실제로 행동에 옮길 때는 신중에 신중을 기해야 한다. 일본은 미일 관계에서 큰 이익을 얻고 있기 때문에 미국을 멀리하거나 뿌리치려는 것은 위험하다. 사실 일본의 방위 관계상 어려운 일일뿐더러 만약 그랬다가는 무역에 악영향을 미치기 때문이다. 일본산 승용차에 미국이 관세를 부과하면 어찌 될까? 일본은 파멸적인 타격을 입게 된다.

그럼에도, 일본은 중국과의 연계를 강화해야 한다. 중국은 세계 최대의 경제 대국이다. 향후 2~3년 내에 일본을 앞지를 것이다. 그렇지만, 여전히 일본은 제조업에 뛰어난 수완을 지녔고 중국이 원하는 기술을 보유했으므로 중국도 일본과의 관계가 강화되기를 바라고 있다.

이렇듯 민주당 내각은 많은 과제를 안고 있다. 일본 정부의 채무 규모는 200%를 넘었다. 이런 상황에서 금리가 상승하면 어찌 될까 우려된다. 일본의 주요 산업은 여전히 수출에 의존한다. 만약 미국과 유럽의 경제가 회복되지 않는다면 어찌 될까? 엔화 환율이 오를까? 아니며 내리려나? 온갖 우려와 가정이 난무하는 가운데 일본 경제는 붕괴 위기에 처할지도 모른다. 물론, 새 정권 아래서 훌륭히 재기할지도 모른다. 그리고 세계 경제를 위해서 일본 경제가 붕괴해서는 안 된다. 새로운 정권 아래서 훌륭히 재건되기를 바란다.

민주당은 '관료가 아닌 정치가가 주도하는 국정 운영'을 매니페스토로 내걸고 2009년에 승리했으나 하토야마 전 내각은 결코 강력한 내각이 아니었다. 각료로부터 권력을 빼앗아 왔을 때 누가 행정을 아우를지가 가장 중요한 문제인데, 이 점을 진지하게 고려하기는 했는지 의심스러울 정도였다. 일본 정치는 여전히 개혁이 필요하다. 더구나 '민주적'이라고도 할 수 없다.

세계화가 진행되어 '국가와 국가가 경쟁하는' 상황 속에서 일본은 움츠러들려는 경향이 있다. 정치계에는 포퓰리즘(대중영합주의)이 난무한다. 그 결과, 재정 구조가 경직하고 적자폭이 늘어나고 거액의 누적 채무(GDP 대비 200%)에 시달리는 국가가 되고 말았다. 그럼에도 누구 하나 재정 재건을 위한 길을 제시하는 사람이 없다.

일본의 과제는 명백하다. 재정 재건, 안보, 주도적 외교, 자원·에너지 개발, 과학기술, 교육, 벤처 비즈니스 등 민간 기업과 정부가 힘을 모아 세계와 경쟁할 수 있는 성장 전략을 마련하고 실행에 옮겨야 한다. 지금이야말로 '재팬 애즈 넘버 원'[4]이라 칭송받았던 시대의 치밀한 전략을 스스로 복습해야 할 시기인 것이다.

---

4 1980년대, 일본이 새로운 경제 대국으로 부상하면서 나온 말로 '일본을 배워라'라는 뜻이 담겼다. 하버드대학의 E. F. 보겔 교수가 집필한 저서명에서 따왔다.

위험한 나라
미국

최근 수십 년 동안 미국 경제가 걸어온 길은 3단계로 나눌 수 있다. 1단계는 로널드 레이건Ronald Reagan, 1911~2004이 시행한 경제 정책 즉, 레이거노믹스Reaganomics 시대다. 2단계는 빌 클린턴Bill Clinton, 1946~의 구조조정 시기이며 3단계는 경제 괴멸을 가져온 부시George H. W. Bush, 1946~ 집권기다. 마지막으로 버락 오바마Barack Obama, 1961~ 정권에 대해서도 논해보겠다.

세계대전 이후부터 '카터 불경기'까지

제2차 세계대전이 끝나고 나서 미국 경제는 순항했다. 1940년대부터 1960년까지 인플레이션이 억제된 반면에 생산성은 높았기 때문에 높은 성장을 이룰 수 있었다. 문제가 발생하기 시작한 시기는 1970년대다. 1960년대 중반에 린든 존슨Lyndon Johnson, 1907~1973 전 대통령이 'Great Society(위대한 사회)'라는 이름의 대규모 사회보장제도를 발표한 것이 문제의 발단이었다. 빈곤층에도 경제 발전의 이익이 돌아갈 수 있도록 건강보험과 퇴직자 연금 정책을 시행했다가 재정이 적자를 기록했기 때문이었다. 린든 존슨의 '위대한 사회'는 사회 문제를 해결하고자 시도한 최초의 재정 지출이었으니 비록 적자가 났을지라도 높이 평가할 만한 정책이었다. 그러나 내가 '위대한 사회'를 문제의 발단으로 지목한 이유는 따로 있다. '위대한 사회'가 베트남 전쟁에 들어가는 경비를 조달하기 위한 자금원이기도 했기 때문이다. 모두 알다시피 베트남 전쟁의 대가는 무시무시했고 미국은 막대한 피해를 보았다. 이렇듯 '위대한 사회'라는 사회보장 프로그램과 베트남 전쟁으로 인해 세수입의 균형이 무너지자 미국 경제는 서서히 기울기 시작한다.

1960년대 후반부터는 인플레이션율이 조금씩 상승했다. 1969년과 1971년에는 실업률이 상승하고 인플레이션이 발생하면서 처음으로 스태그플레이션을 경험했다. 과거에는 두 가지 현상이 따로 일어났지만, 당시에는 두 현상이 동시에 일어났다. 당시 대통령이었던 리처드 닉슨Richard Nixon, 1913~1994은 스태그플레이션에 대처하려 애썼지만, 오히려 심각한 불경기에 나라를 빠트리고 말았다. 지미 카터Jimmy Carter, 1924~ 역시 1970년대 후반에 경제 문제를 해결하고자 노력했으나 미국은 계속해서 물가 상승, 재정 적자, 환율 상승의 삼중고에 시달렸다.

결국, 1980년에 미국의 성장률은 -3%로 대폭 하락했다. 흔히 말하는 '카터 불경기'다. 미국은 물밀 듯 들어오는 일본 제품에 고전했고 사람들은 하나둘 일자리를 잃었다. 실업률이 상승했고 물가도 끊임없이 올랐다. 1980년에는 물가상승률이 10%에 달했고 소비자물가지수는 12% 상승했다. 역대 최고 수준의 인플레이션이었다. 무역 적자도 대폭 늘어났다. 1913년부터 1917년까지 미국의 무역수지는 흑자를 기록했지만, 1980년대에 들어서자 280억 달러의 적자를 기록한다. 대부분은 일본을 상대로 기록한 무역 적자였다. 그러자 미국은 보호주의적인 규제와 관세 정책으로 일본을 강력하게 압박했다.

1979년과 1980년에는 생산성도 감소했다. 노동자 1명의 생산량은 하락했음에도 조합 노동자에 지급되는 비용은 연 10%의 급격한 상승률을 기록하며 미국 경제의 목을 옥죄었다. 또한 미국 정부는 금융, 에너지, 공익사업, 교통 등 많은 분야를 규제했었으니 해당 산업의 효율이 좋을 리 만무했다. 카터는 생산성 강화를 위해 다양한 규제 완화책을 발표했으나 실현되지는 못했다.

1979년에 카터가 임명한 폴 볼커 FRB의장은 금리를 19%까지 인상해 인플레이션을 억제하려 했지만, 이듬해인 1980년에 금리 인상 방침을 단념한다. 카터의 재선을 정책적으로 지원하려는 심산이었지만, 그 정도로 국민의 환심을 사기에는 역부족이었다. 재정 적자는 2.4%에 달했고, 경기는 여전히 호전되지 않았으며, 당연히 달러 가치도 하락했다. 카터가 무슨 수를 써도 해도 좋아질 기미가 보이지 않자, 미국 국민은 1980년 11월에 레이건을 대통령으로 선출했다.

레이거노믹스

1980년, 미국 국민은 기존 정치에 등을 돌리고 레이건을 대통령으로 맞이했다. 영화배우 출신이자 캘리포니아 주지사를 지낸 그는 보수파로 작은 정부를 추구했다. 대통령 선거에서도 정부지출 축소와 감세를 공약으로 내세워 당선되었다. 산업계와 기업가들에게는 경쟁의 자유를 부여하겠다고 강조했다.

1981년에 레이건은 '레이거노믹스'라 명명한 경제 정책을 발표했다. 레이거노믹스는 크게 4개 부분으로 나누어 작성되었다. 최초로 실행한 정책은 금융 긴축이었다. 그는 폴커 FRB의장에게 인플레이션을 억제하라고 명령했다. 그 결과, 달러 가치는 부쩍 올랐고 금리는 21%까지 인상되었다. 아울러 대폭적인 감세를 시행해 경기를 부양했다. 개인 소득세를 무려 25% 삭감하고 법인세의 세율도 하향 조정해서 투자를 자극했다. 세 번째로 교통, 에너지, 통신, 금융업의 규제를 완화해 주위를 놀라게 했다. 또한, 소련을 극도로 경계하던 레이건은 방위비 지출을 늘렸다. 전략 미사일과 잠수함을 배치하고 위성과 유도 미사일의 격추에 필요한 레이저 시스템을 개발하는 스타워즈STAR WARS라는 전략적 방위 계획을 추진해 소련을 압도하려 했다. 스타워즈 계획에는 숨은 의도가 따로 있었다. 미국이 거액의 군사비를 투입하면 러시아도 어쩔 수 없이 군비를 증강해야 할 것이고, 방위비 지출을 늘리다 보면 경제 기반이 취약한 소련이 스스로 파산하리라고 생각했던 것이다. 실제로도 그렇게 되었으니 레이건의 의도는 적중했다 할 수 있다.

의회는 레이건이 내놓은 정책을 대부분 승인했지만, 성과는 예상보다 미미했다. 더구나 얼마 가지 않아 대공황 이래 가장 심각한 불경기에 빠지고 만다. 더블딥Double-dip Recession[5]이 찾아온 것이다. 최초의 경기 침체는 카터 집권기에 찾아왔고, 두 번째 경기 침체는 그로부터 1년 6개월이 지난 레이건 집권기에 찾아왔다. 짧은 시간에 경기 침체가 두 번이나 발생했기 때문에 'W자형 불경기'라고도 불렸다. 이 시기에는 금리가 무척이나 높아서 달러 가치가 크게 오른 상태였다. 그러다 보니 무역이 침체하고 일본이나 독일에 비해 경쟁력이 뒤처지고 만다. 소비자들은 미국 제품보다 외국 제품을 더 선호하게 된다. 모두 높은 달러 가치 때문에 발생한 현상이었다. 당연한 이야기지만, 무역수지와 경상수지는 막대한 적자를 기록한다.

하지만 8~9년에 걸쳐 막대한 방위비를 지출한 결과는 만족스러웠다. 1,600억~1,700억 달러 수준이었던 미국의 방위비는 이 기간에 3,000억 달러로 증대했는데, 안타깝게도 소련의 고르바초프는 그를 따라갈 여력이 없었다. 그리고 1985년에 국제유가가 하락하자 물가가 하락했고 미국 경제는 기사회생한다.

심각한 불경기에 빠져나온 레이건 정권 말기와 아버지 부시 정권의 집권 초기인 1989~1991년에 미국의 경제성장률은 꽤 높았다. 폴커 FRB의장의 정책도 눈부신 효과를 올렸다. 고금리를 유지하고 통화 공급량을 억제함으로써 지난 20년 동안 줄곧 높았던 인플레이션율을 2.0~2.5%까지 하락시킬 수 있었다.

무엇보다 중요한 점은 미국인들 사이에서 인플레이션에 대한 우려가 사라졌다는 것이었다. 이제 미국인들의 머릿속에는 내년에 물가가

---

5 경기침체 후 잠시 회복기를 보이다가 다시 침체에 빠지는 이중침체 현상.

더 오를지도 모른다는 우려가 없었다. 심리적 불안 요소가 사라지자 투자가 활발해졌다. 실제로 인플레이션율이 완전히 내려가기까지는 4년이 걸렸고 실질금리가 내려가기까지는 5년이 걸렸다.

레이거노믹스의 가장 큰 정치적 약점은 사회보장 프로그램을 포기하면서 수많은 빈곤층을 외면했다는 사실이다. 한편, 경제적 측면에서 뜨거운 감자는 감세 정책이었다. 서플라이-사이드 이코노믹스 supply-side economics[6] 및 보수파 정치가들은 감세를 실시해도 재정 적자는 늘어나지 않으리라고 확신했다. 감세를 실시하면 경제가 살아날 것이고, 일단 경제가 살아나면 성장폭은 더욱 커지니 몇 년이 지나면 감세로 놓쳐버린 세수입을 메우기에 충분한 세수입이 창출될 것으로 예상했다. 그러나 그들의 예측은 엇나갔다. 1980년대에 미국은 거대한 재정 적자를 떠안았고, 높은 금리 탓에 채무 규모는 크게 불어났다. 원금은커녕 매년 불어나는 이자 때문에 상환 부담은 더할 나위 없이 컸다.

속사정이야 어찌 되었든 경제가 살아난 것만큼은 부인할 수 없는 사실이었으므로 1988년에 레이건은 보수적인 미국인들로부터 영웅 대접을 받으며 정권에서 내려왔다. 레이건 지지자들은 무역수지, 경상수지, 재정, 채무 규모에 레이건이 얼마나 큰 타격을 주었는지 전혀 이해하지 못했다. 그의 뒤를 이은 아버지 부시는 레이건 정권에서 부대통령을 역임한 인물이다. 다행히 그는 레이건이 남겨놓은 문제를 충분히 인지했고 문제를 해결하려면 세율을 올릴 수밖에 없다고 생각했다. 레이건 정권에 몸을 담았던 만큼 증세가 탐탁한 정책은 아니었

---

6 경제활동 가운데 수요 측면보다 공급 측면을 중시하는 사고방식을 일컫는다.

지만, 상황이 상황이니 어쩔 수 없었다.

1990년에는 걸프전쟁이 발발했다. 미국은 중동에 병력 60만 명을 파견하고 400억~500억 달러의 전쟁 비용을 투입했다. 1991년에 미국은 소규모 불경기에 빠졌고, 세수입은 다시 줄었으며, 지출은 증가했다. 부시 임기 마지막 해였던 1992년에는 적자 규모가 2,900억 달러에 달했다. 세계 역사상 전에 없었던 최대 적자 규모였다. GDP에서 차지하는 비율은 6%에 상당했다. 대규모 재정 적자는 미국의 채무와 상환액이 수년에 걸쳐 기하급수적으로 늘어나리라고 예고하는 신호탄이었다. 아울러 정권 교체를 암시하는 신호탄이기도 했다.

미국인은 레이건을 사랑했지만, 레이건의 유산을 물려받으며 탄생한 부시 정권에는 크게 실망했다. 미국 경제를 다시 한 번 도탄에 빠트렸기 때문이다. 결국, 공화당이 의회에서 과반수를 차지하는 상황에서도 1992년에 민주당의 빌 클린턴이 차기 대통령으로 선출되었다. 이로써 보수주의파와 서플라이-사이드 이코노미스트들의 실험은 완전히 종막을 고했다. 적어도 클린턴의 대통령 임기 동안은 말이다.

클린턴의 행운

클린턴은 취임 일주일 전에 고향 알칸소에서 경제 고문들을 차례차례 만났다. 그들은 지금 미국이 재정 위기에 빠졌으니 증세를 단행하고 지출을 줄이지 않으면 미국은 파산하고 말 것이라고 조언해 주었다. 클린턴이 아무리 머리가 비상하다지만, 대통령 선거 유세 기간에는 미국의 재정 상태에 대해 잘 알지 못했던 듯하다. 대통령이 된 이상 증세나 지출 삭감에 대해 고려하지 않으면 안 되었다. 선거 유세 때는 대중의 지지를 얻는 데 독이나 마찬가지라 제대로 생각하지 않았던 사안을 말이다.

정확히 3주 후에 클린턴은 적자 절감 방안을 발표했다. 방위비와 사회보장 프로그램에 투입되는 비용을 위주로 1,000억 달러를 절감하고 증세를 단행한다는 내용이었다. 레이건 정권에서는 부유층에 부과하는 세율이 36%였는데 클린턴은 해당 세율을 41%로 인상하려고 했다. 의회에서는 클린턴의 증세 정책을 두고 열띤 논쟁이 일어났다. 환경 문제에도 민감했던 클린턴은 BTU세라는, 영국열량단위$_{British\ Thermal\ Unit}$를 기준으로 한 에너지세도 제안했으나 공화당이 과반수를 장악한 상원에서 부결되고 만다. 비록 우여곡절을 겪었지만, 클린턴의 적자 삭감 법안은 같은 해 10월에 가결된다.

그 이후 미국 경제에 가까스로 숨통이 트인다. IT업계가 엄청난 호황을 누리기 시작했기 때문이다. 그런 점에서 클린턴은 운이 좋은 편이었다. 재임 중에 미국에서 인터넷 혁명이 발생해 생산성이 향상되면서 투자가 확대되었다. 여기에 증세와 지출 절감 정책이 맞물리면서 실질 GDP가 연 4% 상승하는 성과를 올렸다. IT기술에 투자가 활발히 이루어지면서 생산성 증가율이 2%에서 4%로 뛰어올랐고, 증세와 GDP 성장으로 정부 재원이 확충되었다. 그리고 기본적으로 지출을 억제하는 정책을 폈으므로 재정 적자는 금세 축소되었다. 1998년에는 약 30년 만에 재정 흑자를 기록했고 2000년에는 세계 역사상 최대 규모인 2,260억 달러의 흑자를 달성했다.

한편, 클린턴은 자유무역을 지지했다. GATT~General Agreement on Tariffs and Trade~의 8번째 무역 협상인 우루과이 라운드뿐 아니라 미국, 캐나다, 멕시코 삼국간의 무역을 촉진하는 NAFTA까지 체결했다. 이로써 노동비용이 현격히 낮아지고 생산성은 향상되었다. 물가와 임금상승률은 하락했다. 이제 남은 문제는 레이건 시대부터 클린턴 시대까지 줄곧 이어져 온 낮은 저축률과 경상수지 적자였다. 한편, 이 무렵에 독일과 일본의 고부가가치 산업은 경쟁력을 더 키운 상태였고 중국과 멕시코의 저부가가치 산업도 서서히 경쟁력을 끌어올리고 있었다. 제조업 분야에서 우위를 빼앗긴 미국은 더 많은 물건을 외국에서 구입해야만 했다.

파괴왕 부시

미국 경제의 세 번째 단계는 2001년 9월 11일에 시작했다. 클린턴이 재임하며 대통령이자 경제 관리자로서 성공을 거두었지만, 1996년 이후부터는 공화당이 서서히 상원을 지배하기 시작했다. 게다가 그는 1997년과 1998년에 잇따라 성추문을 일으켰고 선서 증언에서도 거짓을 말하며 곤경에 처한다. 이에 공화당 의회는 탄핵을 거론했지만, 대통령으로서 업적이 워낙 대단했기 때문에 재임 기간 중에 물러나는 불상사는 일어나지 않았다. 하지만, 클린턴의 성추문 사건은 2000년에 열린 대통령 선거에서 공화당이 승리하는 데 빌미로 작용했다. 그 탓인지, 민주당의 앨 고어~Al Gore, 1948~~는 우수한데다 환경문제에도 노력하는 부대통령이었으나 선거전을 효과적으로 이끌지는 못했다. 결국,

텍사스주 지사이자 공화당 보수파를 대표하는 부시가 근소한 차이로 대통령이 되었다. 그의 득표수가 실제로는 앨 고어보다 적었으리라 생각하는 사람이 있을 정도로 근소한 차이였다.

2001년에 취임한 부시 대통령은 아버지와 마찬가지로 세금을 악이라 여기는 공화당원이니 취임하자마자 감세 정책으로 경제 성장을 촉진하려 했다. 2000년 후반부터 2001년 초까지 미국 경제의 성장세는 다소 움츠러들었다. 불경기라 할 정도는 아니었지만, 자칫하면 다시 불경기에 빠질 수도 있는 상황이었다. 부시의 사회 정책은 지극히 보수적이었다. 낙태에 반대했고 남부 복음주의 기독교 신자Evangelical Christians를 대변해 교육을 개혁하려 했다.

그러나 9·11테러로 세계무역센터가 파괴되며 3,000명의 미국인이 희생당한 시점부터 그의 인생과 정책은 크게 바뀌었다. 미국의 강대함을 부흥시켜야 한다는 사명을 짊어지기라도 한 듯 강경한 외교 정책을 펼치기 시작했다. 먼저 부시는 아프가니스탄을 침공해 탈레반을 소탕했다. 2년 후에는 이라크를 침략했다. 그는 사담 후세인을 파멸시키리라 결심하고 CIA을 비롯한 특수 기관의 전력을 결집해 국토안전부를 창설했다.

아울러 그는 2001~2004년 동안, 네 번에 걸쳐 감세를 시행했다. 최대 규모의 감세 정책은 2001년에 도입한 '경제 성장 및 조세감면법EGTRRA'이었는데 이를 통해 정부는 1.3조 달러의 세금을 줄였다. 이어 2003년에는 EGTRRA에서 한 단계 더 나아간 고용과 경제 성장을 위한 조정법, JGTRRA이 성립되었고 산업계를 대상으로도 추가 감세를 시행했다. 감세 규모는 1.9조 달러에 달했다. 그 20년 전에 레이건이 시행한 감세 정책으로 7,000억 달러를 줄였으니 부시의 감세 정책이 얼마나 대규모였는지 짐작이 갈 것이다.

강력한 감세 정책으로 미국 경제는 불경기에서 탈출하며 연 2~3%의 속도로 성장하기 시작했다. 그러나 서플라이-사이드 경제학자들의 예측과는 달리 재정 적자는 줄기는커녕 더 늘어났다. 1.9조 달러 규모의 감세 정책을 편데다 지출도 3,500억 달러나 더 증가했기 때문이다. 2006년과 2007년에는 경제 성장이 두드러지고 호경기로 세수입까지 늘어나면서 적자는 1,700억~2,000억 달러 수준으로 줄었지만, 2008년에 경기 침체로 세입이 감소하자 적자는 4,550억 달러로 늘어났다. 거액의 재정 적자가 발생하자 5.5조 달러였던 채무도 12조 달러로 불어났다.

경상수지는 클린턴이 정권에서 내려올 시점에 이미 -4,100억 달러였는데 부시 정권이 들어서자 더 악화되었다. 2008년에는 무역수지 적자가 8,400억 달러에 달했다. 경상수지 적자는 2007년에 약 7,300억 달러에 달했다. 2008년에는 7,060억 달러로 다소 감소했지만, 여전히 많은 금액이었다. 불어날 대로 불어난 무역수지와 경상수지 적자 때문에 달러 가치는 하락했다. 대외채무는 세계 역사상 전례가 없었던 3.4조 달러에 달했다.

클린턴 집권기에 줄곧 하락하던 저축률은 부시 정권에 들어서서 더욱 하락했다. 2005년과 2006년에는 심지어 마이너스를 기록했다. 부시 시대가 끝날 무렵에 미국의 상황은 더없이 악화되었고 수요와 공급이 모두 불안한 상태가 지속되었다. 나라 바깥에서는 무려 두 곳에서 전쟁을 일으키며 유럽과 중남미 관계의 악화를 자초했다. 러시아나 중국과도 이렇다 할 관계를 구축하지 못했고 일본과의 관계에도 이렇다 할 진전이 없었다.

IT업계가 변함없는 호황을 누리며 생산성 향상을 이끌었다는 점은 그나마 다행이었다. 전통적으로 미국의 노동 시장은 유연하기 때문에 고용을 억제하기가 수월하다. 그런 상황에서 생산액이 상승했으니 생산성은 자연스럽게 향상되었다. 2002~2003년에 생산성 증가폭은 6%에 달했다. 2006~2007년에 3%, 2008년에 0%로 떨어지기는 했으나 2009년 들어 다시 상승하기 시작했다. 그리고 2009년 3분기에는 9.5%를 회복했다. 하지만 생산성이 향상된 배경에 정리해고라는 다소 비인간적인 처사가 있었다는 점을 간과해서는 안 된다. 인건비 삭감을 통한 생산성 향상은 세계화라는 관점에서 볼 때 어쩔 수 없는 측면이 있다지만, 여기에는 한 가지 조건이 반드시 뒤따라야 한다. 해고당한 노동자가 더 높은 생산성을 발휘할 수 있는 직종에 재고용되는 체계를 구축해야 한다는 것이다.

위에서 언급한 생산성 향상의 전제에 대해 조금 더 자세히 설명해보자. 어느 자동차 회사가 공장의 생산성을 개선하려고 인원을 해고했다고 가정하자. 필시 해고당한 노동자들은 크게 반발할 것이다. 그러나 대부분 경제학자는 이런 현상을 그렇게 심각하게 생각하지 않는다. 해고당한 노동자들은 직업학교에서 훈련을 받아 간호사로 재취업하면 그만이라고 믿어 의심치 않기 때문이다. 그러나 현실은 녹록

하지 않다. 50세에 해고된 자동차 공장의 노동자가 직업학교에서 2년 동안 재교육을 받고 간호사가 될 리 만무하지 않은가. 따라서 산업의 생산성을 마찰 없이 끌어올리려면 해고된 인재가 고부가가치를 창조할 수 있는 분야로 자연스럽게 이동할 수 있는 체계를 구축해야만 한다. 혹은 고용을 유지하는 대신에 임금을 낮추는 방안도 있다.

시급 46달러의 자동차 공장 노동자가 일자리를 잃고 앨라배마주에서 시급 15달러의 교사가 되지 말라는 법은 없다. 하지만 그가 대학교육을 받지 못했다면 그와 같은 극적인 전진은 꿈꾸지 못한다. 실제로 대부분 공장 노동자는 대학 교육을 받지 않았다. 따라서 진정으로 생산성을 향상하려면 한 산업에만 국한된 구조조정이 아니라 광범위한 구조조정 체계가 반드시 필요하다. 경제학자들은 실제로 그런 일이 가능하다고 믿지만, 현실이 그렇지 않다는 것은 학생 여러분이 더 잘 알고 있을 것이다. 어떤 방식이 되었건 생산성을 향상해서 전체 경제를 더욱 풍요롭게 하는 일이 성장으로 나아가는 도정에 중요한 역할을 한다는 사실은 유념해 두었으면 한다.

'금융위기'를 수출하는 미국

자, 드디어 금융위기에 대해 말해야 할 때가 찾아왔다. 일본도 그랬지만, 미국은 2000년대 활황을 거치면서 거품이 발생했다. 거품이 발생한 원인은 많지만 여기서는 두세 개 정도만 언급하고 넘어가겠다.

첫 번째, 볼커 대신에 FRB의장에 취임한 앨런 그린스펀Alan Greenspan, 1926~이 2001년에 금리를 대폭 인하한 것이 발단이었다. 그린스펀이 취임했을 때만 해도 불경기였으므로 그는 2006년까지 낮은 금리를 유지했다. 이 기간에 미국의 금리는 고작 1%대에서 유지되었고 낮은 금리는 융자를 자극했다.

아울러 미국의 자본 시장이 광범위하고 신용카드가 널리 보급되었다는 점과 주택담보대출 시스템이 발달해 주택을 살 때 자금을 쉽게 대출할 수 있다는 점이 거품으로 이어졌다. 쉽게 말하면, 돈이 없는 사람도 대출을 받아 주택을 구입할 수 있었다. 주택담보대출을 이용해 집을 구입한 가구가 100만 세대에 달하다 보니 융자액이 급격히 늘어났다. 주택 부동산 시장이 활성화되자 주택 가격도 천정부지로 치솟았다

부동산 시장이 커지자 미국인들은 부동산 전매를 했다. 부동산을 사서 잠시 거주한 다음 주택 가격이 오르면 다시 팔아 대출을 상환하고, 더 비싼 신축 주택을 낮은 이율로 돈을 빌려 구입하는 식이었다. 금리가 20% 가까이 치솟았지만, 너도나도 신용카드를 사용해 거액의 돈을 빌렸다. 미국 경제도 주택 시장 활황을 밑받침 삼아 '성장'해 나갔다. 부동산 시장의 활황은 자본 시장과의 결합으로 이어졌다. 주택담보대출 전문 대출업자들은 주택 구입자에게 빌려줄 대출 자금을 조달하기 위해 모기지 채권을 비롯한 금융 상품을 판매했다. 은행은 그러한 금융 상품을 구입했으나 보유하지는 않고 투자은행에다 다시 팔았다. 투자은행까지 넘어간 채권은 세분화되어 CDO(부채담보부증권) 형태로 다른 투자자들에게 전매되었다. 2000년대에 미국의 민간 채무액은 급격히 불어났는데, 그중에서도 신용카드 채무액은 1가정 평균

9,000달러에 달했다.

미국의 금융 시스템은 투자은행, 상업은행, 보험회사를 주축으로 세련되게 정비되었지만, 규제는 아주 약하다. 미국에서는 카터와 레이건 시대부터 규제 완화가 추진되었고, 특히 1999년에 글라스-스티걸법Glass-Steagall Act이 폐지된 후에는 규제 완화의 움직임에 박차를 가했다. 대공황 시대에 가결된 글라스-스티걸법은 투자은행과 상업은행의 기능을 명확히 분리하는 규제법이었는데 1999년에 폐지되면서 상업은행도 투자은행의 기능을 수행할 수 있게 되었다. 글라스-스티걸법이 폐지됨으로써 상업은행은 막대한 수익을 올렸다. 이렇듯 미국의 금융 시스템 규제는 비교적 느슨했기 때문에 금융 시장에서는 새로운 금융 상품이 속속 개발되었다. 정밀하고 복잡한 금융 공학을 배운 수십만 명의 경제대학원 졸업생들이 투자은행에 취직해 갖가지 신상품을 만들어냈다. 상업은행과 보험회사도 유사한 상품을 판매하며 거액의 이익을 남겼다.

금융 시스템은 미국 경제의 핵심 요소로 성장했다. 10~15년 사이에 금융 시장의 규모는 거의 두 배로 증가하며 경제 전반에 걸쳐 지렛대 역할을 했다. 리스크가 큰 투자회사와 헤지펀드가 속속 설립되었으나 무디스Moody's, 피치레이팅스Fitch Ratings, 스탠다드앤푸어즈S&P 같은 신용평가회사는 그 회사들에 AAA 신용등급을 부여했다. 그러자 1980년대의 일본보다 훨씬 규모가 크고 복잡하며 투명성이 낮은 금융 상품 거품에 너도나도 아무런 의심 없이 편승하기 시작했다.

2007년 1분기부터 부동산 가격이 하락하기 시작했다. 부동산 가격이 서서히 하락하자 서브프라임론(비우량주택담보대출)을 이용한 사람들이 곤경에 처한다. 서브프라임론은 처음 2~3년 동안에는 낮은 이율이 적용되지만, 그 후에는 이율이 급증하도록 설계된 상품이다. 결국, 주택 가격이 오른다는 전제가 없으면 이용할 수 없는 상품인데 예상과 달리 부동산 가격이 하락했으니 이용자들은 이자지급능력을 상실하고 만다. 부동산 시장의 거품이 빠지자 사람들은 집을 잃었고 주택 시장은 순식간에 침체했다. 주택담보대출과 합성해서 판매했던 CDO와 CMO(부동산저당증서담보채권) 상품의 가격은 순식간에 떨어졌고 투자은행은 크나큰 압박을 받는다.

2007년 가을에 투자은행들은 존폐 위기에 처한다. 가장 먼저 월가의 5대 투자은행 중 하나였던 베어스턴스Bear Stearns가 채무불이행 상태에 빠지며 JP모건체이스J.P. Morgan Chase에 매각되었다. 매각 과정에서 미국 재무부의 도움이 컸다. 그런데 재무부는 같은 위기에 처한 리먼브라더스Lehman Brothers는 구제하지 않고 파산하도록 내버려 두었다. 리먼브라더스의 파산은 전 세계에 충격을 던졌다. 모건스탠리Morgan Stanley도 미쓰비시UFJ파이낸셜그룹BTMU에 자본 제휴 협조를 요청했고 메릴린치Merrill Lynch는 뱅크오브아메리카에 매각되었다. 골드만삭스Goldman Sachs를 제외한 모든 투자은행이 매각되었다. 뱅크오브아메리카와 시티그룹 같은 대형 상업은행도 곤경에 빠졌다. 투자은행과 마찬가지로 다수의 금융 상품을 개발해 판매했었기 때문이다.

2008년 가을까지 금융 시장은 차례로 붕괴하였고 미국은 불경기의 늪에 빠진다. 부시 대통령과 헨리 폴슨Henry Merrit Paulson Jr., 1946~ 재무장관은 TARP(부실 자산 구제 프로그램)라고 명명한 긴급 법안을 가결하고 7,000억 달러를 투입해 대형 은행의 구제 작업에 착수했다. 미국을 도탄에 빠트린 부실 금융 상품을 중국, 일본, 중동, 유럽의 투자자들도 구입했으니 뱅크오브아메리카, 시티뱅크, 골드만삭스까지 파산한다면 세계 경제가 붕괴할 것이 뻔했기 때문이다.

정부는 거액의 자금을 시장에 공급해 은행을 구제했지만, 이번에는 세계 최대 보험회사인 AIG가 위기에 빠지고 만다. AIG 역시 대량의 CDO를 보유했었기 때문이다. 미국 정부는 AIG도 구제해 주었다. 뒤이어 정부 계열 주택금융기관인 패니메이Fannie Mae와 프레디맥Freddie Mac도 파산 위기에 처한다. 정부는 그들도 구제했다. 연쇄 파산 위기는 거기서 그치지 않았다. 경제 침체로 이미 몇 년 동안 경영 상태가 좋지 않았던 자동차 회사 GM와 크라이슬러도 위기에 빠졌다. 물론 미국 정부는 그들의 처지를 외면하지 않고 구제의 손길을 내밀었다. 이렇게 정부가 직접 나서서 기업들을 구제했지만, 연쇄 붕괴 현상은 멈출 줄 몰랐고 금융위기의 여파는 점점 확산되었다.

오바마 정권의 탄생과 혹독한 미국 경제

이라크와 아프가니스탄에서 발생한 분쟁이 악화하면서 2008년에 열린 대통령 선거의 결말은 금세 드러난다. 공화당 정권이 물러나고 민주당 후보 버락 오바마가 당선된 것이다. 하버드 로스쿨을 졸업하고 일리노이주 상원의원을 지닌 버락 오바마는 다른 후보를 압도하며 미국 역사 최초의 흑인 대통령이 되었다.

취임하자마자 오바마는 세계와 경쟁해야 했지만, 미국은 심각한 불경기에 빠진 처지였으므로 일단 경기부양책을 발표했다. 향후 3~4년 동안 GDP의 5.45%에 상당하는 7,870억 달러를 지출해 미국의 경제 활동을 자극한다는, 케인즈 경제학을 답습한 내용이었다. 아울러 국내에서는 새로운 차를 사려면 일본산 자동차보다는 미국산을 사자, 정 일본산 자동차를 사고 싶다면 최소한 미국에서 제조된 일본차를 사자는 분위기가 고조되었다. 그래야만 경기를 부양할 수 있었기 때문이다.

부양책의 규모는 일본이나 중국과 마찬가지로 실로 엄청났다. 부양책이 발표된 지 얼마 지나지 않아 경제가 바닥을 쳤고 2009년 3분기부터 드디어 성장할 조짐이 보이기 시작했다. 하지만 그것이 진정한 성상의 조짐인지는 화실하지 않았다. 경제부양책으로 시장에 자금이 늘어나자 대출 프로그램과 공적자금의 지원을 통해 그해 여름 동안에만 60만 대의 자동차가 판매되었기 때문이다. 덕분에 GM과 크라이슬러에는 재건의 길이 열렸다. 경영을 재건해 정부로부터 빌린 공적자금을 상환한 은행도 있었다. 다만, 뱅크오브아메리카와 시티그룹은 여전히 고전 중이다.

벤 버냉키가 이끄는 FRB는 2001년 이후에 일본이 시행했던 시책과 비슷한 정책을 발표했다. 새로운 여신 프로그램을 창출하고 민간 부문으로부터 증권을 거둬들여 금융기관에 자금을 공급했다. 정부도 자본 시장에 1.8조 달러를 지원했다. 그러나 인플레이션은 발생하지 않았다. 2006~2007년에 석유 가격을 중심으로 상승했던 상품 가격이 하락했기 때문이다. 참고로 석유 가격은 2008년에 배럴당 147달러를 기록한 이후 30달러까지 내려갔다. 석유 가격이 하락하자 다른 상품 가격도 동반 하락했다.

전진하지 못하는 오바마 정권

오바마에게 남겨진 정치 과제와 그가 처한 상황에 대해 조금 말해두자. 2009년 2월에 의회가 가결한 7,880억 달러 규모의 경기부양책은 절반은 감세로 나머지 절반은 정부 지출로 충당되었다. 오바마는 교육, 인프라, 청정에너지, 의료 제도 개혁에도 자금을 투입하고 싶어 했고 교육 개선과 온실효과 가스 배출량 거래에 관한 법안도 제정하려고 애썼다. 미국은 세계에서 가장 많은 이산화탄소를 배출하지만, 지난 15년 동안 개선 의지를 전혀 보여주지 않았다. 2008년 회계연도에 기록한 4,550억 달러의 재정 적자도 골칫덩어리였다. 경제가 침체하며 세수입이 줄자 적자 규모는 한층 부풀어 오른 상태였다.

경기부양책은 가결했으나 그 자금을 어디서 어떻게 충당할지는 여전히 미지수였다. 우선 이라크와 아프가니스탄 전쟁에 무려 1,700억 달러를 지출해야 하는 상황이었다. 더구나 미국은 일본과 마찬가지로 고령화 사회에 접어들었다. 2차 세계대전 후에 탄생한 베이비부머 세대의 퇴직 시기기 가까워지면서 그들에게 지급할 사회보장비용도 확보해야 했다. 또 나이가 들면 여기저기 아픈 곳이 늘어나기 마련이니 건강보험비용도 대비해야 했다.

2009년 2월, 의회 예산국은 부시 정권의 마지막 회계연도인 2009년도(2008년 10월~2009년 9월)에 해당하는 재정적자 규모가 4,550억 달러에서 1조 1,860억 달러로 증가할 것이라고 추산했다. 같은 해 2월 오바마는 자신의 첫 회계연도에 해당하는 2010년의 예산교서[7]를 발표했는데, 여기서 오바마는 2009년의 재정적자를 1조 7,520억 달러로 추산했다. 그러면서 앞으로 재정적자 규모가 매년 4,000억~5,000억 달러 비율로 급속히 감소할 것이라는 낙관적인 견해를 밝혔다. 그리고 자신의 낙관적인 견해를 바탕으로 6,800억 달러를 군사비에 충당했다. 막대한 재정 지출이 초래되긴 하지만 그것으로 인해 경기가 부양되고 재정 적자 규모도 줄일 수 있다는 오바마의 생각은 당연했던 것인지도 모르겠다. 하지만, 정말로 오바마가 의도한 대로 경제 선순환이 이뤄진다 하더라도 향후 10년 동안의 누적 적자는 7조 달러에 이를 것으로 예견됐다.

물론, 건강보험제도를 비롯한 사회 복지 분야에도 많은 예산을 충당할 예정이었다. 사실, 사회 복지 분야의 지출은 고령화에 따라 필연적으로 증가하기 마련이므로 오바마가 임의대로 조절할 수 있는 성격의 지출이 아니었지만 말이다.

아울러 교육 제도의 개선과 인프라 건설에 주력하고 온실가스 배출량 거래를 통한 온난화 방지 사업에 투자해 향후 20년 동안 이산화탄소 배출량을 17~20% 삭감하겠다고 밝혔다. 오바마는 위 사업들을 통해 미국 정부가 6,800억 달러의 자금을 확보할 수 있으리라고 예측했다. 그 자금으로 건강보험제도를 개혁해 수급 대상자를 건강보험이

---

[7] 차기 회계연도의 예산안을 의회에 제시하는 미국 대통령의 정치의견서.

없는 3,000만~4,000만 명의 빈곤층까지 확대하려 했다. 그는 미국 경제가 회복되어 2010년에 3.5%의 성장률을 달성하리라고 예측해 위와 같은 계획을 세웠다. 오바마는 2010년이 되면 실업률도 7.9%로 낮아질 것이라고 밝혔다. 하지만, 오바마의 계획에는 지극히 낙관적 예측에 근거해 수립되었다는 단점이 있다. 공화당이든 민주당이든 미국의 정치가는 최악의 경우가 아닌 낙관적 예측에 근거해 예산을 책정하는 경향이 있다.

그러나 오바마는 자신의 예측이 들어맞지 않으리라는 것을 금방 깨달았다. 그리하여 2009년 8월 17일, 자신의 낙관적인 예측을 상당 부분 수정하여 예산안을 다시 발표한다. 우선 수정예산안에선 2009년 재정적자 규모를 1조 5,000억 달러로 추산했다. 지난번 1조 7520억이라는 예측치보다 약 2,500달러 정도 감소된 것이었다. 그러면서 금융위기 대책에 투입될 예정이었던 3,000억 달러의 예산이 삭감됐다. 향후 10년 동안의 누적 적자는 7조 달러에서 9억 달러로 상향 조정되었다.

2010년도 미국 경제 성장률도 2.9%로 하향 조정했다. 이는 현실적인 수치이기는 했지만 미국뿐 아니라 미국의 무역 상대국도 원하지 않는 수치였다. 한편, 예상실업률은 7.9%에서 9.7%로 수정됐다. 하지만 2009년 10월 시점에 이미 미국의 실업률은 10.2%를 기록했고 그 후로도 계속 상승하리라는 것이 중론이었다.

언뜻 보면 오바마가 자신의 견해를 뒤집고 현실적인 눈으로 자국의 경제를 진단한 것이라 생각할 수 있다. 물론 이전보다 다소 현실적인 수치를 제시하긴 했다. 하지만 여전히 오바마는 미국의 미래를 낙관적으로만 바라보는 경향이 있다.

　사실 앞으로의 미국도 문제였지만, 무엇보다 심각한 문제는 현재의 미국이었다. 단적인 예로 당시 미국의 경상수지 적자는 7,000억 달러, 재정 적자는 1.5조 달러에 육박했다. 결국, 오바마 정권의 과제는 방대한 적자를 메울 방법을 강구하는 일이었는데, 자금 조달처로 떠오른 것은 ①미국 국민의 저축 ②산업계가 보유한 미분배 수익 ③외국인 자금이었다. 그러나 적자 규모가 너무 커서 외국인 자금으로 충당하기는 현실적으로 불가능했다. 그도 그럴 것이 당시 중국이 보유한 외국 자산, 2.3조 달러 가운데 2/3가 미국 국채였기 때문이다. 중국인들은 이미 미국에 막대한 자금을 투자한 상태였다. 일본도 이미 수천억 달러에 달하는 미국 국채를 사들인데다 앞으로는 미국 국채보다는 자국의 국채를 매입해서 경제 성장을 도와야 할 테니 여력이 없을 것이다. 사우디아라비아와 쿠웨이트를 비롯한 중동 국가도 국제유가 하락으로 여유가 없다. 독일과 러시아도 미국 국채를 많이 사들이지만, 파산 직전인 러시아에 더 기대하기는 어렵다. 이런 상황에서 미국이 적자를 어찌 메워갈지 참 걱정스럽다.

　경제학자들은 불경기에는 미국의 저축률이 급증하리라 예측했으나 꼭 그렇지만도 않았다. 오히려 2009년 후반부터 서서히 감소하더니 2009년 11월에는 고작 3.3%를 기록했다. 산업계가 보유한 저축은 3,000억 달러 정도였으니 미국 국민과 산업계가 자신들이 보유한 저축을 죄다 미국 국채를 구입하는 데 투입하더라도 (물론 그럴 일은 없겠지만) 총금액은 고작 6,500억~7,000억 달러에 지나지 않는다. 미국이 필요한 자금은 최소 1.5조 달러이니 외국인이 나머지 7,000억~8,000억 달러의 미국 국채를 사주어야 한다. 한마디로 실현 불가능한 시나리오다.

외국인에게 충분한 양의 미국 국채를 판매하지 못한다면, 재무부는 금리를 올릴 수밖에 없다. 오바마는 향후 2년 동안 금리가 4.4~4.5%로 상승하리라 예측하지만, 실제로는 5~6%에 달할지도 모른다. 금리가 상승하면 국채가 팔리겠지만, 달러 가치는 폭락하고 미국은 극심한 인플레이션에 빠지고 말 것이다. 이것이 현재 미국의 실정이다. 사실 재정 적자를 삭감할 수 있는 마지막 카드는 증세이지만, 오바마도 다른 정치가와 마찬가지로 증세를 꺼리는 편이다.

한편, 오바마는 과제 법안을 의회에서 가결하고자 백방으로 고심 중이다. 현재 미국의 정치 제도는 제대로 기능하지 않는다. 상원과 하원을 민주당이 장악했음에도 민주당 내에 여러 이해집단이 존재하기 때문이다. 의회에는 석탄 산업의 이익을 대표하며 온실가스 배출량 거래 제도의 도입을 탐탁지 않게 여기는 사람도 있다. 제약업계의 이익을 수호하려는 의원도 있고 대기업 항공기 제조사와 관계하며 방위비 삭감을 용인하지 않으려는 의원도 있다. 모르긴 몰라도 빈곤층에 건강보험제도를 적용하면 안 된다고 생각하는 의원도 있을 것이다.

말이 나왔으니 말인데, 현재 미국의 건강보험제도 개혁은 너무나 지지부진하다. 하원에서 법안이 가결되기는 했으나 이후 제대로 논의된 적은 없다. 온난화 방지 법안도 다음 회기로 이월되어 진전될 기미가 없다. 낙태 문제도 마찬가지다.

한발 물러서 세계를 둘러보면 모든 나라가 저마다 문제를 떠안고 있다. 그중에서 내가 가장 염려하는 나라는 일본과 미국이다. 그리고 둘 중에 어느 나라가 상태가 더 심각하냐고 묻는다면 주저 없이 미국을 고르겠다. 세계에서 가장 잘 산다는 미국과 일본의 정치 시스템은 10년 아니 20년 동안 제대로 기능하지 못했다. 경제 상황도 혼란스럽다. 만약 미국과 일본이 위기에 걸맞은 개혁을 시행할 수 있다면 10년 후에는 성장 궤도에 다시 올라 국력을 되찾을 수 있을 것이다. 어디까지나 가정에 지나지 않는 이야기지만.

앞으로의 미국 경제

세계는 금융 불황으로 초래된 파멸적인 타격에서 서서히 회복 중이다. 또 모두가 그렇게 되기를 바라고 있다. 과연 세계 경제는 W자형 회복을 이룰 수 있을까, 아니면 다시 심각한 불황에 빠질까? 생각건대 회복의 길로 접어든다 하더라도 성장률과 실업률이 회복되기까지는 몇 년이 더 걸릴 것이다. 각국이 위기에서 빠져나오려면 일단 부실 자산을 정리해야 한다. 특히 미국의 일본은 채무 규모를 줄이고 저축을 늘려야 하지만, 너무 서두르다가는 다시 불황의 늪에 빠질 수도 있다. 그렇다고 해서 적자와 채무가 계속 늘어나는데 그저 손 놓고 있을 수만은 없다. 조만간 효과적인 경제·사회 정책을 내놓아야 한다.

과거 IMF에서 내놓은 세계 경제 예측에 따르면 선진국의 2009년도 경제 성장률은 -3.4%를 기록할 것이고 2010년에도 최대 1.3%에 그칠 전망이라 하였다. 오바마 대통령은 미국이 2.9%의 성장률을 기록하리라 예상했지만, IMF의 예측치는 그보다 훨씬 낮은 1.5%에 불과했다. 국제유가가 적정 수준을 유지한다고 가정할 때 1.5%의 성장률이라도 달성한다면 '그럭저럭'이라는 평가를 받을 수 있을 것이라 생각한 걸까, 다행히도 2010년 미국은 성장률 초과 달성을 했다.

몇몇 개발도상국은 이미 순조롭게 성장 중이다. 중국의 2009년 성장률은 8%, 2010년 성장률은 10%에 달했다. 인도는 2009년에 5~6%를 기록했는데 2010년에는 8%대라는 높은 성장을 이뤘다. 앞으로도 7~8%의 성장률을 목표로 하고 있다. 대부분 중남미 국가의 성장률은 2~3%에 지나지 않으며 동남아시아 국가들은 3~4%를 바라고 힘쓰고 있다. 타격이 컸던 러시아는 이미 -7.5%의 성장률을 기록한 바 있다. 마지막으로 일본은 1.7% 이상의 성장률을 기록해야 한다. 그래야 세계 경제가 원활히 돌아간다.

아무튼, 세계 각국은 경제 성장을 달성해야 한다. 경제 성장을 이루려면 거액의 적자를 줄여야 하며, 적자를 줄이려면 재정 관리 체제를 즉시 변혁해야 한다. 이는 일본과 미국에 가장 시급한 과제이기도 하다. 일본의 채무는 GDP 대비 200%를 넘을 기세로 상승 중이며 미국은 GDP 대비 100%에 육박한 상태다. 거액을 저축을 보유한 일본이 미국보다는 나은 상황이지만, 금리가 상승하지 않는다고 가정해도 채무 상환은 경제 운영의 족쇄로 작용할 것이다.

 LECTURES TO MOVE
THE WORLD IN HARVARD

제 **6**강

경제를 움직이는 정부, 그리고 기업

 LECTURES TO MOVE THE WORLD IN HARVARD

　내가 가르치는 「BGIE_{Business Government and the International Economy}」 수업에서는 기업이 사업을 전개할 때 반드시 알아야 할 경제, 정치, 사회, 법률, 세계화의 영향에 대해 분석한다. 필수 과목인 만큼 하버드 경영대학원에서 MBA를 취득하는 모든 학생은 현장에 나가기 전에 위와 같은 사항들을 익힌다. 실제로도 기업의 전략을 짤 때 고려해야 마땅한 영역이다. 아울러 '국가 전략'을 '기업 전략'으로 치환해 생각해 볼 수도 있다.
　방금 '국가 전략'이라 말했는데, 학생 여러분들은 평소에 위와 같은 관점으로 국가에 대해 생각한 적이 있는지 궁금하다. 사실 미국에서도 '경쟁력 확보를 위한 전략'은 통상적으로 기업에서나 사용하는 문구이지 국가와 관련해서는 흔히 사용되지 않는다. 그럼에도, 내가 국가 전략에 초점을 두기 시작한 까닭은 세계화가 진전되는 가운데 국가도 전략을 가지고 경쟁력을 키우지 않으면 성장, 발전, 존속이 불가능하다고 확신했기 때문이다. 예를 들어, 미래에 다른 나라보다 우위에 서려면 한정된 자원을 확보하고 세계 1위의 기술력을 확보하며 다른 나라와 경쟁해야 한다. 결국 국가도 기업과 마찬가지로 살아남으려면 전략과 구조를 갖춰야 한다.
　기업도 살아남으려면 국가 차원에서의 전략과 구조를 갖춰야 한다. 이런 사고방식이 문제 해결로 이어진다. 자사 또는 자국의 발전을 위해서 국가와 기업은 떼려야 뗄 수 없는 관계이기 때문이다. 고도성장기의 일본이나 싱가포르의 경우만 봐도 알 수 있다
　그럼, 국가가 경쟁력을 갖추려면 어떠한 전략을 구축해야 할까? 우선 이 물음에 대한 답부터 찾아보자.

국가 경쟁력을 갖추기 위해

전략은 국가 구조와 궁합이 맞아야 한다

최근에 전략이라는 단어가 여기저기서 들리므로 일단 내가 말하는 '국가 전략'이 정확히 무엇을 지칭하는지 설명할 필요가 있을 듯하다.

국가가 나아가야 할 방향과 목표를 달성하기 위한 전략에는 두 가지 형태가 존재한다. 첫 번째는 신중한 논의를 거쳐 책정되는 명확한 목표와 정책이다. 다른 하나는 공식적인 정책이 아니라 정치적 프로세스에 따라 합의된 암묵적 방향성이다.

앞에서도 잠시 언급했지만, 명확한 전략으로 국가 발전을 이룩한 나라에는 싱가포르가 있다. 대부분 싱가포르인은 국가 전략을 제대로 이해하며 자신에게 주어진 목표도 정확히 인지하고 있다. 그리고 암묵적 전략으로 움직이는 국가로는 미국이 대표적이다.

전략을 짤 때 잊어서는 안 될 점이 있다. 국가든 기업이든 우수한 인재들조차 전략을 세울 때 간과하는 중요한 요소인데, 바로 그 나라의 사정에 맞는 전략을 수립해야 한다는 점이다. 제아무리 훌륭한 전략을 세워도 그 나라가 실행할 수 없는 전략이라면 아무런 의미가 없다. 단순히 전략을 실행하기 어려워서는 안 된다는 의미가 아니라, 그 전략이 국민성, 기술, 자원 보유량, 정치, 문화에 맞는지 국제적 상황이나 지리적 특성에 맞는지 살펴야 한다는 뜻이다. 그 나라를 구성하는 다양한 요소와 전략의 궁합이 맞아야 한다. 예를 들어 고도성장기의 일본을 보고 세계 모든 나라가 일본의 전략을 모방한다고 치자. 그중에 제대로 성공하는 나라가 몇이나 될까? 싱가포르를 비롯한 몇 나라를 제외하면 성공하는 나라는 별로 없을 것이다. 국내외 사정이 일본과 전혀 다르기 때문이다. 결국 자국에 딱 맞는 전략을 세울 수 있느냐 없느냐가 국가의 운명을 좌지우지한다.

먼저, 국내 상황에 속하는 정치 체제의 관점에서 생각해 보자. 당신이 아무리 치밀한 산업 정책을 세웠더라도 다양한 사고가 용인되는 민주주의 정치 체제에서는 정책이 의도한 방향으로 쉽게 움직이지는 않을 것이다. 개인과 기업이 스스로 판단하고 결정하는 민주주의 체제 아래에서는 엄격하고 면밀한 국가전략을 실행하기가 쉽지 않다. 면밀한 전략을 세울 작정이라면 우선 치밀하고 특수한 정치체제를 구축해야 한다.

대표적 사례가 싱가포르다. 극히 제한적인 민주주의를 채택한 싱가포르는 정부가 많은 부분을 통제한다. 민주주의라기보다는 과두정치寡頭政治에 가깝다. 싱가포르의 엄격하고 신중한 정치 전략이 제대로 기능하는 이유도 그 때문이다. 중국 역시 공산당이 지배하는 중앙집권체제라는 정치적 특성을 활용해 눈부시게 훌륭한 성장 전략을 전개한다. 따라서 정치 체제가 거대한 중국의 경제 성장에 이바지한 바는 아주 크다고 할 수 있다. 미국도 지난 25년 동안 통일성 있는 전략을 세우고자 고심해 왔고 최근에 자민당에서 민주당으로 정권이 교체된 일본도 같은 고민을 한다.

그럼, 민주정치 체제에서는 성장할 수 없을까? 이 질문에 고개를 끄덕이는 사람도 있겠지만, 호주는 국민에게 전략을 강요하지 않고도 지난 20년 동안 잘 성장해 왔다. 물론 자신들의 상황에 맞는 전략을 세웠기 때문이다. 민주주의 체제에서 면밀한 성장 전략을 실행하기가 쉽지 않은 것은 사실이지만, 완전히 불가능하지는 않다.

아울러 전략을 수립할 때는 정치뿐 아니라 문화, 인구 구성, 세대 비율, 교육 수준 등 거의 모든 요소를 고려해야 한다. 싱가포르는 작은 나라이고 화교가 많아서 교육 수준이 높은 엘리트가 나라를 통치하는 경향이 있다. 그러다 보니 민족과 문화가 뒤섞인 대국보다 국가 구조에 맞는 전략을 더욱 효율적으로 전개할 수 있었다. 반면에 일본, 미국, 유럽은 이런저런 의미에서 규모가 크므로 통일된 전략을 세우기가 여간 어렵지 않다.

국가 제도의 역할도 점점 중요시되는 추세다. 최근 10~15년 동안 세계의 저명한 경제학자들이 국가 제도에 지대한 관심을 나타냈고, 이제는 경제 개발에 불가결한 요소가 되었다. 지난 15년 동안 국가 제도의 역할을 연구한 논문이 노벨상을 휩쓸었을 정도로 중요하다.

경제학자가 말하는 제도란 대체 무엇일까? 좁은 의미로는 은행 조직, 정부 규제, 고용 형태, 노무 관련 법률 및 제도를 일컫고 넓은 의미로는 법적 지배와 정치 제도를 일컫기도 한다. 헌법을 비롯한 각종 제도는 국가 발전을 효과적으로 유도한다. 좋은 예가 미국의 독점금지법이다. 독점금지법은 공정하고 자유로운 경쟁이 보장된 시장을 구축하는 데 크게 공헌했다. 일본 역시 1950년대부터 1970년까지 시행한 국가 제도가 국가 발전에 긍정적인 영향을 미친 바 있다. 참고로 일본에는 법률에 기초하지 않고 행정관청과 업계 사이에 오랫동안 뿌리내려 온 관계와 관습 등을 배경으로 실시되는 행정지도_{administrative guidance}처럼 효율성 높은 제도적 약속이 수 년 동안 존재해 굳이 독점금지법을 도입할 필요가 없었다. 그러나 지금 일본이 처한 상황에서 케케묵은 행정지도가 얼마나 큰 효과를 발휘할지 의문이다.

　나라 밖 사정도 고려해야 한다. 한 나라를 둘러싼 국제적 환경을 분석하고 정확히 이해하는 일은 전략을 수립할 때 빠져서는 안 되는 작업 중 하나다. 단적인 예로 일본의 고도성장기와 그 후에 일본이 직면한 국제환경은 그야말로 천양지차가 아니던가? 전쟁과 맥아더 군정을 차례로 겪은 1950년대의 일본은 마치 지옥처럼 피폐한 상태였다. 당시의 국제적 환경이 어땠는지 잠시 살펴보자. 미국은 금뿐 아니라 자국 통화인 달러를 세계 기축통화로 삼는 브레턴우즈 체제를 발족했고 유럽 경제는 제2차 세계대전의 그늘에서 서서히 회복하고 있었다. 에너지 자원의 가격이 낮았기에 물가도 낮았다. 일본이 가난에 허덕일 때 나라 밖에서는 이런 일들이 벌어졌다. 그런데 요즘은 어떤가? 일본을 둘러싼 국제 환경은 감쪽같이 변했다. 소련이 붕괴해 냉전

구도가 사라졌고, 세계화되었으며, 에너지 가격은 치솟았다. 물론, 일본도 환골탈태라도 한 듯 풍요로워졌다.

지리적 조건도 국가 전략에 큰 영향을 미친다. 종전 후에 일본이 반드시 실행해야 할 국가적 목표이자 전략은 자국의 안전보장이었다. 그를 위해서라도 미국을 방위상의 동맹국으로 삼을 필요가 있었다. 미국도 일본이 정세가 불안한 유럽이나 아시아와 떨어졌다는 점에 착안해 일본에다 기지를 건설했다. 그 후 세계 전역에서 크고 작은 분쟁이 발발했을 때 분쟁 지역에서 멀찍이 떨어진 일본과 미국은 별다른 피해를 보지 않았다. 오히려 이득을 본 적도 있었다. 더 쉬운 예를 들어보자. 캄보디아와 미얀마는 지리적으로 베트남에 가까웠기 때문에 베트남 전쟁으로 막대한 피해를 보았다. 만약, 미국과 일본이 코소보나 아프가니스탄 가까이 있었다면 돌이킬 수 없는 상태에 빠졌을 것이다. 이렇듯 전략은 국가가 처한 국내외 상황과 환경에 최적화해야 가장 효율적인 효과를 올릴 수 있다.

국가의 근본적인 역할

애당초 국가의 근본적 역할은 무엇일까? 첫 번째, 나라 안팎에서 국가와 국민의 안전을 보장하는 일이다. 아주 당연한 일로 들리겠지만, 당연한 만큼 아주 중요한 임무다. 안전이 확보되지 않아 성장이 정체된 아프리카나 중동 국가들을 보면 안전 보장이 얼마나 중요한 임무인지 금방 깨달을 수 있다.

두 번째는 계약을 이행하고 재산권을 보장하고 법률을 집행하는 일이다. 미국과 일본에는 적절한 법률과 재산권 제도가 존재하지만, 그러한 법적 제도가 마련되지 않은 나라에서는 사업을 전개하기가 너무 어렵다. 미국에는 법률이 너무 많아서 소송 횟수가 너무 많다고 생각하는 사람도 있다. 분명히 지나친 면이 있기는 하나 1,400일이나 재판에서 싸우고도 결국 결말이 나지 않는 인도에 비하면 상황이 양호한 편이다. 일본에서도 재판 기간이 너무 길다는 지적이 있다. 소송이 길어지면 여기저기서 정체 현상이 빚어지므로 생산성이 떨어지기 마련이다.

세 번째로 정부는 민간 부문의 리스크를 대신 떠안는다. 실업 보험, 연금, 건강보험, 핵 리스크 등에 정부가 대처해야 민간인들이 안전하고 자유롭게 활동하기 때문이다. 그 밖에 통화제도의 구축, 거시경제의 관리, 국가 성장으로 이어지는 산업 정책의 실행도 국가의 중요한 역할이다.

정부의 역할은 어디까지인가

그렇다면 정부가 관리해야 할 일과 민간이 알아서 해결해야 할 일의 올바른 경계선은 어디쯤일까? 확실한 경계선을 긋기는 어렵지만, 각 나라의 상황을 가정해 판단하면 답이 나온다.

예로, 싱가포르 정부는 GDP의 20%에 상당하는 자산을 직접 관리하는데도 민간 부문과 별다른 알력이 발생하지 않는다. 중국은 거의 모든 자산을 정부가 관리하지만, 이 역시 문제없이 잘 기능한다. 반면에 미국은 정부가 관리하는 자산이 아주 적다. 정부 예산 규모는 GDP

의 30%로 상당하지만, 정부가 직접 관여하는 경제 활동은 극소수다. 금융위기를 거치면서 AIG 등 다수의 민간기업이 정부 관리 하에 놓였지만, 일시적 방편에 지나지 않는다.

그럼에도 미국 정부가 지출하는 분야는 많다. 다른 선진국과 마찬가지로 사회급부, 연금, 의료 분야에 상당한 자금을 투입한다. 그렇게 많은 자금을 투입해도 해결해야 할 과제가 많다. 일본도 연금제도 분야에서는 미국보다 한발 앞선 듯하지만, 의료 정책에서는 해결해야 할 점이 많다.

정부가 민간 부문의 리스크를 떠안는 역할에 대해서도 설명하자. 대표적인 사례가 지난 금융위기 때 미국 정부가 발동한 TARP(부실자산구제 프로그램)다. TARP를 통해 많은 대기업들이 구제받은 바 있다. 아울러 이와 관련해 종종 떠오르는 논의 주제는 '리먼브라더스는 왜 버림을 받았을까?' '미국 정부는 왜 구제 대상 기업을 선별했을까?'이다. 정부가 민간기업을 반드시 구제해 줘야 할 의무는 없지만, 리먼브라더스의 파산이 세계 경제에 미친 파급력은 지대했으므로 위와 같은 물음은 당연히 제기되어야 한다.

당시 폴슨 재무장관과 버냉키 FRB의장은 '파산하면 세계 경제에 연쇄적으로 악영향을 줄 기업을 구제해 주겠다'고 생각했을 것이다. 그러나 한편으로는 '모든 기업을 구제하면 작은 정부를 추구하는 미국의 정치적 가치가 훼손될지도 모른다.'라는 우려도 있었던 듯하다. 이후에 과잉 규제였다는 비판을 받기도 싫었을 것이다. 결국 리먼브라더스는 본보기로 구제 대상에서 제외됐다. 패니메이, 프레디맥,

AIG, 뱅크오브아메리카만 구제하고 나머지 은행을 거들떠도 보지 않은 이유도 사회주의적 정치 환경으로 이행한다는 뉘앙스를 풍기기 싫어서였을 것이다. 시간이 흐른 지금도 정부가 AIG나 GM을 구제해서는 안 되었다고 여기는 사람들은 많지만, 시티뱅크와 뱅크오브아메리카를 구제해준 것에 이의를 제기하는 사람은 별로 없다. 수조 달러 규모의 시티뱅크와 뱅크오브아메리카가 붕괴하면 세계 경제 전체가 붕괴한다는 사실을 모두 알기 때문이다.

미국인은 기본적으로 구제에 대해 비판적 견해를 지녔는데, 이는 민간이 제대로 기능하도록 길을 터주는 정부의 역할을 제대로 이해하지 못해서 발생하는 일종의 오해가 아닐까 싶다.

정부가 실행하는 경제 전략의 핵심은

국가 목표를 실현하기 위한 정부의 전략 가운데 재정·금융 정책은 단연 핵심이다. 재정·금융 정책은 국가 운영에 혈액의 흐름과 같기 때문이다. 혈액의 흐름이 나빠지면 건강이 심히 나빠지듯 국가도 재정과 금융의 흐름이 나빠지면 경쟁력을 잃고 만다. 또한 무역 정책, 해외투자 정책, 산업 정책도 경쟁할 때 반드시 필요한 무기다. 이러한 정책을 전부 융합해 탄생한 것이 다름 아닌 국가 전략이다. 정부가 수립하는 전략의 골자는 아래 여덟 가지로 정리할 수 있다.

먼저 정부는 재정에 관한 모든 책임을 진다. 정부가 세출과 세입을 결정하고 그것이 국민의 생활에 영향을 끼친다.

두 번째는 금융 정책이다. 중앙은행의 가장 중요한 역할은 금융 정책의 수립하는 것이다. 중앙은행은 환율을 조정하거나 금리를 조정할 수 있는 권한을 가졌다. 은행을 규제하는 것도 중앙은행의 중요한 역할이다. 일본에서는 오랜 시간 동안 재무성이 강력한 권한을 휘둘러 왔다. 미국에도 재무부는 있지만, 중앙은행이 그보다 더 강력한 권한을 지녔다. 이 밖에 은행감독기관 두 곳과 대출감독기관 한 곳이 있으며 독립 기관인 증권거래위원회도 있다. 하지만 일본에서는 재무성이 거의 모든 금융 정책을 수립하고 운영하므로 미국보다 훨씬 중앙집권화되었다고 볼 수 있다.

정부가 관여하는 세 번째 영역은 임금, 가격, 노동법, 소득 분포를 아우르는 소득 정책이다. 미국에서는 소득 정책이 제대로 기능하지 못하지만, 소득 정책으로 효과를 본 나라가 생각보다 많다.

네 번째는 통상 정책인데 관세, 조세, 비관세장벽, 통상협정, 자유무역협정, WTO 가입 등이 모두 여기에 포함된다.

다섯 번째는 해외직접투자의 유치다. 일본은 일찍이 해외직접투자의 유입을 제한해 왔는데 다른 개발도상국과는 달리 일본은 해외직접투자를 제한해 경제 발전을 이뤄냈다. 나중에 일부 개방되기는 했지만 지금까지도 일본에는 외국 자본이 제대로 발을 못들이고 있다. 한편, 미국도 외국 자본이 항공사나 미디어 기업을 인수하는 못하도록 규제한다.

여섯 번째는 국영화와 민영화다. 미국에서는 민간이 대부분 기업을 소유한다. 일본은 철도회사와 통신회사가 민영화되기는 했으나, 아직도 일부 기간 사업은 정부가 소유한다.

일곱 번째로 정부는 항만, 수도, 도로, 철도 인프라를 관리한다. 국가 발전에 아주 중요한 산업인 만큼 정부가 제대로 파악해 운영하지 않으면 성장이 정체하고 만다.

마지막은 보조금 정책이다. 교육 보조금을 지급하고 특허 관리 및 연구 개발을 지원하면 국가의 기술력이 향상한다.

경제 성장에 필요한 4가지 요소

기업이든 국가든 성장과 존속을 꾀하려면 자원이 없어서는 안 된다. 여기서 자원이란 인프라, 기술, 자본, 인재 네 가지를 뜻하며 그 자원의 관리 책임자는 다름 아닌 정부다. 경제 성장을 촉진할 때 가장 중요한 일은 자원을 어떻게 축적해서 사용할지 정하는 일이다.

우선 수도, 전력, 도로, 철도, 항공 교통, 통신 인프라는 국가 성장에 필수불가결한 요소이므로 국가가 나서서 잘 정비해야 한다.

두 번째 자원은 기술인데, 독자적으로 개발하거나 다른 나라의 기술을 돈을 주고 구입하여 갖출 수 있다. 일본도 경제 발전 초기에는 외국에서 기술을 샀지만, 나중에는 독자적으로 개발했다. 다른 나라의 기술을 모방하던 시절도 있었다. 현재 일본에는 세계 최고의 기술을 보유한 산업이 수두룩하며 그 산업은 강력한 경쟁력을 갖췄다. 미국은 교육 제도와 교육 기관을 통해 독자적 기술을 개발하는 데 주력한다. 싱가포르처럼 오로지 다른 나라의 기술을 사들이기만 할 수도 있다. 중국은 해외직접투자를 통해 기술을 흡수한 사례에 속한다.

세 번째 자원은 자본이다. 자본조달 방법을 개척하지 못한 가난한 아프리카 국가들은 발전하기가 어렵다. 자본을 제대로 축적하지 않았던 인도도 발전하느라 애를 먹었다. 반면에 싱가포르, 일본, 중국은 뛰어난 자본조달 방법을 도입하며 국가 성장을 이끌었다. 그럼, 자본의 축적 방법에는 어떤 형태가 있을까? 대표적인 세 가지를 들어보자.

우선 국내에서 조달하는 방법이 있다. 일본은 주로 국내 저축을 활용해 자본을 조달한다. 국내에서 조달한 자본으로 충분하지 않으면 대외채무를 이용해 자본을 축적한다. 한국, 대만, 브라질처럼 외국에서 거액의 자본을 차입해 발전을 이룩한 나라도 있다. 대외채무도 효과적인 방안이기는 하나 브라질이나 멕시코의 사례에서 살펴보았듯 너무 많은 금액을 차입하면 채무위기가 찾아올 위험이 있다.

세 번째 자본 축적 수단은 해외직접투자다. 싱가포르, 중국, 캐나다, 미국 등 거의 모든 나라가 해외직접투자를 이용한다. 그런데 유독 일본만 해외직접투자를 꺼린다. 지금까지 국내 저축을 활용해 잘 성장해 왔기에 굳이 해외직접투자를 이용해야 하는 이유를 잘 모를 수도 있다. 하지만 해외직접투자가 다른 자금조달법보다 유용한 부분은 분명 있다. 중국의 예를 들자. 중국은 해외직접투자의 규모가 매년 GDP의 8~10%를 차지한다. 그런데 중국이 해외직접투자에 주력하는 이유는 따로 있다. 해외직접투자를 통해 다른 나라의 경영 노하우와 기술을 배울 수 있는데다 외국 시장에 참가할 기회를 거머쥘 수 있기 때문이다. 상식적으로 생각해서 중국의 휴대전화 제조사가 단독으로 미국이나 일본 시장에 진출해 제품을 팔기는 쉽지 않다. 하지만, 일본 회사로부터 투자를 받거나 공동 개발을 하면 중국의 휴대전화 제조사가 일본 시장에 진출할 길이 열린다. 일본 기업이 보유한 판로를 이용하거나 일본 시장을 속속들이 아는 소매업자나 광고주와 연결 고리를 만들 수 있기 때문이다.

각국의 금융업 또는 금융 시장의 발달 수준도 중요하다. 특히 일본의 금융업은 자국을 벗어나면 고전을 면치 못한다. 일본의 거대 상업 은행은 해외 사업에 많은 자금을 투자하지 않으므로 미국이나 유럽의 금융 시장에 거의 진출하지 못한다. 미국의 금융회사도 일본의 금융 시장에 자금을 거의 투입하지 않는다. 아시다시피 일본의 제조업은 세계 시장에 아주 훌륭히 융합되었지만, 일본의 금융업계는 제조업처럼 세계화되지 못한 채 세계 금융 시장에서 고립되어 있다. 이의를 제기하는 사람도 있을지 모르겠지만, 실제로 그렇다.

하지만 일본은 폐쇄적인 금융 시장 덕분에 리먼 쇼크로 촉발된 금융위기에서 살아남았는지도 모른다. 미국이 개발한 허술한 금융 상품의 부작용은 유럽과 사우디아라비아에 막대한 피해를 끼쳤지만, 일본은 부작용을 거의 경험하지 않았다. 일본과 마찬가지로 독립된 금융 시장을 보유한 인도와 브라질도 금융위기의 타격을 많이 받지 않았다. 그러나 세계화된 금융 시장에서 독립된 시장을 보유한다는 것은 장기적 안목으로 볼 때 결코 좋은 현상이 아니다. 금융 시장이 세계화되면 기타 산업이 해외로 진출하기가 더 쉽기 때문이다. 금융 시장의 개방은 국가의 성장에 일조하는 중요한 수단이므로 일본의 은행들은 하루 빨리 해외로 사업을 확장하기 위한 전략을 세워야 한다.

인재도 자원이다

　경제 성장을 주도하는 네 번째 자원은 인재인데 인재 자원을 발굴하려면 교육과 노하우가 잘 갖춰져야 한다. 우수한 직업 훈련 학교를 보유한 독일은 기술 노하우의 개발에 강점을 지녔다. 기계 산업 분야에서 세계 1위를 달리는 점만 보아도 알 수 있다. 미국은 물리학 박사학위를 취득하는 고등교육과정이 잘 발달했다. 일본은 미국이나 유럽보다 초등교육과 중등교육의 수준이 우수하지만, 대학원 교육의 발전은 더딘 편이다.

　오늘날 일본의 고등교육은 개발 전략이라는 관점에서 적합하지 않은 편이다. 한 예로 일본의 경영대학원은 세계적 수준에 훨씬 못 미친다. 애당초 경영대학원이 손에 꼽을 정도밖에 존재하지 않는다. 반면에 미국에는 수백 개의 경영대학원이 있다. 물론 모든 대학원이 세계 일류는 아니지만, 20~30개교는 각국에서 학생들이 몰릴 만큼 뛰어난 수준을 자랑한다.

　일본에는 세계를 석권하는 글로벌 기업이 수두룩하지만, 오랜 시간 동안 경영대학원을 설립하거나 세계 유명 경영대학원 유치하려 정부와 기업이 대규모 투자를 하는 일은 거의 없었다. 물론 일본은 여태껏 경영대학원 없이도 잘 성장해 왔다. 어쩌면 경영대학원의 교육보다도 사내 연수를 통한 교육에 중점을 두는지도 모른다. 하지만 글로벌 인재를 키우거나 난해한 경제 문제를 해결하려면 경영자가 더 풍부한 식견을 가지거나 세계무대에서 싸우기 위한 유연한 판단력을 갖춰야 한다.

외국의 인재를 유치하기 위해서라도 대학원 교육은 좀 더 발전할 필요가 있다. 그러려면 외국에서 우수한 교수진을 초빙하거나 직접 세계 일류의 교수진을 육성해야 한다. 일본을 모방한 전략으로 성장한 싱가포르는 이미 10년 전부터 대학원 교육 확충에 힘써왔다. 특히 의학에 중점을 두는데, 외국 유학에서 돌아온 인재를 활용해 자국의 교육과 산업을 육성한다. 일본도 대학원 교육에 신경을 써야 마땅하다. 교양 과정에만 머무르지 않고 좀 더 전문적인 대학원 과정을 개설해야 한다. 경제 발전에 반드시 필요한 인재라는 자원을 확보한다면 일본은 다음 성장 단계로 손쉽게 나아갈 수 있으리라. 한국은 일본과 비슷한 교육과정을 거치기 때문에 앞서 말한 일본의 사례에서 시사점을 깨닫고 자국의 상황에 대해 생각해 볼 수 있으리라 생각한다.

자원을 어떻게 활용할 것인가

이렇듯 국가는 인프라, 기술, 자본, 인재라는 네 가지 자원을 갖추어야 경제 발전을 이룰 수 있다. 그러나 꿰어야 보배라 했던가. 단지 네 가지 자원을 손에 넣었다고 해서 저절로 경제가 발전하지는 않는다. 자원을 어떻게 활용하느냐에 성패가 달렸다. 눈부신 발전을 이룬 중국조차 자본과 자원을 효율적으로 활용하지 못한다. 그럼 어떻게 해야 자원을 효율적으로 이용할 수 있을까? 여기서 몇 가지 방법을 소개하겠다.

첫 번째는 국제 경쟁의 장을 활용해 자본과 자원을 효율적으로 활용하는 방법이다. 대표적 국가로는 일본이 있다. 자원이 없었던 일본은 세계 시장에서 경쟁하고자 수출 주도 성장 전략을 세웠다. 일본은 경쟁이 극심한 세계 시장에서 고군분투하며 자본과 자원을 효율적으로 사용하는 방법을 터득했다.

두 번째는 국내 경쟁을 유도하는 방법이다. GM과 포드는 서로 경쟁하면서 발전했다. 나중에는 도요타가 미국에 진출하며 GM과 경쟁을 벌였다. 그러면서 미국의 자동차 시장은 점점 발전했고 파이도 커졌다. 이 방법은 시장 규모뿐 아니라 시장의 개방도와 구조와도 연관이 깊다.

세 번째는 해외직접투자를 유치해 경쟁에 불을 붙이는 방법이다. 한 예로 캐나다 기업들은 해외직접투자로 국내 유입된 외국 자본과 경쟁하며 효율성을 높였다.

네 번째는 싱가포르를 비롯한 일부 아시아 국가들이 주로 사용하는 방법이다. 바로 중앙정부를 비롯한 행정부가 효율적으로 자원을 배분하는 것이다. 일본도 예전에 '행정 할당'을 적극적으로 활용한 적이 있지만, 지금은 거의 유명무실해졌다. 일본뿐 아니라 최근에 행정 할당을 성공적으로 시행한 국가는 그리 많지 않다. 미국에서는 그런 방법이 전무후무하며 유럽에서도 이렇다 할 성과는 올리지 못했다. 같은 아시아 지역에 속하지만, 중국과 인도에서는 행정 할당이 제대로 기능하지 않는다.

이제 세계적으로 경쟁력이 높은 국가를 만드는 데 정부 역할이 얼마나 중요한지 짐작할 수 있을 것이다. 국가는 국제 정세 속에서 자국의 위치를 파악해 적합한 전략을 세우고, 그 전략을 실행하기 위한 기구와 제도를 구축해 시장을 창출한다. 물론 서구에는 정부가 민간 경제에 깊이 관여하는 데 불만은 품는 이들이 많다. 특히 보수 정치가들은 정부의 기능이 너무 확대되면 잘못된 방향으로 흘러나갈 수 있다고 생각한다. 그러나 위에서 언급한 네 가지 자원의 확보와 활용에 정부가 관여하지 않으면 국가 발전의 길은 소원해지기 마련이다.

하버드식 '국가 분석'

국가 전략에서 정부가 담당하는 역할이 무엇인지 알았으니, 이제는 하버드 경영대학원이 이미 시동이 걸린 각 나라의 국가전략을 어떤 식으로 분석하는지 소개하겠다. 하버드 경영대학원은 1970년대 후반에 브루스 스콧 교수가 개발한 '국가 분석'이라는 이론을 도입했다. MBA 과정에서는 국가 전략의 분석에 30~40회의 수업을 할당하며 AMP Advanced Management Program(최고경영자과정)도 13회의 수업 시간을 할당한다. 왜 이렇게나 많은 시간을 사용할까? 이유는 간단하다. 저마다 다른 국가 전략과 상황을 국가 분석 이론을 통해 반복해 살펴보면 세계 각국이 어떠한 목표를 향해 나아가는지 자연스레 알 수 있기 때문이다. 그럼, 국가 분석 이론의 세 가지 방법론을 간략히 설명해 보자.

첫 번째, 경제 동향으로부터 사회적·정치적 상황을 살펴보는 수법이 있다. 수치에 의존한다며 까닭 없이 싫어하는 사람도 많지만, 경제 동향만큼 정확한 이해를 선사하는 자료는 없다. 분석 방법만 제대로 익히면 수치를 통해 한 나라의 경제 상황을 정확하게 파악할 수 있다. 그러나 그 방법을 익히기가 쉽지 않을 뿐이다.

두 번째, 국가의 목표, 전략, 정책을 나열해 분석하는 방법이다. 이 방법에서는 명확히 밝혀진 사실부터 막연한 추측까지 그 국가를 특징짓는 모든 현상을 고려해 분석한다. 그 국가의 목표가 성장인지, 경제적 독립성인지, 방위인지 먼저 이해하고 구체적 정책을 검토하는 순서를 따른다. 예를 들어 예산을 어떻게 배분하는지 검토하려면 재정 정책을 분석하고, 화폐 공급량과 금리를 어떻게 관리하는지 알려면 금융 정책을 살피면 된다. 물론 산업 정책, 통상 정책, 소득 정책도 분석 대상에 포함된다.

사실 가장 중요한 방법은 이번에 소개하는 세 번째 항목이다. 바로, 그 나라의 전략이 나라 안팎의 상황에 비추어 적합한지 판단하는 방법이다. 정치 체제, 제도, 이데올로기, 교육, 농업 등 국내 사정을 간과한 정책은 좋은 정책이 아니다. 또 국제 정세, 안보, IMF와의 관계 등도 국가를 분석할 때 중요한 요소 중 하나다. 이 세 번째 방법론에 반영되는 평가 요소를 분석할 때는 해당 전략을 통해 그 나라가 어떤 이익을 얻고 얼마나 성장할지까지 파고든다.

예를 들어 국가의 실적을 평가할 때는 국민소득계정[1]과 GDP를 분석한다. 거기에 물가상승률, 고용 상황, 단위노동비용, 생산성, 환율까지 포함한다. 또 국제수지를 유념이 살피면 그 나라가 다른 나라와 어떤 관계를 맺었는지, 앞으로 어떠한 관계를 구축해야 하는지 판단할 수 있다.

---

1 일정한 시기에 재화와 서비스가 얼마나 새롭게 창출되었는지를 추정해 파악하는 데이터.

LECTURES TO MOVE
THE WORLD IN HARVARD

제 **7** 강

우리의 사명

LECTURES TO MOVE THE WORLD IN HARVARD

 마지막으로 여러분에게 당부하고 싶은 이야기 하나가 있다. 지금까지 나는 하버드 경영대학원에서 2,000명 이상의 기업 간부를 대상으로 AMP(최고경영자과정)를 가르쳐왔다. 그러면서 일관되게 깨달은 한 가지가 있다. 지금 세계에서 무슨 일이 일어나고 사회 경제 정책이 어떻게 흘러가는지 알아야 한다는 것이다. 특히 하버드 경영대학원에서 수학한 세계 톱클래스의 비즈니스 리더들이 모국의 경제 발전을 이끌고 나아가 좋은 세계를 만들고자 특별한 책임을 다해야 한다고 생각한다.
 내가 행복하게 잘 살기 위해서는 우리 모두가 행복하게 잘 사는 방법을 생각하면 된다. 유명한 경영자, 정치가, 경제학자도 모두 여기서부터 시작했다. 세계를 움직이는 방법도 여기서부터 시작된다.

모두가 잘 사는 방법을 생각하라

국민이 해야 할 일

 학생 여러분이 현재 무슨 일을 하는지 또 장래 어떠한 역할을 맡을지 나는 알 수 없다. 하지만 어떤 나라의 한 국민인 것은 분명하다. 나는 국민이라면 응당 자국 경제의 성장에 일조해야 한다고 생각한다. 일본, 미국, 러시아, 쿠바 그 어디에 살든 다를 바 없다. 그래서 나는 한 나라의 국민일 학생들이 자신에게 막중한 책임이 부여되었다는 점을 인식하고 있길 바란다. 정부에 과도한 지출을 요구하기보다 의무를 다하는 국민이 되길 바란다. 만약, 정부에 공공서비스를 요구하고 싶다면 그에 상응하는, 납세와 같은 의무를 먼저 떠올렸으면 한다.

 보수파들은 정부의 공공서비스를 줄이는 대신에 세율을 낮추려는 경향이 있다. 반면에 진보파는 공공서비스를 확충하는 대신에 더 많은 세금을 징수하려 한다. 실제로 각종 공공 투자 프로그램을 시행하려면 소비세를 올릴 수밖에 없다. 하지만, 그 어느 나라에서도 정부

지출과 세금은 위정자의 이상대로 움직이지는 않는다.

오바마 대통령은 중산층의 세금을 줄이고 부유층의 세금만 올리겠다고 약속했지만, 과연 그것만으로 충분할지 의심스럽다. 만일 GDP 대비 9%에 달하는 적자를 줄이고 싶다면 오바마는 모든 국민을 대상으로 세금을 올려야 할 것이다. 그렇다면 국민들은 자신들의 의무를 다해 세금을 낼 것이다.

저축도 여러분들의 의무중 하나다. 미국인의 소비 패턴은 다른 나라에 비해 굉장히 극단적인데, 그들은 미래에 대비해 저축하지 않으며 어떤 이유로든 돈을 빌려 쓰는 데 아무런 저항을 느끼지 못한다. 대부분 아시아 국가에서는 이런 문제가 잘 드러나지 않는다. 다만 최근의 일본은 인구 고령화 때문에 고민이 생겼다. 일본인들은 예전 세대가 그랬듯 장래에 대비해 저축을 늘려만 한다. 정부는 혜택을 부여해 저축을 장려하고 소비를 억제해야 한다. 소비세를 올려 저축을 촉진하는 등 다양한 방법이 있다. 아무튼 과잉 지출만큼은 반드시 억제해야 한다.

근면 또한 개인의 책무다. 짐작하건대 이제 유럽에서는 노동의 가치가 제대로 평가되지 못하는 듯하다. 사람들은 어떻게 하면 휴가를 더 길게 보낼 수 있을지 궁리하면서 일하기보다는 편히 쉬기를 원한다. 그들의 속마음까지는 내가 어떻게 할 수 없지만, 지금처럼 극심한 경쟁 사회에서 한가로운 생활을 계속 영유한다면 GDP 성장 속도의 하락은 감수해야 할 것이다. 반면에 아시아 국가들은 특유의 근면함으로 현격히 떨어지는 생산성을 보충했고 마침내 성공을 거두었다.

유럽이 몇몇 분야에서 높은 생산성을 자랑한다지만, 아시아인들이 더욱 근면하게 일하면 아시아 경제는 더 신속하게 성장할 것이고 세계 GDP의 상당 부분이 아시아에 집중될 것이다. 학생 여러분들이 어느 나라의 누구든 근면하게, 그리고 효율적으로 일해야 한다.

그런 부분에서 노동자의 권리를 보장해주는 노동조합 결성을 두고 생산성 향상을 저해할 수 있다고 말하는 사람도 있다. 다양한 노동 규약으로 구조조정을 막는데다 노동자들이 장기휴가를 얻도록 도와주기 때문이다. 인도, 멕시코, 브라질, 유럽, 미국에서도 비슷한 문제가 두드러진다. 이런 나라들이 경쟁력을 유지하려면 방식을 근본적으로 바꾸어야 한다. 참고로 싱가포르와 중국에서는 노동조합의 존재가 미약하며 오직 경제 성장이라는 목표에만 초점이 맞춰져 있다.

부패도 심각한 문제다. 수많은 나라 중에서도 특히 개발도상국은 부패 문제를 반드시 해결해야 한다. 부패는 경제 성장과 정치적 안정을 방해하기 때문이다. 만약 해결하지 못한다면 경제 및 정치 시스템에 크나큰 부작용이 찾아올 테다.

또 한 가지 개선할 점은 소득 분배다. 자신의 노동력을 팔고, 제공한 노동력으로 얻는 소득인 만큼 국민 모두가 일률적인 급여를 받아야 한다고 생각하는 사람은 많지 않을 것이다. 그러나 주위를 둘러보라. 막대한 자산을 보유하고 잘 먹고 잘사는 사람이 있는가 하면, 자식들을 좋은 환경에서 키우지 못해 눈물로 밤을 지새우는 가난한 사람들도 부지기수다. 일한 만큼 버는 것도 중요하지만, 소득 격차가 너무 크면 사회가 도탄에 빠진다. 결국 불평등한 소득 분배는 민주주의와 경제 순환에 악영향을 미치므로 지속 가능한 사회로 나아가는 데 장애 요소로 작용한다.

중국과 러시아의 소득 분배는 악화되었고 중남미 국가는 그보다 더 심각한 상태이다. 심지어 선진국인 미국과 일본에서도 악화 일로를 걷고 있다. 소득 분배의 격차가 클수록 지속 가능한 경제와 건강한 민주주의는 위협받는다. 특히 미국은 사회 정책을 통해 소득 격차를 최대한 줄이고자 노력해야 한다. 얼마 전에는 미국발 금융위기 원인의 중심에 있던 은행가들이 수령하는 거액의 보수를 삭감해야 한다는 주장이 제기되기도 했다. 기업은 그만큼 줘도 전혀 아깝지 않을지 모르겠지만, 여느 사람의 수입보다 200배나 많이 번다니 좀 지나치다고 생각한다.

교육도 우리 모두 힘써야 할 분야다. 일본은 고등교육을 한층 강화하고 혁신적으로 개혁해서 노벨상 수상을 노릴 정도의 우수한 연구자들을 육성해야 한다. 앞에서 미국의 대학원 교육이 뛰어나다고 소개했지만, 초중등교육은 많이 취약해졌다. 읽기와 쓰기를 못하거나 방정식을 풀지 못하고, 대학에 가서도 미적분을 풀지 못하는 학생들이 점점 늘어나는 실정이다. 대학과 대학원 교육에 집중하는 것도 좋지만, 초중등교육도 함께 개혁해야 한다.

유럽의 교육 제도 역시 시대착오적이며 대학과 대학원 같은 교육 기관도 역량이 뛰어나지 않다. 문제를 깨닫고 개선해야 한다. 반면에 중국과 인도 교육은 급속도로 개선되고 있다. 한편, 대부분 개발도상국은 초중등 교육이 취약하다. 따라서 빈곤국은 국민이 읽기와 쓰기를 배우고 기술을 습득할 수 있도록 도와주며 고부가가치 사회로 이행해야 한다.

기업 경영자의 역할은 무엇인가

이제 산업계로 눈을 돌려 그들의 책임에 대해 말해보자. 민간기업과 주식시장에서 거래하는 기업은 사업을 키워서 주주에 이익을 돌려줄 책임이 있다. 많은 경영자가 그러한 책임을 인지하고 있다. 그런데 최근에는 경영자들이 회사 수익을 늘리거나 제품을 개량하기보다 자신의 보수에 관심이 더 많다. 미국, 중남미, 아프리카, 중국 등 모든 나라와 지역에서 그런 경향이 두드러진다. 기업 경영자는 기업의 이해당사자들을 좀 더 배려해야 한다. 주주, 사원, 나아가 국가적 사업에도 관심을 둬야 한다. 설령 다국적 기업이라도 자국의 범죄 수준과 교육 수준을 돌아보며 신경 써야 마땅하다. 나아가 자국이 더 좋은 나라가 되도록 정치적으로도 힘을 다해야 한다.

어느 나라든 대부분 경영자는 자신의 이익만을 취하고자 좁은 분야에 경주하고 오직 그것만을 위해 정치가나 정부 관료들에게 로비하는 경향이 있다. 이는 전혀 올바르지 않은 현상이며 민주적 정치 시스템에 해를 가하는 행태다. 그러한 로비를 통해 비효율적인 정책이 통과되기 때문이다. 단적인 예로 미국은 여전히 온난화 방지책을 마련하지 못하고 있다. 그 이유 중 하나는 수많은 기업 경영자들이 지구 온난화가 심각한 문제임을 알면서도 뛰어난 온난화 방지책의 수립에 반대하기 때문이다. 물론, 주주의 이익을 지키기 위해서 어쩔 수 없는 선택이겠지만, 세상에는 주주의 이익보다 더 큰 가치가 있다는 사실을 잊어서는 안 된다.

누군가 부당한 로비를 해도 정치권은 흔들리지 않고 좋은 정책을 입안하고 가결해야 한다. 기업 경영자와 주주들은 그러한 로비가 올바른 활동인지 진지하게 고민해야 한다. 미국에도 석탄을 이용하는 전력회사들이 온실가스 절감을 위해 노력하는 사례가 있기는 하다. 그 기업은 온실가스 배출량을 줄이면서도 수익을 창출할 수 있는 사업 구조를 창출하고자 노력한다. 앞으로는 이런 기업이 더 많이 늘어났으면 좋겠다.

연구개발도 기업의 책임이다. 수많은 기업이 주주의 은혜에 보답하고자 혹은 경영자와 사원들에게 되도록 많은 보수를 지급하고자 연구개발비를 삭감한다. 아주 잘못된 판단이다. 역사를 돌아봐도 대규모 연구개발을 시행한 기업은 글로벌 리더가 되지 않았는가?

몇 년 전에 리콜 문제로 물의를 일으키기는 했던 도요타가 하이브리드 자동차를 개발하지 않았다면 오늘날의 도요타는 없었을 것이다. 미국의 제약회사들이 세계 일류의 경쟁력을 갖춘 이유도 수익의 15~20%를 연구개발에 투입하기 때문이다. 그들은 막대한 자금을 연구에 투입해 매해 신약을 개발한다. 연구개발비를 늘리면 당장은 배당금이 감소하겠지만, 결국은 주주에게 이익이 돌아가기 마련이다. 연구개발비가 늘어날수록 기업 기반이 탄탄해져 장기적으로 성공할 가능성이 커지기 때문이다.

기업은 국가의 교육 시스템도 지원해야 한다. 대기업이 정부와 긴밀히 협조해 고등교육 시스템에 투자하면 과학과 기술 분야에서 세계 일류 대학원을 키울 수 있다. 미국에서는 기업과 대학이 공동으로 연구개발을 추진하는 사례가 많다. 미국의 대학에는 일류 과학자가 많으니 어쩌면 당연한 일일지도 모른다. 국립과학재단을 통해 정부가 자금을 제공해 첨단과학기술을 연구하기도 한다. 생명공학이나 신약 기술은 주로 대학 연구소가 발명하거나 발견하지만, 일단 연구에 성공하기만 하면 곧바로 제약회사로 기술이 판매되어 신제품 개발로 이어진다. 결국, 긴밀한 산학협력체제가 기업과 국가의 경쟁력으로 이어지는 것이다. 대학과 기업은 의학뿐 아니라 물리 등 순수과학 분야에서도 새로운 연구 개발에 힘쓴다.

반면, 일본에서는 도요타 같은 대기업이 독자적으로 연구개발을 전개하는데, 혹시 일본의 제도가 기업의 교육 활동 지원을 가로막는 것은 아닌지 의구심이 든다. 다른 일본 기업도 이러한 사업에 더욱 진지하게 임할 필요가 있다.

미디어의 책임

미디어에도 중대한 역할과 책임이 있다. 미국의 미디어가 세계금융위기로 이어진 미국 금융업계의 허술한 행태를 제대로 파악하지 못했던 것은 절대 용서받을 수 없는 일이었다. 한마디로 미디어는 제구실하지 못했다. 미디어가 지금 금융업계에서 일어나는 일을 정확히 파악하고 보도했더라면 좀 더 빨리 문제에 대처했을 것이다. 어쩌면 금융위기를 아예 맞지 않았을지도 모른다. 적어도 이 정도로 심각한 사태로는 발전하지 않았을 지도 모른다.

　미디어는 사회 정책에도 책임이 있다. 만약 미디어 관계자들이 재정과 금융 정책을 이해하지 못하고 교육과 기술 문제에 관심을 두지 않는다면 어떻게 될까? 일반인 역시 아무런 관심을 느끼지 못할 것이고 재정과 금융 정책이 대체 왜 중요한지 깨닫지 못할 것이다.

　미국의 미디어는 특히 심각하다. 훌륭한 신문사 두세 곳과 공공 라디오 시스템이 있지만, 여타 미디어는 저질이다. 그들은 현지인들이 흥미를 느끼는 지방 활동, 범죄, 영화, 사회 활동만 취재하며 돌아다니지 국제적인 정치·경제 문제는 좀처럼 다루지 않는다.

　우리의 교육 시스템은 실패했으며 미디어는 해야 할 역할을 제대로 다하지 못한다. 1992년에 미국의 대부호 로스 페로Ross Perot가 TV 카메라 앞에서 정부 재정이 적자를 기록하고 있다는 내용의 차트를 공개한 적이 있다. 그런 자료가 미디어에 노출된 적은 그때가 처음이었는데, 많은 미국인이 정부의 막대한 재정 적자를 눈으로 직접 목격한 순간이기도 했다. 정부의 예산 규모를 물어봤을 때 바로 대답할 수 있는 사람이 500명 중 한 명은 있을지 모르겠다. 내 동료 중에도 미국의 예산이 얼마이고 적자가 얼마인지 전혀 모르는 사람이 많은데 참으로 부끄러운 일이다. 국민이라면 당연히 알아야 할 정보이기 때문이다. 그런 정보를 국민에게 전달하는 일이 바로 미디어의 임무다.

정치가에게 요구되는 자질

　정치가는 세계 각국의 문제를 해결하는 막중한 책임을 지닌 사람들이다. 나는 세계가 민주적인 정치 시스템이 제대로 기능하지 않는 것 같아 심히 걱정된다. 일본에는 풍요로운 민주주의가 뿌리내렸지만, 경제가 점점 기우는데도 제대로 대처하지 못하고 있다. 그러기를 벌써 수년째다. 국회에서는 좋은 정책이 좀처럼 탄생하지 않는다. 사실, 이는 미국의 부시 정권에서 8년 동안 일어난 일이기도 하다. 미국 의회는 나라밖에서 발생하는 전쟁과 사회 문제에만 정신이 팔려 교육, 소득 분배, 재정, 금융과 같은 국내 사정은 돌보지 않았다.

오바마 대통령은 미국의 건강보험제도를 개혁하고자 노력 중이지만, 여전히 난항을 겪고 있다. GDP의 16%를 차지하는 비용을 삭감하고자 건강보험제도의 적용 범위를 확대하고 지금까지 보험 혜택을 받지 못했던 3,000만~4,000만 명의 빈곤층을 대상자에 포함하려 한다. 세계에서 가장 부유한 국가여서 충분히 실현할 수 있지만, 법제화 과정은 정체된 상태다. 개혁된다 해도 그 내용이 얼마나 만족스러울지는 알 수 없다. 지난 15년 동안 일본에서도 이런 일이 가끔 발생했는데, 의회에서 정체 현상이 빚어지면 정부의 국정 운영 능력은 떨어지기 마련이다.

위와 같은 문제점은 온난화 안건에서 가장 두드러진다. 최소한의 상식을 갖춘 인간이라면 지구 온난화가 세계적 과제라는 점은 알 것이다. 세계의 이산화탄소 농도가 4,500ppm 수준이니 지구는 이미 온난화에 접어들었다. 명백한 사실이며 이론의 여지가 없다. 인간의 노력이 필요한 시점이건만 부시 정권은 지난 8년 동안 아무것도 한 일이 없다. 또 심각한 문제임을 아는 민주당조차 유효한 정책을 내놓지 못하고 있다.

유럽과 일본은 그러한 미국의 자세를 못마땅하게 여기지만, 그들이라고 해서 딱히 대책을 내놓지는 않았다. 중국과 인도는 온난화 문제에 적극적이지 않다. 따라서 우리에게는 좋은 교육을 받고 지식을 갖춘 정치가와 원활히 기능하는 정치 프로세스가 필요하다. 현재 상황을 생각하면 암담할 뿐이다. 정치가의 질적 향상이 요구되는 시점이다.

관료의 역할

일본의 관료는 교육 수준이 높고 총명하며 국가에 충성하고 정직하다. 그런 점에서 세계적 수준이 높다고 여겨왔다. 그런데 아쉽게도 지난 수십 년을 거치면서 그러한 평가는 퇴색돼 버렸다. 미국의 관료도 마찬가지다. 극소수의 인재가 있기는 하지만, 대부분 업무 처리 능력이 미숙하고 좁은 범위의 이익만 추구한다. 민주주의 체제에서 이런 현상이 적잖이 발생하는데, 이런 현상을 타개하려면 관료와 정치가가 긴밀한 협조 체제를 구축해야 한다.

정치가는 정책을 수립한다. 그리고 관료는 그 정책을 실행한다. 따라서 정치가가 뛰어난 정책을 수립해야 뛰어난 실행력을 갖춘 관료가 탄생한다. 미국과 일본에는 둘 다 없다. 유럽도 문제가 심각한데 특히 영국, 이탈리아, 아이슬란드처럼 위기에 처한 국가들은 우수한 관료와 정치가가 절실하게 필요한 상황이다.

비즈니스 리더에 주는 제안

지금까지 세계 경제와 특정 지역의 경제를 분석하면서 어떤 점을 배울 수 있었나? 이제까지 배운 교훈을 간략히 정리해 보자.

첫 번째, 정부는 기본적인 재산권을 보장해야 한다. 이는 자본주의 경제 체제를 채택한 국가뿐 아니라 모든 국가에 해당하는 과제다. 미국과 일본은 국민의 재산권을 완벽히 보장하지만, 아프리카, 중남미, 중국, 인도 같은 나라들은 앞으로 재산권 보장을 위해 더욱 힘쓸 필요가 있다.

두 번째, 정부는 건전한 거시경제 정책을 유지해야 한다. 많은 사람이 재정 정책과 금융 정책이 국가 발전에 얼마나 큰 영향을 미치는지 제대로 이해하지 못한다. 정부는 재정 정책을 통해 재원을 어떻게 조달해서 방위, 인프라, 의료, 연구개발 등의 분야에 얼마나 지출할지 결정한다. 정부는 효율적으로 재원을 확보하고 지출하고자 노력해야 한다. 물론 재정 적자의 개선도 중요한 임무다.

경제가 위기에 처했을 때는 경제 성장을 촉진하고자 재정 적자를 계상해도 되지만, 재정 적자가 계속 이어지면 일국의 경제는 하룻밤 새에도 지속 불가능한 상태에 빠질 수 있다. 재정 적자는 그만큼 무서운 위협 요소다. 케인즈는 대공황에서 탈출하기 위한 일시적 해결책으로 재정 적자를 통한 경기 부양을 제안했을 뿐이다. 경제가 성장하면 세수입이 증가하고 재정도 흑자로 전환해 채무가 줄어들 것으로 예상했다. 그러나 정치 시스템이 제대로 기능하지 않는 등 여러 가지 이유로 재정 적자 문제는 미해결 과제로 남고 말았다.

한편, 세금은 일정한 형태로 재분배되며 과잉 소비를 억제하는 기능도 한다. 미국과 달리 일본은 그러한 세금의 기능을 어느 정도 이해하고 있는 것으로 보인다. 정부가 국민에게 보조금을 지급하려면 확실한 자금 기반이 필수불가결하다. 연금과 건강보험이 대표적 예다. 일본은 연금제도를 조금 개혁했지만, 건강보험제도에는 여전히 손도 대지 못했다. 미국도 건강보험제도를 개혁하려고 악전고투 중이지만, 사정은 일본과 마찬가지다. 브라질, 인도, 중국 같은 나라도 언젠가는 정부 지원 프로그램을 개혁해 충분한 자금을 확보하고 퇴직자들에게 지급할 수 있을 만큼의 충분한 자금을 갖추어야 할 것이다.

세 번째, 인플레이션 없이 성장하려면 강력한 중앙은행이 필요하다. 1998년 이후 권한이 강화된 일본은행은 재무장관이 일본은행 총재를 임명하는 암묵적 관행이 사라지면서 더 많은 독립성을 확보했다. 한편, 미국과 유럽의 중앙은행은 일찍이 강력한 권한을 지니고 탄생했다. 개발도상국 역시 통화와 인플레이션을 효율적으로 관리하려면 정부의 간섭에서 자유로운 중앙은행이 필요하다고 생각한다.

네 번째, 어느 나라든지 세계 시장에서 경쟁력을 키우고 싶다면 무역과 투자의 장벽을 철폐하고 민영화를 꾀하는 등 미시경제의 자유화를 추진해야 한다. 실은 중국처럼 민영화 없이 성공한 사례도 있다. 정부가 수많은 기업을 직접 관리하지만 별다른 문제없이 훌륭히 성장하고 있다. 그러나 수십 년 후에 중국이 한층 더 부유해졌을 때 기업의 경쟁력을 좀 더 키우기 위해서는 어쩔 수 없이 민영화를 단행해야 할 것이다.

다섯 번째, 노동 시장이 유연해야 생산성을 높이고 경쟁력을 촉진할 수 있다. 미국은 이 점을 잘 이해하고 있다. 미국의 노동 시장은 세계에서 가장 유연해서 해고되었다가 다시 고용되는 일이 비일비재하게 일어난다. 노동자의 권리가 다소 제한되어 있지만, 기업의 성장과 경쟁력 향상에는 크게 공헌한다. 그러나 유럽, 브라질, 인도, 멕시코의 조합 활동은 노동 시장의 유연성을 저해한다. 일본은 독특하게도 노동조합이 아니라 일본 특유의 기업 문화가 경쟁력 향상에 필요한 유연성을 저해한다. 따라서 일본은 미국과는 또 다른 방식으로 노동 시장의 유연성을 확보할 필요가 있다.

여섯 번째, 자원을 효율적으로 관리해야 한다. 사우디아라비아와 러시아처럼 막대한 자원을 보유한 국가에 대해 언급한 바 있지만, 그들은 자원을 어떻게 하면 풍부한 자원을 효율적으로 관리할 수 있을지 늘 고민한다. 양국은 믿기지 않을 정도로 많은 자원을 보유했지만, 여전히 선진국과는 거리가 멀다. 사우디아라비아와 러시아뿐 아니라 멕시코, 베네수엘라, 인도네시아, 앙골라, 남아공도 같은 고민을 한다. 반면에 네덜란드와 노르웨이는 자신들이 보유한 자원을 효율적으로 관리하는 편이다. 사실, 정부의 적극적 개입 없이는 자원을 제대로 관리할 수 없다. 사우디아라비아와 러시아를 비롯한 많은 자원국가는 이 점을 확실히 인지해야 한다.

일곱 번째, 정부가 부패를 단속해야 한다. 이제까지 누누이 언급했기에 더 설명할 필요는 없겠지만, 부패가 한 나라의 정치와 경제에 좋은 영향을 미치지 않는다는 사실을 다시 한 번 새겼으면 한다. 시장

원리에서 어긋나 자원이 적절하지 않은 곳에 분배되거나 부정한 돈이 관료들에게 유입되기 때문이다. 이는 어떠한 정치 그룹에서든 재앙에 가까운 일이므로 결국, 민주주의와 국가의 성장을 저해하고 만다.

여덟 번째, 정부는 공정한 소득 분배를 확실하게 약속해야 한다. 소득 분배 구조가 열악한 시민 사회는 존립 자체가 불가능하다. 수많은 인구 가운데 극소수에만 부가 집중되는 사회에서 올바른 민주주의와 자본주의 시스템이 정착될 리 만무하다. 중남미 국가와 아프리카 국가가 이러한 문제로 골머리를 앓고 있으며 러시아와 중국뿐 아니라 미국과 일본에서도 소득 불균형 현상이 점점 두드러지니 안타까운 일이 아닐 수 없다. 심각한 소득 불균형은 범죄, 근로의욕 상실, 부당한 수법을 통한 부의 축적으로 이어진다. 이보다 더한 자원 낭비가 또 어디 있나. 건설적인 자원 분배를 위해서라도 소득 분배 구조는 개선해야 한다.

아홉 번째, 정부는 저축과 투자를 자극해야 한다. 일본은 일찍이 저축이 가져다주는 이익을 경험한 바 있지만, 점차 하락하는 저축률을 보면 그 좋았던 경험을 이젠 깡그리 잊어버린 듯하다. 반면에 중국과 싱가포르는 저축의 중요성을 절실히 느끼고 실천한다. 과연 미국은 아시아 국가로부터 저축의 교훈을 배울 수 있을까? 미국과 일본은 저축률을 반드시 끌어올려야 한다. 투자 수준도 끌어올려야 한다. 미국의 투자 비율이 15%, 중국이 40%, 일본이 28%라고 가정할 때 미국은 중국이나 일본과 경쟁해서 절대 이길 수 없다. 일본도 중국을 이기지 못한다. 아주 단순명쾌한 논리다.

마지막으로 각국 정부는 경상수지의 국제적 불균형을 개선해야 한다. 미국, 호주, 스페인, 프랑스, 이탈리아, 영국이 거액을 적자를 떠안은 반면에 중국, 일본, 사우디아라비아, 러시아가 흑자를 기록하는 지금의 세계 경제는 결코 건전하다 할 수 없다. 리스크와 자산이 특정 국가들에 집중되면 결국, 세계 경제가 위험에 빠지고 만다. 따라서 적자 국가와 흑자 국가가 함께 협의해 불균형을 조정해야 한다. 그것이야말로 세계 경제가 풀어야 할 중요한 과제 중 하나다.

마지막으로 여러분에게 당부하고 싶은 이야기 하나가 있다. 지금까지 나는 하버드 경영대학원에서 2,000명 이상의 기업 간부를 대상으로 AMP(최고경영자과정)를 가르쳐왔다. 그러면서 일관되게 깨달은 한 가지가 있다. 지금 세계에서 무슨 일이 일어나고 사회 경제 정책이 어떻게 흘러가는지 알아야 한다는 것이다. 특히 하버드 경영대학원에서 수학한 세계 톱클래스의 비즈니스 리더들이 모국의 경제 발전을 이끌고 나아가 좋은 세계를 만들고자 특별한 책임을 다해야 한다고 생각한다.

그들은 목표를 실행하는 데 필요한 놀라운 지식을 가지고 있다. 또 정치가들에게 호소할 수 있는 높은 위치에 있다. 정부 관료들에게 정책을 제안하고 자신들이 올바르다고 생각하는 일들을 실행할 능력을 갖추었다. 안타깝게도 그런 톱클래스의 비즈니스 리더들 중 다수가 개인 혹은 기업의 이익에만 정신이 팔려 있다. 물론 수준 높은 교육을 받은 그들은 사회 정책에 불만을 표하기도 하고 개선을 위해 나서기도 하지만, 그런 경우가 많지는 않다.

현재 세계 유수의 기업이나 단체의 중요한 위치에 있거나, 미래에 그런 자리에 있을 여러분이 각 나라가 어떤 상황인지, 어떻게 경쟁하는지 알아야 한다고 생각한다. 그리고 적극적으로 개입해야 한다. 그래야 세계를 움직이는 커다란 흐름을 이해하고 올바른 방향으로 이끌 수 있다. 그렇지 않으면 비효율적이고 비윤리적인 집단에 사회 정책의 수립에 관한 전권을 위임하는 불상사가 발생한다. 자신의 나라는 물론이거니 세계적으로도 옳지 않은 일이다.

우리가 사는 이곳을 더 좋은 세상으로 만드는 일이 바로 우리 손에 달려 있다. 이것이 여러분과 나, 우리에게 부과된 사명이다. 이 수업은 사명을 다하기 위한 첫 걸음에 불과하다. 명심하라. 여러분은 세계를 움직일 수 있다. 세상을 더 좋은 곳으로 만들어라.

후기

세계의 참모습을 통해
배우는 세계 경제

'Make this world a better place folks!'

마지막 강의에서 비에토 교수가 진지한 눈빛으로 우리에게 외쳤다. 잠시 정적이 흐르더니 교실 전체에서 우레와 같은 박수가 터져 나왔다. 학생들은 모두 기립해 훌륭한 수업에 대한 감사를 표시했다. 학생들의 눈에는 눈물이 고였고 한 번 터진 박수는 언제까지고 멈추지 않았다. 이렇게 긴 감사의 박수가 또 있을까 싶을 정도로 긴 박수였다.

하버드 경영대학원에서는 각 과목의 마지막 강의를 'The Final Lecture'라 부르는데, 이제까지 배운 내용을 총괄하지 않고 대개 담당 교수가 학생들에게 열정적인 메시지를 전달하고는 한다. 앞으로 비즈니스 엘리트의 인생을 살면서 정말 중요한 것이 무엇인지 이야기해 준다. 특히 세계 전체가 다양한 문제로 고심하는 이 시대에는 쓸데없는 정보가 너무 많아 정말 고민해야 하는 것을 간과하기 쉬우므로 이 시간만 되면 교수진은 물론 학생들에게도 힘이 들어간다.

하버드 경영대학원이 자랑하는 AMP(최고경영자과정)는 전시 때부터 지금까지 계속 이어져 왔을 만큼 역사가 깊다. 수강생들은 세계 일류 기업에서 선발된 소수의 경영자 및 예비 경영자들이다. 그 때문에 MBA를 취득해 엘리트 중의 엘리트가 되려면 반드시 들어야 할 과목으로 꼽힌다. '세계 최고의 경영진이 배우는 세계 최고의 수업'이라 불리는 이유를 짐작할 수 있을 것이다. 경험이 풍부하고 큰 영향력을 지닌 학생들이 모이는 만큼 하버드도 그에 걸맞은 교수진을 배정한다. 비에토 교수는 그런 교수 중에서도 '최우수 교수상'을 받을 만큼 학생들의 평가가 가장 좋다.

실제 수업에서 교수는 마치 지휘자 같다. 학생들 가운데는 얼굴이 붉어져서 목소리를 높이는 경영자가 있는가 하면, 자국의 문제를 새삼 깨닫고 할 말을 잃고 마는 경영자도 속출한다. 비에토 교수는 소위 엘리트 경영자라 불리는 그들을 손바닥 위에 올려놓고 세계의 참모습을 보여주며 그들의 사고를 뒤흔든다.

즉, 교수는 학생들에게 끊임없이 도전한다. 언젠가는 이런 일이 있었다. 여느 때처럼 교실 계단을 오르락내리락 하던 교수는 문득 멈춰서서 학생이 쥐고 있던 서류를 바라보더니 믿기지 않는다는 표정으로 데이터가 쓰인 부분을 손가락으로 가리켰다.

"뭔가 이게? 자네는 밑줄 하나도 치지 않은 겐가?"

그런 말을 들은 학생은 그때부터 자료를 읽고 분석하는 작업에 더 열을 올린다. 이처럼 여러 명 중에 선발되어 AMP를 듣는다는 자존심을 지닌 경영자들이지만, 공부할 때만큼은 노란색 형광펜으로 열심히 밑줄을 치면서 그 숫자가 무엇을 의미하는지 해석하려고 애쓴다. 흥미롭게도 처음에는 무슨 뜻인지 전혀 몰랐던 부분도 같은 이론을 적용해 여러 나라의 사례를 읽다 보면 해독하는 기술이 자연스레 생겨난다.

또 비에토 교수는 항상 새로운 정보를 제공하면서 정확하고 신속한 판단력을 요구한다. 인도를 언급한 부분에서 언급한 바 있는 '중국인 학생이 지도를 펼치며 격노했던 국경 문제'를 예를 들어보자. 비에토 교수는 다음 수업에서 오른쪽 슬라이드에는 지난 수업에서 썼던 지도를, 왼쪽 슬라이드에는 중국 학생의 지도를 띄어놓고 이렇게 말했다.

"자, 이번 수업에서는 이걸 교재로 삼아 토론합시다!"

즉, 예정된 강의 내용에 구애받지 않고 살아 숨쉬는 수업을 하면서 현실 세계를 분석하는 훈련을 하는 것이다. 이 책에는 교수의 그런 수업 내용이 고스란히 담겼다.

비에토 교수가 가르치는 BGIE_{Business Government and the International Economy} 과목은 MBA와 AMP의 필수 과목이다. 과목명에서 알 수 있듯 국제 경제를 비즈니스와 정부의 역할이라는 측면에서 배운다.

비에토 교수는 각 나라는 저마다의 발전 궤도를 가졌으며 총 8개의 궤도로 구분된다고 말한다. 이제는 세계 경제의 중심이 된 아시아의 고도성장, 채무위기에 신음하는 중남미, 아프리카의 르네상스, 이슬람 국가의 대두, 러시아와 동유럽의 포스트소비에트 재구축, 유럽 통합, 거대한 채무에 시달리는 초강대국들, 환경문제가 바로 그것이다. 이 책에서는 이상 8개의 궤도를 더욱 세분화해서 새롭고 날카로운 방법으로 세계 정세를 읽는 방법을 소개한다. 예를 들자면, 신흥국에 버금가는 고도성장은 이루지 못하지만 그렇다고 선진국이라고도 할 수 없는 어설픈 위치에 처한 나라와 막대한 자원에 너무 의존해서 오히려 경쟁력을 잃은 자원국가를 언급하며 국가별 사례를 알기 쉽게 분석했다.

또한, 비에토 교수는 각국의 전략은 그 나라의 구조 즉 국민성, 기술, 자원 보유량, 정치 문화에 최적화되어야 하며 아무리 훌륭한 전략이라도 실행할 수 없는 전략은 의미가 없다고 단언한다. 또 국가별 데이터와 전략을 분석하는 방법, 나아가 리먼쇼크를 언급하면서 정부와 민간의 책임을 논하고 정부의 원래 역할인 리스크 관리에 대해서도 해설한다. 그리고 마시막 징에서는 경영자, 정치가, 관료, 미디어의 역할을 비롯해 우리가 할 일이 무엇인지 메시지를 전한다.

비에토 교수는 본 수업을 통해, 개인이 자국의 상황을 제대로 이해하고 더욱 좋은 세상을 만들기 위해 행동하는 것이야말로 우리의 의무라는 메시지를 전달하고 싶어 했다. 그러려면 무엇보다 지금 이 세계에서 무슨 일이 일어나는지 분석할 필요가 있다. 실제로 하버드에서 공부하는 경영자들은 이 수업을 듣고 세계와 좀 더 적극적으로 소통하기 위해 최대한 노력하겠다고 다짐하고는 한다. 마치 무언가에 눈을 뜬 듯 말이다. 경제와 정치는 떼려야 뗄 수 없으며 세계 어디에 있든지 모든 이에게는 세계를 개선하고자 노력할 사명이 있다고 깨달았기 때문일 것이다.

나는 2009년 가을에 비에토 교수의 수업을 들었다. 이십 년 정도 비즈니스 현장에 몸을 담으면서 익힌 비즈니스 관련 사고방식을 재점검하고 수정해 다음 이십 년을 어떻게 준비할 것인지 탐구할 기회를 하버드 경영대학원의 AMP에서 얻고자 했다. 두 달에 걸쳐 학교에서 먹고 자면서 매일 5~10개의 사례를 연구했고, 눈부신 경력을 보유한 세계 각국의 엘리트들과 얼굴을 맞대고 토론을 벌였다. 교수님과 학생들 앞에서 나의 논리와 사고방식을 지적받는 일이 허다했는데, 그럴 때마다 반론하느라 땀을 뻘뻘 흘렸다. 실은 나는 예전에도 와세대대학원과 시카고경영대학원을 다니면서 비즈니스와 아카데미즘 academism, 두 시점을 함께 활용해 왔다. 그때 경험은 내 일에 직접적인 도움을 주지는 않았는데, AMP는 일뿐 아니라 인생관과 세계관이 변해 버릴 정도로 내게 새로운 시간을 선사했다.

그리고 AMP를 졸업하자마자 세계의 저명한 연구자나 요직에 있는 사람들과 함께 책을 써보지 않겠느냐는 제안을 받았다. 출판사가 언급한 사람들의 이름은 아주 매력적이기는 했으나, 내 머릿속에 가장 먼저 떠오른 인물은 바로 비에토 교수였다. 마침 그 무렵에는 내게 "하버드의 경영 엘리트들은 세계와 경제를 어떻게 공부하나요?"라고 진지하게 묻는 사람이 꽤 많았다. 사회인과 학생들이 범람하는 시사적 세계관에서 벗어나 세계적 수준의 세계관과 경제관을 얼마나 습득하고 싶어 하는지 알 수 있는 대목이다. 그리고 이번에 비에토 교수의 '세계를 움직이는 수업'을 소개함으로써 미약하나마 그러한 지적 욕구를 채워주지 않았을까 싶다.

이 책을 출판하면서 여러 사람의 도움을 받았다. 무엇보다 이번 기획을 흔쾌히 승낙하고 "자네를 믿으니 맡기겠네."라며 격려해 주셨던 은사 비에토 교수님에게 감사드린다.

내게 집필 기회를 주신 출판사 대표님과 편집 담당자에게도 감사드린다. 공사에 걸쳐 수많은 조언을 얻었다. 그리고 지금은 세계 각지로 흩어졌지만, 힘든 AMP 수업을 함께 견뎌낸 AMP 177회 동창생들. 이 책을 기획하는 단계에서 수업의 내용을 어떻게 글로 표현하면 좋을지 조언해 주었다. 그리고 전폭적으로 지지해준 가족들, 이 책이 출판되기까지 도와준 모든 분들에게 지면을 빌려 마음속 깊이 감사를 전한다.

마지막으로 이 책을 읽어주신 독자 여러분께 진심 어린 감사의 마음을 전하고 싶다. 독자 여러분이 이 책을 읽고 세계 가지의 비즈니스 엘리트가 매료된 '하버드식 세계 경제 읽는 법'을 깨우치고 '간단하면서도 논리적인 사고'를 단련한다면 그보다 기쁜 일이 없을 것이다.

나카조 아키코

참고 문헌

정치, 경제지표

- The Economist 주간분석

- Financial Times

- The Economist EIU 국가별 조사보고 (월간)

- International Monetary Fund 국가별 조사보고

- International Monetary Fund, World Economic Outlook (통상 4월 과 10월)
  http://www.imf.org/external/pubs/ft/weo/2009/02/index.htm

- World Bank (세계은행), Development Reports (연간)

- World Bank (세계은행), World Economic Outlook (10월)

- Economic Report of the President (대통령 경제 보고)
  http://www.gpoaccess.gov/eop

- Office of Management and Budget (관리예산처), Budget Summary

- Congressional Budget Office (의회예산처), The Budget and Economic Update

- International Energy Agency (국제에너지기구), Oil Market Report
  http://omrpublic.iea.org/currentissues/full.pdf

참고문서

- Robert Rubin, *In an Uncertain World*
- Leonard Thompson, *A History of South Africa*
- Joseph Stiglitz, *Making Globalization Work*
- Jeff Sachs, *The End of Poverty*
- Michael Porter, *Competitive Advantage of Nations*
- Richard Vietor, *Contrived Compitition*
- Richard Vietor, *How Countries Compete*
- Dan Yergin and J. Stanislaw, *The Commanding Heights*
- Dan Yergin, *The Prize*
- E.O. Wilson, *The Diversity of Life*
- Jared Diamond, *Guns, Germs and Steel*
- Hernando DeSoto, *The mystery of Capitalism*
- Marshall Goldman, *The Privatization of Russia*
- David Moss, *When All Else Fails: Government as the Ultimate Risk Manager*

- Thomas Friedman, *The World is Flat*

- Dani Rodik, *Has Globalization Gone Too Far*

- Rawi Abdelal, *Capital Rules*

- Ronald Findlay and Kevin O'Rourke, *Power and Plenty*

- Tom McCraw, *The Prophet of Innovation*

참고사이트

- Ed Yardeni's Economic Network
  http://www.yardeni.com

- Welcome to the White House
  www.whitehouse.gov

- US Office of Management and Budget
  http://www.whitehouse.gov/omb/

- Congressional Budget Office
  http://www.cbo.gov/

- Roubini Global Economics Monitor
  http://www.roubini.com/

- International Monetary Fund
  http://www.imf.org/external/

- The World bank
  www.worldbank.org

- Fed States
  www.fedstates.gov

- Bureau of Economic Analysis
  http://www.bea.gov/

- Bureau of Labor Statistics
  http://www.bls.gov/

- Eurostates
  www.eurostates.gov

- Source OECD
  http://titania.sourceoecd.org/vl=7717362/cl=16/nw=1/rpsv/home.htm

경제학 교과서

- David Moss, *A Concise Guide to Macroeconomics*

- Dornbusch and Fischer, *Macroeconomics*

- G.Mankiw, *Macroeconomics*

세계 유명 경영진과 대통령이 수강하는 최고 명강의
하버드의 세계를 움직이는 수업

초판 1쇄 발행 2012년 4월 25일
초판 3쇄 발행 2012년 6월 1일

지은이 리처드 H.K 비에토, 나카조 아키코
옮긴이 황보진서
펴낸이 김선식

Chief Editing Creator 박경란
Editing Creator 송은경
Design Creator 김태수
Marketing Creator 이주화

1st Creative Editing Dept. 박경란, 신현숙, 송은경
Creative Marketing Dept. 이주화, 원종필, 백미숙, 이예림
    Public Relation Team 서선행
    Online Team 김선준, 박혜원, 전아름
    Contents Rights Team 이정순, 김미영
Creative Design Dept. 최부돈, 박효영, 김태수, 조혜상, 이명애, 손은숙
Creative Management Dept. 김성자, 송현주, 권송이, 유이경, 김민아, 한선미

펴낸곳 (주)다산북스
주소 서울시 마포구 서교동 395-27
전화 02-702-1724(기획편집) 02-6217-1726(마케팅) 02-704-1724(경영지원)
팩스 02-703-2219
이메일 dasanbooks@hanmail.net
홈페이지 www.dasanbooks.com
출판등록 2005년 12월 23일 제313-2005-00277호

필름 출력 스크린그래픽센타 **종이** 월드페이퍼(주) **인쇄·제본** (주)현문

ISBN 978-89-6370-833-1 (03320)

- 책값은 뒤표지에 있습니다.
- 파본은 본사와 구입하신 서점에서 교환해드립니다.
- 이 책은 저작권법에 의하여 보호를 받는 저작물이므로 무단 전재와 복제를 금합니다.

다산북스(DASANBOOKS)는 독자 여러분의 책에 관한 아이디어와 원고 투고를 기쁜 마음으로 기다리고 있습니다. 책 출간을 원하는 아이디어가 있으신 분은 이메일 dasanbooks@hanmail.net 또는 다산북스 홈페이지 '투고원고'란으로 간단한 개요와 취지, 연락처 등을 보내주세요. 머뭇거리지 말고 문을 두드리세요.